守望者
The Catcher

阅读 你的生活

How a Family Feud in Medieval Spain Divided the World in Half

1494

瓜分世界的条约
与
大航海时代的来临

（Stephen R. Bown）
[加] 斯蒂芬·R. 鲍恩 著

唐奇 译

中国人民大学出版社
·北京·

{ 前言 }

迷人的时代

"在上帝所乐见和我们所珍视的盛举中，此举肯定位居最高，即在我们所处的时代，天主教和基督教尤其受到颂扬，到处繁荣和传播，人类的健康得到照顾，野蛮的国家被推翻，并被信仰开化。

"在神恩眷顾之下，克里斯托弗·哥伦布（Christopher Columbus）不畏艰险，远渡重洋，发现了迄今为止从未有人到达过的遥远岛屿和陆地，许多人在那里安居乐业，据说他们赤身裸体，不吃肉……

"我们……在北极与南极之间划定一条子午线，将该子午线以西和以南、已发现和未发现的所有岛屿与大陆……永久性地赠予、划拨、分配给卡斯蒂利亚及莱昂（Castile and Leon）的国王和你们的继承人……我们任命你们和你们的继承人为它们的主人，拥有充分任意的权力和所有形式的司法权。"

教皇亚历山大六世（Pope Alexander VI），

《划界通谕》（*Inter Caetera*），1493 年 5 月 4 日

世界宗教议会理事会（Council for a Parliament of the World's Religions）是一个"旨在促进世界宗教和精神团体和谐的国际组织"，该组织称："这份教皇诏书对我们的宗教、文化和人民的生存造成了持续的、毁灭性的影响。"1994 年，总部设在美国的土著法律研究所（Indigenous Law Institute）发起了一场运动，要求梵蒂冈正式废除《划界通谕》，研究所在网上发布了一份措辞激烈、义愤填膺的请愿书，获得了大约 900 人签名。世界宗教议会理事会也发表声明，支持这项运动。请愿书的开场白写道："我们认为，这一倡议将在精神上迈出重要的一步，为人类创造一种新的生活方式，消灭历史上压迫、剥削和毁灭全世界无数土著人民的贪婪和征服。"2010 年，在联合国土著问题常设论坛（United Nations Permanent Forum on Indigenous Issues）第九届会议上，梵蒂冈对其中一些请求和主张进行了回应，但是其回应含糊其词、避重就轻。

为什么人们对这份五个世纪前的世界主要宗教领袖颁布的文件仍然怀有浓厚的兴趣？有谁听说过《划界通谕》，为什么它与当今世界息息相关？

教皇诏书（papal bull）是教皇颁布法令、命令或公告的一种形式，以一种被称为 *bulla* 的特殊铅封命名，这种铅封可以用于确认其真实性。最初，诏书可以用于任何形式的公开通告，到 15 世

纪，开始限于更加正式或严肃的沟通使用，如逐出教会、豁免和封圣。历史上，教皇诏书的例子包括 1252 年的《灭杀令》（*Ad Exstirpanda*），允许宗教裁判所对异端动用酷刑；1521 年的《同罗马教宗》（*Decet Romanum Pontificem*），将马丁·路德（Martin Luther）逐出教会；1582 年的《首要议题》（*Inter Gravissimas*），承认并批准了亟待进行的历法改革。

1494 年，西班牙和葡萄牙签订《托德西利亚斯条约》（Treaty of Tordesillas），《划界通谕》和同期的其他几份诏书构成了该条约的基础。《托德西利亚斯条约》促进了海洋自由这一现代概念的发展，即所有国家都有权不受阻碍地使用世界航道旅行和贸易。现代国际海洋法中的其他一些法律概念也间接地来源于《托德西利亚斯条约》，如无害通过权，领海、内水、国家专属经济区的定义和大陆架的定义。作为一项具有约束力的国际公约，1994 年 11 月 16 日生效的《联合国海洋法公约》（The United Nations Convention on the Law of the Sea）就起源于《托德西利亚斯条约》签订后几个世纪中的冲突和辩论。虽然并不是每一个缔约国都批准了该公约，但是全世界只有 20 个国家拒绝承认或签字，这也是在管理地球上所有人共有的庞大自然世界的一部分时，国际社会最接近达成共识的一次。15 世纪末，葡萄牙水手发现了绕过非洲到达印度和香料群岛（Spice Islands）的航线，哥伦布也首次横渡大西洋，开启了一场浩浩荡荡的法律和哲学进程，《联合国海洋法公约》就是这一进程的巅峰。

1493 年，哥伦布经过 7 个月的航行回到西班牙，带回遥远的西方岛屿上土著居民的故事，震惊了西班牙社会。哥伦布还从古巴（Cuba）和伊斯帕尼奥拉岛（Hispaniola）诱拐回来几个"印第安人"，西班牙人对他们佩戴的黄金饰品和珠宝特别感兴趣。黄金意味着财富和权力。然而，这也带来了一个棘手的问题。哥伦布的成功返航激怒了葡萄牙国王若奥二世（King João II），他声称，教皇的一系列法令明确表示，任何新的通往异教国家的贸易线路都属于他自己。若奥二世很快整备了一支舰队，准备穿越大洋，宣示葡萄牙对"印度群岛"（Indies）的主权。战争一触即发。西班牙国王斐迪南和伊莎贝拉（Ferdinand and Isabella）派出一名官方特使，到罗马教廷为他们辩护。

教皇亚历山大六世——也是著名的波吉亚（Borgia）家族的首领——颁布了第一份《划界通谕》，"以全能的上帝之名"，宣布斐迪南和伊莎贝拉及他们的继承人永久享有在哥伦布发现的新大陆上旅行、贸易和殖民的专属权。诏书规定："所有人，无论其阶级、身份、地位、官职或勋位如何，未经特别许可，不得为贸易或其他原因前往你们的特使或船长发现的岛屿和陆地。"教皇大笔一挥，在大西洋中央从北到南画出了一条假想的分界线，将世界一分为二。分界线以东所有的领土属于葡萄牙，以西所有的领土属于西班牙。违反教皇宣言的惩罚是逐出教会。

1494 年 6 月，西班牙和葡萄牙在西班牙小城托德西利亚斯签署条约，确认了《划界通谕》的教皇法令。但是，他们将西班牙和葡萄牙势力范围的分界线向西移动了几百英里。这将尚未被发现的巴西置于属于葡萄牙的半球，也保护了葡萄牙的非洲贸易路线没有任何欧洲竞争者。从这时候起，世界正式分裂了。起初，人们相信哥伦布已经发现了亚洲的最东端，但是他们很快就会发现，世界比他们原本以为的大得多，教皇授予西班牙和葡萄牙的领土也远远超乎任何人的想象。

《划界通谕》的官方理由是阻止当时两个最强大的基督教国家之间的战争，并奖励它们在十字军东征中的贡献。1494 年的条约虽然在一开始成功地维护了和平，但最终事与愿违，产生了亚历山大六世无法想象的深远影响。它深刻地影响了世界历史的进程，将欧洲国家引向冲突的道路，并为近两个世纪的间谍活动、海盗行为、走私和战争埋下了伏笔。到 16 世纪中叶，这条分界线将西班牙和葡萄牙推上了全球超级大国的宝座。宗教改革之前，欧洲很少有人敢于完全公开地挑战罗马天主教会的权威。结果，葡萄牙通过垄断通往印度和香料群岛的东方贸易路线迅速积累了财富。西班牙在美洲没有对手，用征服者的霸权横扫阿兹特克（Aztec）、玛雅（Mayan）和印加（Inca）帝国的灿烂文明，并开始从大洋彼岸运回大量的黄金和白银。

如果英国、法国和荷兰接受了教皇的权威，任由教廷来操纵各国的商业活动、决定帝国的命运，那么探险、商业和殖民的历史将仅限于西班牙和葡萄牙，但是，16 世纪时，为了弄清楚在世界的另一头分界线究竟落在哪里，费迪南德·麦哲伦（Ferdinand Magellan）完成了首次环球航行；在传奇水手弗朗西斯·德雷克（Francis Drake）的鼓舞下，英国海盗在加勒比海和太平洋上肆意劫掠西班牙船只；荷兰共和国（Dutch Republic）为了争取独立和控制全球香料贸易，与西班牙和葡萄牙展开了斗争。

哥伦布完成他的英雄远航之后，在技术和知识的驱动下，世界航道即将向全人类开放，《托德西利亚斯条约》却试图将其限定为两个国家的特权。它开启了一场争取海洋自由的史诗般的斗争：全球旅行和贸易应该受到独裁法令的控制，还是海洋应该向所有国家的船只开放？

海洋自由无疑是一个现代概念，是 17 世纪初由荷兰法理学家雨果·格劳秀斯（Hugo Grotius）提出的。1609 年，26 岁的格劳秀斯出版了一本名为《海洋自由论》（*Mare Liberum*）的小册子。在这本写给"君主们及基督教世界的自由国家"的小册子中，他提出了将世界航道的专属权授予葡萄牙和西班牙的法律争议。格劳秀斯认为，只要条约仍然具有合法性，海洋就将成为无休止的冲突的舞台。

格劳秀斯写作的初衷是为荷兰私掠船在东印度群岛（East Indies）袭击葡萄牙商船辩护，他的观点有力地推翻了《托德西利亚斯条约》和教皇宣言的正当性，该条约正是从教皇的诏书中获得其道德和法律上的合法性的。格劳秀斯提出，海洋自由是交通的中心；海洋是取之不尽、用之不竭的，没有一个国家能够垄断海洋。其他思想家很快加入了讨论，对格劳秀斯自由之海的极端概念提出了异议或改良。格劳秀斯引起的这场争论为封闭之海的概念敲响了丧钟。他的观点从此成为现代国际法和海洋法的基础。

有时候，当时看来似乎无关紧要的决策和事件会对世界历史的进程产生意想不到的深远影响。《托德西利亚斯条约》就是如此。尽管有著名的国王、王子和教皇参与其中，但该条约起源于一系列平淡无奇的事件，与它对全球政治、地理、商业和法律史的影响完全不相匹配。这个跨越几个世纪的故事开始于奋斗的野心、贪婪的欲望和部落式的联盟，参与者包括克里斯托弗·哥伦布、他的两大相互竞争的赞助人——葡萄牙国王若奥二世与西班牙的阿拉贡（Aragon）国王斐迪南和卡斯蒂利亚女王伊莎贝拉，以及身为西班牙人的教皇亚历山大六世。哥伦布的傲慢激起了这个强权集团内的骄傲、愤怒、敌意和争端，1494 年，教皇将世界一分为二，导致了一场持续几个世纪的全球性冲突。

　　这个过去五个世纪中最重要的外交和政治条约的核心，是一小撮最有权势的人物之间的关系，他们之间的个人恩怨、爱恨情仇已经延续了几十年。最后，历史围绕着一位年轻女子自己选择丈夫的顽强决心拉开了帷幕。

{ 目录 }

第一部分

欧 洲

{ 第一章 }

公主和王子

1468 年，17 岁的伊莎贝拉的婚姻前景并不乐观。作为卡斯蒂利亚国王恩里克（Enrique）同父异母的妹妹，伊莎贝拉不喜欢国王为她选择的丈夫——年迈而贪婪的葡萄牙国王阿方索五世（Afonso V）。阿方索曾经是一位赫赫有名的战士，参加过十字军东征，十年前曾在摩洛哥击退过摩尔人（Moors），但是，他的年龄比伊莎贝拉大一倍还多，而且已经有了一个将成为他继承人的成年的儿子。他身材发福，毫无吸引力，政治上也毫无建树，这对于联姻可能带来的子嗣将是不利的。他和伊莎贝拉也有血缘关系，这在中世纪晚期欧洲王室的婚姻中并不鲜见，但是仍然需要教皇的特许。一想到这个男人要成为她一生的伴侣和孩子们的父亲，伊莎贝拉就欲哭无泪。

　　但是伊莎贝拉的婚姻关系到国家利益，在恩里克看来，这与浪漫或爱情无关。恩里克赞成这门婚事，阿方索也是。事实上，关于联姻一事两人已经讨论了好几年，而他们讨论了多久，伊莎贝拉就在外交上坚决地抵制了多久。终于，固执的公主勇敢而明确地告诉同父异母的哥哥，如果没有国内贵族的同意，就不能把她嫁出去。恩里克知道，在当时复杂的政治气候下，要征得贵族们的同意并非易事，尤其是如果伊莎贝拉选择制造麻烦的话。但是，葡萄牙人要求他答应求婚，他自己也迫切需要葡萄牙的军事支持，在两方面的压力之下，恩里克威胁伊莎贝拉，如果她拒绝这门婚事，就把她关进马德里的阿尔卡萨（Alcázar）城堡。

　　一位葡萄牙大臣暗示，如果伊莎贝拉继续拒绝求婚，羞辱葡萄牙人，葡萄牙军队将远征卡斯蒂利亚，以示报复。伊莎贝拉似乎陷入了被动。她喜欢阅读，经常长时间地祷告，但是多年来宫廷中明争暗斗的历练，使她成了不露声色的伪装大师。表面上，她平静的微笑传达出一种令人放松的中立态度，但是内心深处，她有自己的计划和梦想，只与最亲密的支持者和顾问分享。这些梦想并不符合她的国王和王国中许多大公的愿望。历史上，伊莎贝拉的一生以意志坚强、独立著称，她在 1468 年明确表示，无论后果如何，她都不会接受这个讨厌的葡萄牙君主做她的配偶。当时她年仅 12 岁，还是个少女。她表现出惹人恼火的独立性，有可能使酝酿多年的计划脱轨，破坏两国之间脆弱的和平。

　　恩里克考虑了他的选择。他咨询了他的顾问，探讨了伊莎贝拉婚姻的其他可能性。他同父异母妹妹的婚姻不仅是一个政治问题，也是他个人的问题。如果恩里克突然去世，伊莎贝拉甚至比他 6 岁的女儿胡安娜（Juana）更有资格继承卡斯蒂利亚的王位。胡安娜的母亲是葡萄牙人，也叫胡安娜，人称"活泼的胡安娜"，她是阿方索的妹妹。因此，他们的女儿也是葡萄牙国王阿方索的外甥女。但是，人们普遍怀疑小胡安娜是恩里克的宠臣、风流的贝尔特兰·德·拉奎瓦（Beltrán de la Cueva）所生，因此她在政治上没有合法的继承权。事实上，他的贵族们给他施加了很大的压力，王国已经在内战边缘徘徊了数年，最近，恩里克不得不公开宣布胡安娜不是他的子嗣。这个不幸的女孩被称为"拉贝尔特兰妮亚"（La Beltraneja）①，这个名字不仅伴随了她一生，而且在那之后又延续了好几个世纪。恩里克的王后最近又生了一个孩子，但是这于事无补，这个孩子不可能是恩里克的，因为这对王室夫妇一直生活在不同的地方。虽然王后一直用紧身长袍努力掩盖怀孕的事实，但毕竟纸包不住火，丑事还是败露了。现在，在卡斯蒂利亚宫廷，人们普遍认为，王后"在履行作为国王仆人的职责时，没有保持身体的洁净"。

这桩婚姻被教皇使节正式宣布无效，因此，恩里克要求他的贵族们效忠胡安娜的誓言也同样无效。由于承认了他的孩子是私生子，没有合法的直接后代，38 岁的恩里克得到了"无能者"（the Impotent）的绰号，他别无选择，只能册封同父异母的妹妹伊莎贝拉为阿斯图里亚斯（Asturias）公主，即卡斯蒂利亚王位的下一任继承人。不过，他也迫使伊莎贝拉做出了让步：他将有权为她选择丈夫。

---

① 意思是"贝尔特兰之女"，指胡安娜不是恩里克的女儿。——译者注

伊莎贝拉的婚姻是一件不容轻忽的大事，但恩里克的动机并不高尚。他做出想要为她挑选合适伴侣的样子，同时又想压制她在卡斯蒂利亚的政治潜力，最终削弱她对王位的继承权。恩里克曾经为伊莎贝拉寻找过几位夫婿，包括格洛斯特（Gloucester）公爵、苦寒之地英格兰未来的国王理查三世（Richard III），以及法国国王路易十一（Louis XI）的兄弟、贝里和吉耶讷（Berry and Guienne）公爵"软弱的"查理（the effete Charles）。通过联姻缔结并巩固与法国的联盟，可能让卡斯蒂利亚和法国对较小的阿拉贡王国形成合围之势，并占领一些外围领土。

虽然查理只比她大五岁，而且当时是法国王位的继承人，但伊莎贝拉对他并不倾心。伊莎贝拉不是玩弄权谋的新手，她派她的密友阿方索·德·科卡（Alfonso de Coca）修道士去法国考察他。修道士带回了一份令人沮丧的报告。这位年轻的法国贵族似乎有些未老先衰。根据德·科卡的描述，他"畸形的细腿丑陋不堪，湿漉漉的眼睛有时候几乎看不见东西，所以他需要的不是马匹和武器，而是一个熟练的向导"。查理肯定不是能使伊莎贝拉心跳加速的人。

不过，德·科卡还带回了另一个有趣的发现。伊莎贝拉的政治顾问、托莱多（Toledo）大主教阿方索·卡里略·德·阿库纳（Alfonso Carillo de Acuña）为她推荐了另一个可能的结婚对象：阿拉贡国王胡安二世（Juan II）的儿子和继承人——16 岁的斐迪南。伊莎贝拉秘密吩咐德·科卡，前往邻近的阿拉贡王国做一番考察。德·科卡高兴地告诉伊莎贝拉，这位年轻的王子"风度翩翩，（贝里）公爵完全无法与之相比……他有一种独特的人格魅力，每个跟他说话的人都愿意侍奉他"。年轻的斐迪南还是技艺高超的剑客和经验丰富的战场指挥官，如果伊莎贝拉有勇气违抗恩里克，与他结合，将有机会证明自己的选择是值得的。据后来的宫廷历史学家记载，斐迪南肌肉发达、体格健硕，"骑射俱佳，在各种活动中都有优异的表现"。而且，他"相貌英俊，剑眉星目，鼻梁挺拔，五官与脸型完美相称"，他的嘴角"经常带着笑容"，他的身材"最适合穿着最优雅华贵的盛装"。所以毫不奇怪，伊莎贝拉对卡里略说："就是他了，别人都不行。"

　　与阿拉贡的斐迪南联姻，势必遭到恩里克和许多忠于他的贵族的反对，因为这将巩固而不是削弱伊莎贝拉对王位的继承权（虽然恩里克公开宣称伊莎贝拉为继承人，但他仍计划将王位传给他的女儿胡安娜）。伊莎贝拉和斐迪南的孩子将成为卡斯蒂利亚和阿拉贡的共同继承人，将伊比利亚半岛大部分地区联合在一个王室家族中，而且有可能由此一举超越葡萄牙。

　　伊莎贝拉的决心受到责任感和虔诚心的牵绊，但是地缘政治和卡斯蒂利亚的国家利益——至少是恩里克眼中的国家利益——对她的影响也仅限于此。她差遣她的一小群支持者和顾问，开始与斐迪南秘密商讨婚约。她的父亲早已去世，母亲陷入忧郁和疯狂，弟弟最近中毒身亡，这个孤独的少女本来可能面临令人唏嘘的命运，但是伊莎贝拉表现出非凡的勇气，决意反抗国王，自己选择伴侣，也因此决定了卡斯蒂利亚未来的政治联盟。虽然为辜负了同父异母的哥哥的信任而感到内疚，但是她必须迅速实施自己的计划，而且她已经看出，恩里克并没有把她的利益放在心上。为了镇压安达卢西亚（Andalusia）的起义，恩里克现在不在宫中。一旦得到消息，他肯定会集结军队，阻止任何与斐迪南的联盟，甚至可能监禁伊莎贝拉，或者赶快把她嫁给贝里公爵或阿方索国王。对于伊莎贝拉的反抗，恩里克还不准备让步。

伊莎贝拉的支持者是一些有权势的贵族，他们的最终目标是让她成为卡斯蒂利亚的女王。他们与斐迪南的父亲、阿拉贡国王胡安二世商讨这桩棘手的婚事时，伊莎贝拉在她巴利亚多利德（Valladolid）的城堡中等待着消息。谈判进行得十分缓慢，因为每封信都必须由信使骑马穿山越岭秘密送达，两个王国之间的这段旅程需要花上一个星期。如此高级别的外交联姻，涉及卡斯蒂利亚和阿拉贡王位可能的继承人，以及联合君主制下王国如何统治这样复杂的政治问题，是不可能仓促完成的。少女伊莎贝拉的秘密婚姻计划的结果，将对伊比利亚半岛的未来产生巨大的影响，可能带来一个新的王朝，也可能导致不那么令人愉快的结果——引发内战。

在秘密外交的过程中，伊莎贝拉的良心占了上风，她给在安达卢西亚的恩里克送去一封信。她坦白了自己的结婚计划，试图安抚他受伤的自尊心，平息他作为国王遭到违抗的愤怒。恩里克的王朝阴谋遭遇挫折，他果断而迅速地做出了反应：派出一支忠诚的军队北上，去逮捕伊莎贝拉。

伊比利亚半岛的地理特征丰富多样，到 15 世纪，形成了同样错综复杂的政治格局。这片土地上有陡峭的山脉、多风的高原、茂密的森林、河流沿岸肥沃的农田，以及大西洋、地中海和坎塔布里亚海（Cantabrian Seas）沿岸的岩石海岸。中央的卡斯蒂利亚王国经过多年的战争和王室联姻，合并了许多较小的王国，是半岛上五个纷争不断的王国中面积最大、人口最多的。卡斯蒂利亚王国的人口在 400 万到 600 万之间，集中在肥沃的卡斯蒂利亚高原，这里狂风肆虐，冬季严寒多雨，夏季干燥炎热。王国有数百万只羊，大多是在这片高原上饲养的。经济结构以农业为主，辅以东海岸几个繁忙的贸易港口，再加上大西洋沿岸的渔民、水手和探险家。

大部分地方都是农村，生活节奏缓慢。只有几条疏于维护的道路穿过半岛，城镇坐落于主要河流沿岸，其间是大片人烟稀少的荒地。崎岖的陆地上点缀着山顶的堡垒和防御塔，所有的城镇都有围墙和守军，这是几个世纪以来这一地区战火纷飞的证据。到了 15 世纪中叶，这里的冲突尤为激烈。土地主要由自耕农耕种，主要作物包括大麦、燕麦、橄榄和小麦，还有在卡斯蒂利亚南部（安达卢西亚）和摩尔人的格拉纳达（Granada）王国种植的橙子、无花果、葡萄和水稻。羊群在广阔的卡斯蒂利亚高原上游荡，偶尔有小贩拖着脚步，沿着尘土飞扬的道路艰难前行，他们的骡子身上驮着进口的异国香料、布匹和药品。一位当时的旅行者说："一个人可以一连走上好几天，见不到一个居民。"

虽然卡斯蒂利亚有繁荣发展的潜力，但是在 15 世纪的大部分时间里，贵族家族之间的内讧造成了政治动荡，阻碍了贸易，疏于维护的道路上土匪横行，削弱了国王的中央集权和税收能力。当时的马德里只是一个小城市，虽然由于地处中心，经常成为王室宫廷的所在地，但是君主们及其随从更喜欢塞戈维亚（Segovia）、巴利亚多利德和托莱多，因为这些地方有最大的城堡和最多的人口。15 世纪晚期，瓜达尔基维尔河（Guadalquivir River）

河畔设防的塞维利亚城（Seville）是卡斯蒂利亚最重要的城市，城市人口约 4 万，农村人口约 13 万。

伊比利亚半岛上，围绕着卡斯蒂利亚还有另外四个王国。北方的纳瓦拉（Navarre）面积虽小但十分富饶。东北方的阿拉贡生机勃勃、繁荣兴盛，拥有巴伦西亚（Valencia）和巴塞罗那的繁荣海港。阿拉贡与卡斯蒂利亚使用同一种语言，文化相似，属于同一王朝的分支。西方是卡斯蒂利亚的死敌葡萄牙。葡萄牙曾是卡斯蒂利亚王国的一部分，于 1095 年获得独立，并继续收复失地，1147 年从摩尔人手中夺回了里斯本，12 世纪末又夺回了南部的阿尔加维（Algarve）。虽然卡斯蒂利亚和葡萄牙有着相似的文化、语言和王室血统，但是为了争夺半岛的统治地位，经常发生冲突。最后一个独立的伊比利亚王国是传说中的格拉纳达王国，由于不信仰基督教，被其他四个王国孤立。格拉纳达是一个摩尔人王国，是几个世纪以来统治半岛大部分地区的文明仅存的遗迹。

8 世纪初，伊斯兰入侵者首次穿越直布罗陀海峡。在"独眼"塔里克（Tariq the One-Eyed）的带领下，纪律严明、斗志昂扬的穆斯林战士迅速击败了迎击的军队。他们最终占领了伊比利亚半岛上西哥特（Visigothic）王国的大部分地区，然后向北越过比利牛斯山脉（Pyrenees），进入法国。一路高歌猛进之后，公元 732 年，被查理·马特（Charles Martel）在图尔战役（Battle of Tours）中击败。摩尔人在伊比利亚巩固了他们的新帝国，但是西哥特军事家佩拉约（Pelayo）用几年时间重新征服了靠近坎塔布里亚海的小王国阿斯图里亚斯，开始了信奉基督教的西班牙人对抗穆斯林入侵者的长达几个世纪的收复失地运动（*Reconquista*）。到 15 世纪，经过旷日持久的战争，西班牙只剩下了一个摩尔人王国：格拉纳达。半岛上最高的内华达山脉（Sierra Nevada）将格拉纳达与其他四个伊比利亚王国隔开，并成为格拉纳达的天然屏障。

当时，半岛上一半人是基督徒，其余的是穆斯林或犹太教徒。虽然总有零星的战事，但三大宗教的追随者们勉强维持了一种不太稳定的共存状态。南希·鲁宾（Nancy Rubin）在《卡斯蒂利亚的伊莎贝拉：第一位文艺复兴女王》（*Isabella of Castile：The First Renaissance Queen*）一书中写道："在卡斯蒂利亚，有黑皮肤的基督徒、浅色头发的摩尔人，以及各种肤色和各种体型的混血儿。"15 世纪中叶的一位旅行者惊奇地写道，一位被称呼为哈罗（Haro）伯爵的贵族家中雇用了"基督徒、摩尔人和犹太人，所有人都按照自己的信仰生活，彼此相安无事"。在乡村地区的小城镇里，三种宗教的信徒经常居住在相邻的社区，互通贸易。

不过，在较大的城市，15 世纪中叶的政治和文化发展使得延续了几代人的休战岌岌可危。宗教问题让伊比利亚成为一座压抑了几个世纪的仇恨和矛盾的大熔炉。犹太人经常首当其冲，成为打击的目标，有时来自伊斯兰国家，有时来自基督教国家。这些仇恨偶尔爆发，然后归于平静，出现一段和平交流和文化融合的时期。大量的文学、科学、农业技术、医学、工程和哲学思想与实践，都是通过伊比利亚先进的伊斯兰文化传入欧洲的。

但是到了 15 世纪，和平结束了。1453 年，征服者穆罕默德（Mehmet the Conqueror）的大军用巨型攻城炮攻陷了君士坦丁堡

（具有讽刺意味的是，这种大炮是由心怀不满的欧洲教堂大钟制造者设计制造的），从根本上终结了基督教的拜占庭帝国，切断了与欧洲的香料贸易。很快，教皇和教会高级官员试图在整个欧洲煽动起另一场报复性的十字军东征。穆罕默德的入侵使伊斯兰教和基督教之间酝酿已久的冲突升级，西班牙的犹太人则一如既往地承受着来自两方面的炮火。在 14 世纪的黑死病时期，犹太人在托莱多、塞维利亚、巴伦西亚和巴塞罗那都遭到基督教暴徒的屠杀。为了逃避这种命运，许多人皈依了基督教。

这些人保留了他们的财富和社会地位，经常成为有影响力的人物，比如放贷者和翻译。作为估税人和收税人，他们也受到国王和领主的重视。他们当中许多人会说阿拉伯语，与穆斯林社区和格拉纳达的商人联系密切——这些技能和联系在和平时期很有用，但是在动荡时期却使他们陷入更深的仇恨和蔑视。在伊莎贝拉的一生中，犹太人和皈依基督教的犹太教徒都被禁止拥有土地或担任公职，并被迫佩戴特殊的黄色徽章。也是在这一时期，为了遏制自由思想的发展和保持信仰的纯净，天主教会设立了宗教裁判所（Inquisition）。这一机构在 15 世纪晚期和 16 世纪进一步完善和扩大，其效果也被放大到恐怖的程度。

政治上，15 世纪时卡斯蒂利亚由软弱的国王统治，世袭领主的权势极盛。由于缺乏有力的中央集权，地方领主在行使法律时随心所欲，导致了无休止的争端甚至内战。收复失地运动在约 6 个世纪的军事冲突中培养了一大批训练有素、勇武强悍的战士-骑士，他们麾下的民兵理论上效忠于国王，实际上却是半独立的。由于这些民兵人数众多、势力强大，国王从来没能在全国范围内真正树立权威。到了 15 世纪，这一贵族阶级已经发展得树大根深。从 1406 年到 1454 年，是伊莎贝拉的父亲、卡斯蒂利亚的国王胡安二世（Juan II）漫长而平庸的统治期，为了维持和平，他只得不断给这些半独立的领主封爵封地，因为他的统治需要这些人的支持。这些贵族很快就拥有和控制了可以与国王比肩的土地，而且许多人比国王还要富有。

胡安二世统治时期，由于王室收入大幅下降，他提高了对平民的税收，这加剧了民众对国王的不满，多年来的政治动荡更使这种不满愈演愈烈。军阀们为鸡毛蒜皮的领土争端相互征伐，掠夺农场和村庄，破坏了当地的商业，严重阻碍了国民经济发展，导致中央政府税收进一步减少。这些贵族以发动内战相要挟，要求王室做出更多让步、提供更多补偿，胡安一再退让，满足了他们对土地和封号的要求，这反过来又鼓励他们提出更多的要求。到 15 世纪 70 年代，卡斯蒂利亚已经成为军阀混战的战场，城市和乡村都频遭劫掠，处于恐惧的阴影之下。

胡安二世不仅不受卡斯蒂利亚普通百姓的欢迎，他的贵族们也瞧不起他，因为他们每次威胁要生事，他就拿出大笔的赏金来息事宁人。尤其是，他对他的宠臣阿尔瓦罗·德·卢纳（Alvaro de Luna）言听计从，更是为人所不齿。德·卢纳是阿拉贡王室的私生子，人们怀疑他是国王的情人。德·卢纳无疑是一个操纵大师。胡安登上王位时只有 14 岁，正是极易受到旁人影响的年纪，自继位之日起，胡安就成了德·卢纳的傀儡。不幸的是，胡安被德·卢纳迷住了，他甚至让这个年长的男人控制他的性生活。据一位宫廷历史学家记载："最大的奇迹是，即使在自然行为方面胡安也听从治安官（德·卢纳）的指示，虽然年轻健康，还拥有一位年轻美丽的王后，但是只要治安官不点头，他就不去她的寝宫，也不与其他女人调情，即使他本能地倾心于她们。"1425 年，胡安和他的第一任妻子阿拉贡的玛丽亚（Maria of Aragon）生下了一个继承人——一个名叫恩里克的男孩。26 年后，他与第二任妻子葡萄牙的伊莎贝拉（Isabel of Portugal）又生了两个孩子：分别是 1451 年出生的伊莎贝拉和 1453 年出生的阿方索。

1454 年，胡安二世去世后，他的长子恩里克继承了卡斯蒂利亚的王位。恩里克相貌英俊、文武双全，但是他性格懒散，不愿意为王国和那些不那么令人愉快的事务承担责任。他免除了包括效忠仪式在内的许多繁文缛节，并任命了一群对国王毫无敬意的阿谀奉承之徒担任重要职位，包括农民、乐师、工匠、艺人。一位历史学家指出，恩里克"对和平有着永恒的迷恋"，他继续他父亲的绥靖政策，以换取政治稳定。他的顾问们经常警告和规劝他，他的宫廷中有一大群朝臣对他滥发礼物和头衔感到不满——这种行为正在慢慢使王室破产。对于这些意见，恩里克反驳道："国王不应该像私人那样囤积财富，而是为了臣民的幸福，一定要把它们分配出去。我们必须把财富送给敌人，以结交朋友；我们必须把财富送给朋友，以保持友谊。"

恩里克延续了他父亲的软弱政策，15 世纪 60 年代，他同父异母的妹妹伊莎贝拉即将进入青春期时，内战爆发了。有些历史学家声称，恩里克年少时曾被德·卢纳性侵，使得他对这个操纵过他父亲的男人更加顺从，更容易被控制。用卡斯蒂利亚的宫廷历史学家阿方索·德·帕伦西亚（Alfonso de Palencia）的话说，德·卢纳用"最邪恶的恶行"玷污了恩里克。无论这是不是真的，恩里克和他的父亲一样，是一个软弱且反复无常的国王，在他的统治下，政治混乱愈演愈烈，中央权力支离破碎，贵族对国王毫无尊重。

恩里克的婚育状况是导致王朝不稳定的原因之一。他15岁就娶了纳瓦拉的布兰卡（Blanca of Navarre），但是他们结婚将近十三年还没有孩子。恩里克厌倦了人们对他性能力的没完没了的猜测，1454年，在他登上王位的前一年，他决定请求教皇废除这段婚姻。当时盛传，布兰卡结束这段婚姻时和她结婚时一样——还是处女。向教皇陈情的西班牙高级教士驳斥了这一谣言。为了证明这段失败的婚姻是布兰卡的错，两位神父询问了塞戈维亚的妓女，她们声称与国王发生过关系，而且国王确实颇有"男性雄风"。解除恩里克和布兰卡婚姻的官方理由是布兰卡使用了巫术或黑魔法（maleficio），使恩里克无法生下继承人。这种叛国行为的后果是完全可以预见的，却没有人解释一下，她为什么要对自己的丈夫做这种事。1453年，教皇宣布解除他们的婚姻，布兰卡被正式驱逐。这时候，恩里克已经与葡萄牙国王阿方索五世接触，商讨迎娶国王的妹妹胡安娜。胡安娜是一位活泼美丽的黑发女郎，性情欢快，举止轻浮，她来到卡斯蒂利亚时，身边带了一大群衣着光鲜的随从。这位年轻的公主喜欢华丽的场面和隆重的仪式，美中不足是感情轻率，很容易言行失检。

胡安娜只有16岁，还不到恩里克的一半年纪，国王很紧张。即将到来的新婚之夜庆典更是令他如坐针毡。对于他未来的统治和卡斯蒂利亚的政治稳定，过去在这方面的失败不是什么好兆头。

按照中世纪卡斯蒂利亚人的习俗，他的朝臣们在王室寝宫的门口徘徊，等待婚姻圆满的证明。不出所料，恩里克没能拿出血迹斑斑的床单给他们看。公认的"证据"没有出现，事态的这种转变"让所有人都不高兴"。恩里克和葡萄牙的胡安娜结婚的前六年里没有生下孩子，关于国王性无能和性倾向的谣言又一次成为全国的谈资。一位历史学家写道："国王没有生育能力是尽人皆知的。"另一位历史学家则说："国王毫无男子气概，为了取悦他的新宠，竟在半夜前往对方家中探病，为他唱歌解闷……"另一位宫廷历史学家费尔南多·德·普尔加（Fernando de Pulgar）后来写道，与葡萄牙的胡安娜结婚后，恩里克的"性无能是显而易见的，因为尽管他与胡安娜结婚十五年，也与其他女性发生过关系，却始终不能正常地行使男性功能"。还有当时的记载称，一群著名的医生为恩里克做了检查，做出了性器官萎缩和精液稀浊的诊断。

1462 年，胡安娜终于怀孕了，她生下一个女儿，也取名胡安娜。正如前面提到的，人们相信这个孩子的父亲不是国王，而是他的一个大臣——风流倜傥的贝尔特兰·德·拉奎瓦。后来，为了让这个女孩看起来更像国王，恩里克的近臣打断了胡安娜的鼻子，因为恩里克就有一个突出的断鼻子。但是，所有关于恩里克"男性功能"的描述都不是十分可信。无论是恩里克的生育能力，还是王后腹中胎儿的父亲究竟是谁，都无法得到权威的确认。但是生物学上的真相无关紧要：当时，人们普遍怀疑恩里克性无能，他的女儿是另一个男人的后代，因此不是卡斯蒂利亚王位的继承人。

现在可能很难理解，人们竟会如此饶有兴致地关注一个男人的生育能力，以及他名义上的后代真正的父亲是谁。然而，在中世纪的西班牙，乃至整个欧洲和世界上许多其他地区，国家的稳定是与君主后代的合法性紧密交织在一起的。在采用原始政治结构的社会中，政权的继承仅限于当前在位君主的合法后代。通常，有一套精心制定的规则控制着确切的继承顺序，决定政府的责任和特权应该由谁来继承。必须遵守这些规则才能获得合法性和被臣民接受。因此，恩里克没能生下继承人是一个严重的问题。将一个私生子强加给这个国家的可能性，挑战了权力有序移交的规则。一旦传统的权威被打破，政府权威就会受到进一步的挑战，新君主的合法性甚至君主制本身的合法性都会受到质疑。无论传言是否属实，不幸的是，恩里克与当时伊比利亚严格实行的继承规则发生了冲突。

很快，贵族中的一些派系就开始抱怨，说恩里克不适合当国王。拉贝尔特兰妮亚的合法性受到怀疑；人们普遍对国王的执政能力感到不满，认为他徇私偏袒，任人唯亲，滥发金钱、土地和头衔；王后又曝出通奸的丑闻，怀上了恩里克的另一个大臣的孩子。这些问题加在一起，在心怀不满的卡斯蒂利亚贵族中形成了叛乱的核心。到1464年夏天，内战开始了。小股军队在乡村频频交火，努力保卫各自的重要城镇。

恩里克知道，在他与许多大贵族的斗争中，他同父异母的弟弟妹妹——13岁的伊莎贝拉和10岁的阿方索——可能成为棋子。1465年2月，他把这两人和他们的母亲一起，从马德里附近的住所带走，表面上是"让他们接受适当的教育"，实际上是监视他们，防止其他人利用他们挑战他的王权。恩里克狡猾地剥夺了弟弟妹妹的权利，取消了他们的继承权和父亲遗赠给他们的世袭头衔。伊莎贝拉被关在恩里克在塞戈维亚的王宫里，她的自由受到限制，她写给王室以外的人的信件都要接受秘密检查。一位历史学家的记录反映了当时人们的感觉："（恩里克）没有向摩尔人发动战争，而是把矛头指向了自己的封臣、礼节和古老的法律。"

叛乱贵族的领袖之一是阿方索·卡里略·德·阿库纳，他因为坚定地支持前任国王、恩里克的父亲而被任命为大主教。现在，这位托莱多大主教、高大的军人-神父，打算以伊莎贝拉的弟弟阿方索的名义起事反抗恩里克。阿方索在叛军的监护下接受教育。神父和骑士、王国的大公都在即将到来的战争中选择了自己的立场：一边是让恩里克继续掌权，另一边是扶持当时只有 10 岁的阿方索。根据传统的继承规则，男性优先，如果恩里克没有合法的继承人，阿方索将是王位的下一个继承人。阿方索排在他的姐姐伊莎贝拉前面；只有在没有男性继承人的情况下，女性才会被考虑。

为了发动公众支持叛军和年轻的阿方索国王，托莱多大主教和他的同谋们策划了一场运动，质疑拉贝尔特兰妮亚的合法性，并表达他们对恩里克的不满。他们的代表在城镇广场发表讲话，张贴海报，宣称拉贝尔特兰妮亚不是合法的王位继承人。他们还说，恩里克未经协商就提高了税收；他挥霍卡斯蒂利亚的财富，雇用犹太人和穆斯林，他的宫廷"风气败坏、道德沦丧"。反叛者描绘了一个冷酷、无能的国王形象，不把人民的最大利益放在心上，为了保住王位，甚至不惜对婴儿痛下杀手。

叛军要求恩里克宣布阿方索为他的继承人。起初他同意了，但是几个月后，他又反悔了。1465 年 6 月 5 日，在阿维拉（Ávi-la）城门外的大教堂前，包括卡里略·德·阿库纳在内的一群叛军领袖代表，在阿维拉市民面前举行了一场象征性的仪式，废黜恩里克。平台上，一个代表恩里克的假人戴着他的王冠，坐在他的宝座上，拿着他的宝剑（象征保卫王国）和权杖（象征主持正义）。一位传令官大声宣读了对恩里克的指控，大主教伸出手，除掉假人头上的王冠。其他贵族拿走了宝剑、权杖和其他所有的王室标志，直到把假人剥光。卡里略·德·阿库纳身着华丽的礼服，高声宣布恩里克不适合执政。然后，他将假人推倒在地。一头金发、虔诚可敬的阿方索被抬上空出来的宝座，庄严地宣布成为卡斯蒂利亚的新国王——阿方索十二世（Alfonso XII）。在场的政要们向他下跪，亲吻他的手，公开宣誓效忠新国王。

毫无疑问，同一个王国里有两个国王，对卡斯蒂利亚人民来说不是什么好事。法律崩坏，日益破败的道路上土匪猖獗，随着犯罪活动的升级，商业日渐凋敝，市民害怕出行，被围困在各自城镇的围墙后面。私人军队在这片土地上四处搜捕敌人，抓捕不走运的农民加入他们的队伍。随着王室权威的衰落，货币也开始贬值：新的铸币厂开始运营，把其他王位竞争者的头像印在劣质金属上。成群结队的雇佣兵盗窃农场和富裕家庭，将整个地区的粮食和牲畜掠夺殆尽。饥荒开始蔓延，人们纷纷逃离家园，私人住宅和农场遭到遗弃。

1466 年春，两个王室派系甚至考虑将国家一分为二：一个独立的叛军王国和一个保王党的王国。恩里克仍然把伊莎贝拉软禁在塞戈维亚，想让她与葡萄牙的阿方索五世结婚。对恩里克来说，让同父异母的妹妹与自己的妻兄结婚至关重要，因为阿方索承诺给他派来骑士和士兵，帮助他在这场漫长的斗争中对抗反叛贵族及他们的傀儡——年轻的阿方索国王。叛军领导人担心恩里克会利用伊莎贝拉来获得外国的军事援助，在他们内部，一些人秘密联络恩里克，自己向 15 岁的公主提出婚约。卡拉特拉瓦（Calatrava）领主佩德罗·希龙（Pedro Girón）向恩里克提出了一个妥协方案，他愿意退出叛乱，并说服其他人放下武器，条件是把伊莎贝拉许配给他（当然，附带一笔丰厚的嫁妆），顺便消除她潜在的政治价值。

希龙就这样背叛了他刚刚宣誓效忠的少年国王阿方索，还承诺为恩里克提供黄金和士兵。恩里克不情愿地同意了伊莎贝拉的婚事。连叛军也接受了这种安排，因为这样一来，她便再也不可能被用作联姻的筹码和外国军事干预的借口。年轻的公主感到不寒而栗——43 岁的希龙比她大 28 岁，而且蓬头垢面、嗜酒如命、满嘴脏话，还出了名地淫荡。但是作为恩里克的囚徒，伊莎贝拉只剩下两个选择：希龙，或者葡萄牙国王阿方索五世。恩里克命令她在卫兵的监护下北上马德里。摆在她面前的是两种同样糟糕透顶的未来。

南希·鲁宾在《卡斯蒂利亚的伊莎贝拉：第一位文艺复兴女王》中写道："现在，除了哭泣、祈祷和在马德里城堡的房间里日夜斋戒之外，她已经别无选择。她跪伏在地，祈求上帝让她在婚礼之前死去。"然而，希龙还没来得及迎娶他的新娘，就因喉咙感染而暴毙了。临终时，他口吐"亵渎神明的恶言"，"诅咒上帝的残忍，不让他再活四十天，享受这最后一次显示雄风的机会（和伊莎贝拉上床)"。伊莎贝拉认为，一定是上帝把她从希龙的可怕怀抱中解救出来的。从一个令人憎恶的求婚者手中逃脱之后，她下定决心，绝不落入另一个手中，即使恩里克命令她回到塞戈维亚。

几个月后，1467 年 8 月 20 日，恩里克和叛军双方在奥尔梅多（Olmedo）附近的平原上打了一仗。这场战役没有取得决定性的结果，但是从中可以看出，卡斯蒂利亚的政治已经堕落到何种程度，连教皇的外交干预和将叛军领袖逐出教会的威胁都未能促成和解。然而，在一场出人意料的叛变中，塞戈维亚的守军向叛军敞开了城门。这里是恩里克事实上的首都，是王室金库的中心，也是他软禁伊莎贝拉的地方。伊莎贝拉获得了自由。恩里克被这突如其来的逆转打了个措手不及，只得勉强同意妥协，首先是六个月的休战。迫于压力，他出具了一份保证书，在其中称伊莎贝拉为他"亲爱的、深爱的妹妹"。伊莎贝拉不为所动，现在她自由了，立刻赶到阿雷瓦洛（Arévalo）、她弟弟阿方索的身边，支持他的事业。

恩里克的处境很艰难。为了收回王室金库，他只能同意将王后胡安娜作为事实上的人质，关押在一个叛军贵族的城堡里，居住条件倒是十分奢华。多年来，国王和王后之间的关系每况愈下。人们注意到，他们不再假装睡在一起；事实上，恩里克怂恿她去找情人，"与她互不相干"。当胡安娜发现自己成了交换王室金库的一枚棋子时，感到屈辱和背叛，便放弃了对恩里克仅存的一点忠诚。她和几个贵族做了情人，并在随后几年里生了两个儿子——从来没有人认为这两个孩子应该是卡斯蒂利亚的王位继承人，这也变相支持了她的第一个孩子胡安娜也不是国王所生的说法。

休战期间,伊莎贝拉和弟弟阿方索带着他们的小朝廷辗转多个城镇,阿方索继续以国王的身份统治着卡斯蒂利亚的大部分乡村。然而,伊莎贝拉获得自由还不到一年,1468 年 7 月,阿方索在吃了他最喜欢的鳟鱼后病倒了。第二天早晨,年轻的"国王"陷入了死一样的昏迷状态,怎么都叫不醒。一位医生试图为他放血,结果发现"他的血不会流动了",他的舌头也肿胀发黑。起初人们认为他染上了瘟疫,但是阿方索的症状与当时肆虐卡斯蒂利亚乡村的可怕疾病并不相同。阿方索再也没有恢复意识,几天后就死了,不知道是死于瘟疫还是中毒。这样的发展对恩里克来说真是意想不到。叛军突然失去了他们的傀儡领袖,对叛乱的热情慢慢减退了。

这时,伊莎贝拉已经长成了一个沉静多思的年轻女子,"她身材匀称,体型优美,一头金发,皮肤白皙,她的眼睛介于绿色与蓝色之间,面容诚实可亲……她的脸型姣好,总是带着快乐的表情"。除开谄媚的因素之外,许多评论都提到她活泼的面容、优雅的举止和非凡的魅力,说她从不欺骗或误导人,不是阴险狡猾、诡计多端之辈。她或许不会玩弄阴谋诡计,但是她很聪明。据说,当她的顾问建议她继承弟弟阿方索刚刚空出来的王位,继续与同父异母的哥哥恩里克斗争时,她在宣布决定之前到附近的森林里去散步。她不愿让这片土地陷入更多的战乱。相反,她愿意接受恩里克的建议,成为他的继承人,以"结束我与恩里克之间的战争……我对公主的头衔感到满意"。她为席卷全国的战乱感到痛苦,甚至觉得阿方索的死可能是一种天谴,是对他非法夺取王位的报应。

伊莎贝拉的决定不是一个轻浮的年轻人鲁莽任性的行为，而是审时度势做出的反应，具有政治家的风度和深谋远虑。但是为了安抚主战派，伊莎贝拉也有自己的长期计划：通过成为恩里克的继承人，依据他们已故的父亲的遗愿和卡斯蒂利亚的古老法律，自然而然地继承王位。她派信使向恩里克提出和平建议，几个月后，双方就和解的条件达成了一致。

恩里克知道自己不会被击败或推翻，但是他意识到，他的权力不足以确保胡安娜·拉贝尔特兰妮亚的继承权，所以他同意了伊莎贝拉提出的妥协方案。1468 年 9 月，在阿维拉附近的托洛斯·吉桑都（Toros de Guisando）狂风肆虐的平原上，来自卡斯蒂利亚敌对派系的代表们会面了。在四只公牛的神秘石雕的阴影下，双方的领袖来到场地的中央；这里曾经举行过古代仪式，一位罗马书吏也曾在这里刻下铭文，宣告恺撒的胜利。按照传统，伊莎贝拉作为公主和继承人，骑着一头白色的骡子入场，缰绳握在托莱多大主教手中。叛军领袖接受了国王的权威，并宣誓效忠恩里克为"他们的国王和自然领主"。伊莎贝拉被宣布为阿斯图里亚斯公主和卡斯蒂利亚的合法继承人。

拉贝尔特兰妮亚的合法权利被剥夺了。她的母亲、王后胡安娜当时怀着情人的孩子，拒绝与恩里克见面，但是她的风流韵事已经尽人皆知。南希·鲁宾简明扼要地指出："人们都知道王后胡安娜的通奸行为，这大大削弱了恩里克在谈判中的地位。"教皇使节正式宣布，国王已经与她解除了婚姻关系，理由是多年前这桩婚事没有得到教皇的官方特许。因此，在法律上，胡安娜不是恩里克的女儿，也永远不能继承王位。

恩里克也让伊莎贝拉做出了一个重大让步：他在为她选择丈夫这件事上有发言权，事实上，没有他的同意她就不能结婚。但她心里知道，如果违背了她自己的意愿，她是不会遵守这个承诺的。因为她清楚，恩里克会把她嫁给能让她离开这个国家和失去继承权的人，从而消除她的政治威胁。尽管恩里克表面上宣称他会信守承诺，将伊莎贝拉作为卡斯蒂利亚的正式继承人，但是许多人仍然心存疑虑，他过去在许多重要决定上反复无常，在继承人的问题上也是如此。人们普遍相信，他并没有把伊莎贝拉的利益放在心上，还有很多人相信，他也没有把卡斯蒂利亚的利益放在心上。

在卡斯蒂利亚和平的道路上，围绕着伊莎贝拉结婚对象的斗争是一个主要的障碍，伊莎贝拉希望与哥哥重修旧好，来扫清这个障碍。但是很快，这个问题就将使王国再次陷入内战。

{ 第二章 }

万主之主

在西班牙西部城市托罗（Toro）郊外的草原上，一支由 5 000 多名重装步兵和枪骑兵组成的卡斯蒂利亚军队摆开阵势，迎战同样强大的葡萄牙军队。这是 1476 年 3 月 1 日下午晚些时候，天色渐暗，冻雨浸透了田野。一整天，卡斯蒂利亚军队都在库莱布拉山（Sierra de la Culebra）的陡峭山路上追踪葡萄牙敌人，他们已经疲惫不堪，但是他们相信，这将是让整个半岛卷入战争的卡斯蒂利亚王位争夺战的最终决战。伊莎贝拉和斐迪南刚刚在一年前加冕；卡斯蒂利亚军队由斐迪南亲自指挥，麾下有他身经百战的贵族和他同父异母的阿拉贡兄弟。在冬季昏暗的日光下，他们可以分辨出身着盛装的葡萄牙国王阿方索五世和他的儿子若奥。阿方索是著名的摩尔人征服者，为此赢得了"非洲人"（*O Africa-*

no）的称号；若奥是一个健壮的 20 岁青年，重装骑士们围绕在他身边。若奥是葡萄牙王位的继承人，是可能从这场战役中获益（或损失）最大的人：几周前，他刚刚率领一支葡萄牙援军加入他的父亲。

数千匹战马身披金属板甲和华丽的绣毯，紧张地跺着脚，吐出云雾般的鼻息。马背上的骑士们系紧盔甲，咽下最后一口食物，喝下最后一口水，最后一次检查武器，为胜利（或许只是为生存）祈祷。这些战士中，许多人已经厌倦了这场猫鼠游戏，许多个月来，他们在卡斯蒂利亚的乡间相互追逐，忍受着夏天的酷热和冬日的严寒。现在，他们渴望着最后一次冲锋。卡斯蒂利亚的政治未来悬而未决，已经没有回头路可走。有节奏的战鼓声越来越响亮。最后，斐迪南发出了信号，在嘹亮的号角声中，卡斯蒂利亚人发起了进攻，骑士们开始冲锋，步兵高喊着"圣詹姆斯和圣拉撒路！"冲过平原。炮手们发射原始的大炮，铁球在湿滑的草地上弹跳。火绳枪兵用类似步枪的简易武器向冲锋的敌人射击，火药喷出的巨大烟云在雾中盘旋。弓箭手举起弓，向空中射出致命的黑色箭雨。

葡萄牙人的反击瞄准了斐迪南的右翼，数千枚炮弹射向冲锋的战士。强大的冲击力将盾牌击得粉碎，受伤的骑士在泥泞中流血挣扎。卡斯蒂利亚骑士鞭策着他们的坐骑，冲上去援救受到重创的右翼，当葡萄牙人的重装战马向他们的步兵队伍发起猛烈冲击时，他们挥舞着长矛，刺向进击的敌人。很快，平原上展开了一场混乱的拉锯战，士兵们奋力挥舞着武器，砍断裸露的手臂和脖子，猛击头盔和盾牌。身披盔甲的战士呼喊着"阿方索！"或

"斐迪南!",在越来越浓的夜色中你来我往。斐迪南大喊着:"向前冲啊,我的卡斯蒂利亚骑士!我是你们的国王!"让他麾下的士兵重整旗鼓。经过三个小时的战斗,数百名战士滑进或跳进杜罗河(Duero River)中,被黑暗的水流卷走。数千人躺在地上流血呻吟,许多人死了,垂死的战马在血迹斑斑的田野上发出痛苦和恐惧的嘶鸣。数千人被俘虏,残余的军队逃离了战场,到附近的一个要塞避难。活着的人从死人身上搜罗"金银、衣物和其他东西"。

双方都声称获得了这场战役的胜利。对于卡斯蒂利亚的继承人和未来将要发生的其他许多事情,这都是至关重要的一战。

多年来的内战在托罗战役中达到了高潮。1468 年,对立双方签订了协议,但是,一旦消除了贵族们的直接威胁,国王恩里克就开始重新考虑让伊莎贝拉而不是他的女儿胡安娜继承卡斯蒂利亚王位的决定。

恩里克最初的打算是把他同父异母的妹妹嫁给一个外国王子,让新郎把她从卡斯蒂利亚带走,从而为胡安娜继承王位铺平道路。1468 年的协议刚刚签署几个月,他的计划就重新浮出了水面。伊莎贝拉的婚姻成为王国最紧迫的外交问题。她仍然坚决拒绝恩里克提供的每一个毫无吸引力的求婚者:年迈的葡萄牙国王阿方索五世;法国国王的兄弟、多病的贝里公爵;残暴的格洛斯特公爵、未来的英国国王理查三世。尽管伊莎贝拉明确拒绝,恩里克还是继续推进他的计划,打算把她嫁给阿方索。1469 年 4 月 30 日,他与葡萄牙国王签订了一份秘密的订婚协议,约定两个月后,等阿方索和他的随从到达卡斯蒂利亚，就举行正式的婚礼。协议的细节十分复杂，包括阿方索和伊莎贝拉的头衔、他们的官方居住地、他们孩子的法律地位和其他问题，比如这些未来的孩子应该与谁结婚。这不是一个随意或仓促安排的协议，如果能够实现，无疑会深刻地改变历史。这个协议将使卡斯蒂利亚与葡萄牙，而不是卡斯蒂利亚与阿拉贡更加紧密地联系在一起，从而改变历史上最著名的一次远航的性质，以及与之相关的最重要的政治和外交协议。

但是伊莎贝拉有她自己的想法。大约在这个时候，阿拉贡国王胡安二世将他的儿子斐迪南作为一个可能的求婚者推上了舞台。正如前面提到的，在考虑了她现有的选择，并听取了她的密探阿方索·德·科卡的密报之后，伊莎贝拉决定嫁给斐迪南。这个魅力十足的年轻人是阿拉贡王位的继承人，现在已经是西西里的国王。伊莎贝拉私下做出了这个决定，没有得到恩里克的正式同意，也违背了她的婚姻大事应该由她和恩里克共同决定的承诺。斐迪南英俊潇洒，与伊莎贝拉年貌相当——对一个 17 岁的少女来说，这当然是相当重要的考量——而且与他结婚，而不是像恩里克希望的那样把她嫁到外国去，从而瓦解她的政治力量，无疑是确保她自己对卡斯蒂利亚王位继承权的最好办法。摆在她和她的顾问们面前的一个最明显的问题是，恩里克永远不会同意这门婚事。与斐迪南结婚不仅不会削弱她的政治潜力，反而会让她如虎添翼。将卡斯蒂利亚和阿拉贡的王权结合起来，无疑会得到卡斯蒂利亚议会的支持，这将使伊莎贝拉作为王位继承人的地位不可撼动，同时提供一个强大的盟友，帮助她保护这些权利。恩里克将不得不信守承诺，让她成为他的继承人。这本来是他迫于政治压力做出的决定，现在，相对的和平已经实现，他开始感到后悔了。

1468—1469 年，恩里克与阿方索协商的同时，在伊莎贝拉的授意下，与斐迪南的婚姻谈判也在加紧进行。胡安二世和斐迪南正忙着在阿拉贡的萨拉戈萨（Zaragoza）抵御来自北方的法国入侵者；骑手们在大主教的耶佩斯（Yepes）城堡和萨拉戈萨之间的崎岖地带来回奔波，避开监视者的耳目，趁着夜色传递使用隐语和密码写成的信件。经过讨论，两个年轻人和两个国家之间的婚姻协议条款终于敲定下来。其他人进行谈判时，伊莎贝拉住在恩里克的宫中，身边全是密探，行动受到限制。葡萄牙外交官热切地劝说她与阿方索达成协议，不过她对葡萄牙人的示好始终保持中立。

恩里克无视前一年达成的协议，确保伊莎贝拉在经济上仍然依附于他。他开始在她的人生道路上设置障碍：伊莎贝拉不能获得承诺的收入，不能拥有自己的王宫，不能雇用侍从或犒赏她的支持者。恩里克也担心，把伊莎贝拉嫁给阿方索会激起公众的负面情绪。许多贵族都看出，这桩婚事不仅对伊莎贝拉没有什么好处——用一位历史学家的话说，伊莎贝拉会"在如花的青春年华成为比她年长的继子女的继母"——而且对卡斯蒂利亚也没有好处。还有人担心，阿方索的继承人若奥可能宣称拥有伊莎贝拉对卡斯蒂利亚的继承权，"对于国家的荣誉和自由，这是无法忍受的"。如果伊莎贝拉将自己的婚姻选择公之于众，公众情绪肯定会支持斐迪南，更愿意与阿拉贡这个语言相同、风俗相近的王国结盟。

　　与此同时，在阿拉贡的塞尔韦拉（Cervera），斐迪南正准备签署一份后来被称为《塞尔韦拉协定》（Capitulations of Cervera）的文件。经过长达数月的谈判，斐迪南违背本国传统和男性至上的原则，签署了一份婚姻文件，放弃了许多理应属于他的权力。"协定"是一份婚前协议，斐迪南同意住在卡斯蒂利亚，只任命卡斯蒂利亚人担任政府职务，服从恩里克的权威，遵守卡斯蒂利亚而不是阿拉贡的法律和习俗。斐迪南也会"像过去其他天主教君主一样，对天主教的敌人摩尔人发动战争"。他的新娘伊莎贝拉，以及所有卡斯蒂利亚人，都将是同级别中地位最高者——这种等级制度是两个王国相对力量和人口规模的反映。与卡斯蒂利亚相比，阿拉贡是一个小王国，而且经过与法国的多年战争，国库空虚。1469 年 1 月，斐迪南和他的父亲胡安二世在阿拉贡签署了这份文件，3 月初，伊莎贝拉的顾问（不是伊莎贝拉本人，因为她在自己的婚姻谈判中没有法律地位）也签了字。

　　一旦这些文件得到官方认可，双方拿到各自的副本，现在两个年轻人需要做的就是见面履行协议，完成婚约。伊莎贝拉必须逃离恩里克的王宫。1469 年 5 月，恩里克准备进行一场军事远征，去镇压安达卢西亚的起义。伊莎贝拉对他提出的婚姻选择始终保持中立，或许是她这种平静的态度令他感到不安，恩里克让她做出了一个承诺：他不在时不会做出任何婚姻承诺。伊莎贝拉同意了，心里却是这样想的：她已经对斐迪南做出了承诺（尽管恩里克并不知情），当然不会再做出任何新的承诺。但是，她的确违背了一个承诺：她没有留在王宫，而是避开恩里克的密探，连夜骑马逃到马德里加尔（Madrigal）。她逃跑的借口是去阿维拉探望生病的母亲，并参加她的弟弟阿方索一周年忌日的纪念仪式。

　　恩里克的密探向他报告了伊莎贝拉逃跑的消息，他向马德里加尔的人民发出威胁，暗示如果他们支持伊莎贝拉与斐迪南结婚，将受到"严厉的惩罚"。盛怒之下，他派王室军队去抓捕她，但是现在，伊莎贝拉已经从阿拉贡收到了一大笔聘礼，并立即用这笔资金来实现她的目标。她和她的随从在乡间四处躲避，差点被忠于恩里克的士兵诱捕，不过最后还是逃到了巴利亚多利德。她摆脱了恩里克，得到了这座古城人民的普遍支持，还有了新获得的资金，终于松了一口气。她非但没有被吓倒，反而给恩里克送去一封信，指责他违背承诺、欺凌弱者，指控他"雇用一些女人做我的仆人和侍从……来威胁和限制我的自由"。她还敦促他从积极的角度考虑她和斐迪南的婚姻，并强调："为了他自己王冠的荣耀，以及王国的健康和福祉，陛下会同意……鉴于上述理由，同意与阿拉贡王子、西西里国王的婚约显然是有益的。"伊莎贝拉提到，她和她的顾问们已经咨询过卡斯蒂利亚的大部分大公和高级教士，"他们认为与葡萄牙国王联姻对你的王国毫无益处……但是都对我与阿拉贡王子、西西里国王的婚事表示赞赏"。

　　恩里克发觉形势不妙，迅速结束了他在南方的任务，率军北上巴利亚多利德。伊莎贝拉的顾问卡里略派信使前往阿拉贡，请求斐迪南在恩里克插手之前赶快与他的新娘见面。毫无疑问，这位王子正忙着率军与法国交战，但是信使告诉他，如果他想娶伊莎贝拉为妻，最好抓紧时间，因为恩里克正率领他的军队去逮捕她。斐迪南没有浪费时间，为了欺骗恩里克雇用的密探，他制订

了一个计划。他大张旗鼓地从萨拉戈萨出发，不是向着西方的卡
斯蒂利亚，而是往东走，然后秘密折返，穿过狂风肆虐的山丘，
进入卡斯蒂利亚。他知道恩里克会派密探和巡逻队在边境地区搜
捕他，但是，他打赌恩里克不会想到，阿拉贡王子、西西里国王
会在不带王室随从的情况下出行。他计划抛开王室的尊严，以一
种极不符合国王身份的方式偷偷越过边境。斐迪南知道，要想迎
娶卡斯蒂利亚的王位继承人，他必须避免被捕，或者说，实际上
是避免被恩里克的密探暗杀。他让一小群家仆和保镖乔装成流动
商贩，他自己则扮成一个衣衫褴褛的骡夫，为他的"主人们"跑
腿，晚上为骡马刷洗毛皮。细心的观察者可能注意到，这个卑贱
的骡夫的食物都是特别准备的，而且在他吃东西之前总是有人先
尝过，以防有人下毒。这支不起眼的商队进入卡斯蒂利亚东部之
后，有大约 200 名忠于卡里略的武装骑士前来迎接他们。在夜幕
的掩护下，骑士们小心翼翼地护送商队穿过平原，抵达巴利亚多
利德附近的杜埃纳斯（Duenas）。

　　1469 年 10 月 12 日或 14 日晚上，在媒人卡里略的引荐下，17
岁的斐迪南第一次见到了他 18 岁的未婚妻。两个年轻人一见面，
就认定对方是自己想要的人。一位历史学家坚称他们是一见钟
情——为什么不呢？在那个时代，王室婚姻都是出于政治考虑，
而不是双方是否般配或相爱。第一次见到订婚的对象，发现他不
仅满足所有客观条件方面的要求，而且既不是一个饶舌的老头子
也不是一个轻浮的登徒子，而是一个与自己年貌相当的伴侣，聪
明、英俊又有头脑，这简直是天赐良缘。历史学家阿方索·德·
帕伦西亚写道："在那次会面中，这对恋人心中充满了对婚姻的憧

憧和喜悦，只是由于大主教在场，才没有表现出过度的爱慕之情。"那天晚上，他们正式订婚了，婚礼的日期就定在几天以后。

10月18日，斐迪南率领30人的仪仗队，在盛大的欢呼声中进入巴利亚多利德。他骑马穿过挤满了围观者的街道，来到一位当地大公的宫殿。婚礼在两千名围观者面前庄严地举行。许多对这桩婚事持中立或反对态度的人也来观礼，见证批准这桩婚姻的教皇诏书，以及将近一年前签署的正式协定。第二天举行了宗教仪式。虽然有些人持反对态度，表现出"悲伤和愤怒"，但是大多数人都很享受庆祝活动。接下来是舞会、宴会和按照习俗举行的骑马比武，然后伊莎贝拉和斐迪南回到卧房。但是，他们并不能享有渴望的隐私：在中世纪的西班牙，王室婚姻的圆满不仅是私事，也是公事。一大群见证人挤在他们的门外，等待着伊莎贝拉确实是处女的证据。过了一会儿，斐迪南打开门，展示了血迹斑斑的床单。于是，兴奋的朝臣们"命令击鼓奏乐，并将床单展示给所有等待着的人看"。庆祝活动持续了一个星期。

约翰·爱德华兹（John Edwards）在《天主教君主统治下的西班牙》（*The Spain of the Catholic Monarchs*）一书中写道："事情可能没有那么浪漫，别忘了，这对夫妇以前从未见过面，他们的婚姻违背卡斯蒂利亚国王的意志，不符合正确的教规，而且没有事先通知。在这种情况下，巴利亚多利德的人民不太可能组织盛大的公众活动。"据一些宫廷历史学家记载，卡斯蒂利亚的许多城镇随后也举行了庆祝活动，人们唱着《阿拉贡之花在卡斯蒂利亚盛开》（*Flores de Aragon dentro en Castilla son*），其他城镇则保持中立，还有少数城镇举行了抗议活动。当然，可能是因为害怕又会爆发新的内战，并不是所有地方都对这一消息反应热烈。葡萄牙国王阿方索五世当时正准备前往卡斯蒂利亚迎娶伊莎贝拉，感到极大的震惊和屈辱。约翰·爱德华兹说："葡萄牙国王的计划落空，给了他一个怨恨伊莎贝拉女王的私人理由，这种怨恨早在她在争议声中登上卡斯蒂利亚的王位之前就埋下了种子。"

为了平息风波，伊莎贝拉写信给恩里克，告诉他自己结婚的消息，并努力安抚他的自尊心。信的开头写道："我的君主，高贵、杰出的国王和王子。"新娘称自己和新婚丈夫为"忠诚的弟弟妹妹和听话的孩子"，说他们唯一的目的是努力促进卡斯蒂利亚的"融洽与和平"。伊莎贝拉承认，她"应该等到得到陛下的同意，以及所有国家的所有高级教士和要人的誓言和建议"，但是，她又辩解道，"得到所有人的同意是很困难的，如果要等到那一天，可能需要太长的时间，由于没有子嗣继承王位，可能使王国陷入巨大的危险"。

这封信回避了重要问题，与其说是发自内心的忏悔，不如说是为了假意的理由而做出的假意的道歉。伊莎贝拉从未收到恩里克的回信。接下来的几个月里，伊莎贝拉和斐迪南都没有被恩里克的宫廷召唤，迎接他们的是冰冷的沉默。在此期间，国王又一次公开取消了她的继承权。他们结婚后不到一年，伊莎贝拉和斐迪南的女儿出生一个月后，恩里克举行了一个正式的仪式，根据教皇法令宣布这段婚姻无效。他宣称，因此，他别无选择，只能剥夺伊莎贝拉的继承权，废除双方在托洛斯·吉桑都达成的协议。恩里克出示了一份对他有利的教皇诏书，指控之前那份是伪造的（确实是伪造的，那份诏书是卡里略和阿拉贡国王胡安仓促炮制的，因为特许状的正式请求被驳回了，而他们知道，没有教皇的许可，虔诚的伊莎贝拉是不会结婚的）。恩里克还宣称伊莎贝拉的婚姻是无效的，因为她没有征得他的同意就结婚了，违背了托洛斯·吉桑都协议。他还出示了教皇保罗二世（Paul II）的特许状，解除了协议要求他对伊莎贝拉做出的所有承诺。然后，恩里克让他所有的支持者宣誓效忠胡安娜·拉贝尔特兰妮亚。

根据恩里克的声明，9 岁的拉贝尔特兰妮亚再一次成为卡斯蒂利亚的继承人。这一声明得到了她的舅舅、恩里克的妻兄、葡萄牙国王阿方索发自内心的支持。1470 年 10 月中旬，恩里克为胡安娜商定了一门婚事，对象是法国国王体弱多病的弟弟贝里公爵，早前伊莎贝拉拒绝过他。作为回报，法国国王承诺向恩里克提供军事援助。所有人都认为，如果恩里克违背在托洛斯·吉桑都达成的协议，卡斯蒂利亚会再次爆发内战。事实上，就在恩里克发表声明后不久，一些地区和城市爆发了叛乱，还有许多地区宣布保持中立，这导致了贸易中断和税收减少，使卡斯蒂利亚的政府运转和经济运行陷入了困境。

随着卡斯蒂利亚陷入进一步的混乱，连一些恩里克自己的亲信似乎也不愿意再被国王的妄想牵着鼻子走了。卡斯蒂利亚的治安官米格尔·卢卡斯·德·伊兰索（Miguel Lucas de Iranzo）是恩里克的童年好友，国王在继承问题上的反复无常令他十分厌烦，他给贝里公爵写了一封信，建议这位法国贵族不要和拉贝尔特兰妮亚结婚。"胡安娜公主是王后胡安娜通奸生下的女儿。"他说，"因为国王恩里克性无能，王后在她丈夫的授意下，犯下了邪恶的罪行。"在给贝里公爵的建议的最后，卢卡斯·德·伊兰索总结道，"这个王国真正的继承人"是伊莎贝拉。在 1470 年被逼入绝境的几个月里，伊莎贝拉利用恩里克女儿身份有争议这一点向他发起反击。她还辩称，教皇无权干涉贵族们前一年在托洛斯·吉桑都举行的宣誓。这些都不是什么新观点。不同政治派系又开始划清界限，卡斯蒂利亚已经厌倦了战争的贵族们又要准备迎接新一轮的内讧、战争和动乱。

　　由于缺乏军事支持，恩里克无力将他的意愿强加于卡斯蒂利亚，尤其是因为承诺中的法国军队一直没有到达。贝里公爵明白了这桩婚姻的政治含义后，谢绝了与胡安娜的婚约；1471 年秋，恩里克听说贝里公爵已经与勃艮第（Burgundy）公爵的女儿订婚。恩里克在梵蒂冈的盟友、教皇保罗二世也于 1471 年夏天去世，新教皇塞克图斯四世（Sixtus IV）并没有像前任那样支持卡斯蒂利亚的恩里克。事实上，塞克图斯四世对卡斯蒂利亚事务的兴趣相当有限。南希·鲁宾在《卡斯蒂利亚的伊莎贝拉：第一位文艺复兴女王》中写道："塞克图斯四世不但没有将这对年轻夫妇视为卡斯蒂利亚和平的障碍，反而将他们视为恩里克死后防止卡斯蒂利亚陷入混乱的解决之道。"在他的卡斯蒂利亚事务顾问、枢机主教、副秘书长罗德里戈·波吉亚（Rodrigo Borgia）的指导下，塞克图斯很快颁布了拖延已久的诏书，代表教会正式批准了伊莎贝拉和斐迪南的婚姻——此举有力地巩固了他们在卡斯蒂利亚反恩里克的道德地位，也激怒了葡萄牙国王阿方索五世。

　　很快，罗德里戈·波吉亚离开罗马，1472 年 6 月，他携带着重要的文件和公告抵达阿拉贡的巴伦西亚港。这位枢机主教英俊潇洒、彬彬有礼、魅力十足，是阿拉贡当地贵族的后裔。他在罗马生活了多年，现在受教皇委派负责西班牙事务，正准备返回祖国。在接下来的一年里，他周游了卡斯蒂利亚和阿拉贡，大肆炫耀自己的财富，举办奢华的宴会，在城镇中举行盛大的游行，同时与他的亲属和支持者安排会面。他致力于伊比利亚半岛的和平，呼吁发起一场新的十字军东征，将奥斯曼土耳其人赶出欧洲。在恩里克的统治下，卡斯蒂利亚人的斗志萎靡不振，他也希望能使他们振奋精神，对伊比利亚半岛上最后一个摩尔人王国格拉纳达发动进攻。

　　波吉亚在巴伦西亚见到了斐迪南，这个年轻人的能力和举止给他留下了深刻的印象；同年晚些时候他又见到了伊莎贝拉，同样令他印象深刻。不过，他的主要任务是确保阿拉贡和卡斯蒂利亚的和平，打消葡萄牙人对卡斯蒂利亚王位的兴趣。只有在和平的前提下，这些国家才能集中精力打败异教徒。波吉亚秘密发誓，要为年轻的斐迪南和伊莎贝拉取得卡斯蒂利亚的王位，努力巩固对他们有利的联盟，作为回报，他接受了阿拉贡人提供的大量财富。伊莎贝拉和斐迪南的女儿刚满一岁，也叫伊莎贝拉，这位温文尔雅的枢机主教甚至答应做她的教父。在旅行中，他明确拒绝与恩里克的妻子胡安娜王后和她的女儿胡安娜·拉贝尔特兰妮亚见面，并拒绝支持恩里克为这个年轻女孩谋划的另一门婚事。

　　斐迪南的老父亲、阿拉贡国王胡安二世也刚刚为他的一个私生子安排了一桩婚事，这个孩子虽然不是嫡出，但是很有权势。胡安二世为他选择的结婚对象是恩里克的一个重要支持者的女儿，这位亲家随即改变了效忠的立场。大约在同一时间，斐迪南率领一支由 7 000 名步兵和 1 300 名骑兵组成的阿拉贡部队，以"奇迹般的胜利"击退了入侵的法国军队，结束了法国对阿拉贡的军事压力。斐迪南成了阿拉贡的民族英雄。投降仪式后，他的父亲当众拥抱了这位年轻的战士，并宣布："我是多么幸运，能够成为我个人和国家的解放者的父亲。"恩里克眼看着他的敌人越来越强大，自己的支持者却越来越少，终于意识到他不可能将伊莎贝拉和斐迪南排除在卡斯蒂利亚的政治生活之外。1473 年 12 月，他把伊莎贝拉召到塞戈维亚，寻求和解。

这对同父异母的兄妹形成了鲜明的对比。国王已经 49 岁，脸色苍白，一副病恹恹的样子，而伊莎贝拉 22 岁，风华正茂。他们一起参加公共宴会和庆祝活动，史书中记载了一个著名的场面：他们在刚刚下过雪的街道上同行，伊莎贝拉骑着一匹白马，恩里克牵着缰绳走在她身旁。元旦那天，伊莎贝拉叫她的丈夫斐迪南加入他们。他一直在附近等待着，以防有人背叛他的妻子。不过现在，他们三个人成了朋友，一起到附近的城镇旅行，一起去乡下远足，晚上共进晚餐，享受着"友谊与和睦"。宫廷历史学家夸张地赞美道："王子在国王面前跳舞，国王的喜悦之情简直难以用笔墨形容。国王对王子非常满意。"但是，三位统治者从未就继承问题达成任何正式协议。

在一次盛大的午宴中，恩里克坐在餐桌的首席，伊莎贝拉和斐迪南坐在他的两侧，宴会刚刚结束，国王忽然痛苦地号哭起来。他紧紧抱住自己的身体，倒在地上。音乐戛然而止，纵酒狂欢的人们惶惑不安地从座位上站了起来。在一片震惊和沉默中，恩里克的侍从们匆忙把他扶进寝宫。医生被召来，斐迪南和伊莎贝拉则公开为恩里克的康复祈祷。然而，他们还是逃不过从宫中传出的关于下毒的谣言。难道恩里克的死不会令他们从中获益吗？难道他们没有能力消除这个阻碍他们加冕的最后的障碍吗？接下来的几个月里，恩里克一直很虚弱，卧床不起，无法承担任何事务。事实上，他再也没有恢复健康。他开始呕吐，无法进食，曾经强健的身体日渐消瘦，他的尿液中也开始带血。

历史学家们相信国王罹患的是某种肠道疾病。虽然已经到了弥留之际，但是人们几次尝试让他与伊莎贝拉和解，都没能成功。他变得越来越虚弱，与家人越来越疏远，直到 1474 年 12 月 12 日在痛苦中死去，没有正式指定继承人。一名忠实的信使立刻骑上马背，彻夜赶赴伊莎贝拉的宫廷所在地塞戈维亚，通知公主她同父异母哥哥的死讯。伊莎贝拉迅速行动起来。她赶到马德里操办葬礼，"没有举行通常为伟大的君主举行的盛大仪式"。然后她换了衣服，出现在圣米格尔教堂（Church of San Miguel）前一个装饰着珠宝和金色帐幔的宽阔平台上。她庄严地站在广场上，面对聚集的人群，号角响起，鼓声震天，传令官宣布她为卡斯蒂利亚的新女王，宣布当时在阿拉贡的斐迪南为她的"合法丈夫"。伊莎贝拉骑上一匹身披华丽锦缎的高头大马，穿过塞戈维亚的街道。据历史学家阿方索·德·帕伦西亚记载，一名骑士高举着王国之剑走在游行队伍的前面，"让即使在最远处的每个人也能看到，让他们知道拥有赏罚权威的女王来了"。

现在，伊莎贝拉成了女王，而斐迪南成了国王，这一大胆的举动无疑会激怒许多人。伊莎贝拉和她的顾问们认为，有必要抢在拉贝尔特兰妮亚和她的支持者之前取得王位。反正无论如何，这对雄心勃勃的王室夫妇都不会享有和平。

1474 年，大多数人在热情庆祝卡斯蒂利亚美丽的新女王的加冕典礼，也有一些人持谨慎的支持或中立态度；与此同时，如果她取代胡安娜·拉贝尔特兰妮亚成为女王，有一小群贵族，以及他们的城市和堡垒将遭受巨大的损失。最烦恼的是葡萄牙的阿方索五世，因为这让他陷入了欲望和义务的两难境地。为了维护家族的荣誉，他必须出面捍卫他的妹妹、恩里克的遗孀和他的外甥女拉贝尔特兰妮亚的权利。

阿方索还在为伊莎贝拉和她的新贵丈夫斐迪南对他的羞辱而怒火中烧。与此同时，让卡斯蒂利亚那些恼人的大公臣服于他的权威之下，也是一种难以抗拒的诱惑。攫取卡斯蒂利亚的王位，表面上是为了维护他外甥女的合法权益，实际上更多的是为了他自己，并且给他的儿子和继承人若奥留下一份颇有价值的遗产。阿方索还能借此成为一个强大王朝的奠基人：他，然后是若奥，将成为基督教世界最伟大王国的国君。最近，国家资助的航行为阿方索带来了巨额财富，葡萄牙船队沿着非洲黄金海岸向南，经过塞拉利昂（Sierra Leone），发展了黄金和奴隶贸易；政治威望将成为这些新财富的良好补充。在权力和名望的诱惑下，46 岁的阿方索决定抛开捍卫家族荣誉的虚伪借口，自己与 13 岁的拉贝尔特兰妮亚结婚，将卡斯蒂利亚的王位据为己有。

约翰·爱德华兹在《天主教君主统治下的西班牙》中写道："冲突是斐迪南和伊莎贝拉联合统治卡斯蒂利亚前五年的基调，像所有典型的家庭纷争一样，既有刻毒的怨恨，也有突然和解的可能。"通过与拉贝尔特兰妮亚结婚，继而征服卡斯蒂利亚，阿方索可以一洗家族荣誉的污点，为自己和若奥赢得权力和财富，为帝国的扩张奠定基础，并且惩罚他的敌人。他开始与法国国王路易十一秘密谈判，与法国从北方入侵卡斯蒂利亚的行动里应外合。他给伊莎贝拉和斐迪南写了最后一封信，说："众所周知，我的外甥女是恩里克国王的女儿，作为合法继承人，她有权获得卡斯蒂利亚女王的头衔。"这对王室夫妇回应称，阿方索在卡斯蒂利亚的支持者中，许多人之前曾经发誓说拉贝尔特兰妮亚是私生女，因为恩里克"性无能"。他们"想知道，这些人当初是怎么发现这位女士不是合法继承人……现在又是怎么发现她是合法继承人的"。阿方索五世也没有指望他们会投降。

　　阿方索的入侵速度令伊莎贝拉和斐迪南感到震惊。他们刚刚开始统一王国这项棘手的任务，对不听话的贵族恩威并施；由于恩里克去世前时局动荡，他们还必须重新树立王室法律的威严。1475年春，阿方索和若奥召集了一支强大的葡萄牙军队，由大约14 000名步兵和5 500名骑兵组成，还有伦巴第（Lombardian）围城工兵的支持。阿方索发行了印有他头像和"卡斯蒂利亚国王"头衔的硬币，并开展了一场宣传造势的运动，向他的支持者慷慨地赠送礼物。他的代理人则努力说服心怀不满或不忠的卡斯蒂利亚骑士捍卫拉贝尔特兰妮亚的继承权。他的抄写员制作了许多传单，在卡斯蒂利亚西部的城镇中分发，这些传单大胆地指控伊莎贝拉和斐迪南毒死了恩里克，非法攫取了王位。5月12日，他的军队从葡萄牙越过边境进入卡斯蒂利亚之后，几个由亲葡萄牙的贵族控制的城市向入侵者敞开了大门。普拉森西亚（Plasencia）便是其中之一，阿方索在那里见到了他的外甥女拉贝尔特兰妮亚和她的卡斯蒂利亚监护人，两人在城镇广场上古老的大教堂举行了订婚仪式。为了等待教皇对这桩婚事的特许，真正的婚礼和完婚被推迟了。尽管如此，拉贝尔特兰妮亚还是被宣布为卡斯蒂利亚女王。现在有两个女王了。

随着葡萄牙军队深入卡斯蒂利亚，占领了一些堡垒和城镇，斐迪南和伊莎贝拉在各个城镇之间奔走，疯狂集结他们自己的军队，为保卫王国筹集资金。他们发表演讲，鼓舞士气，举行比武大会招募战士。伊莎贝拉到阿维拉时，战争的压力、不安的情绪和对丈夫的担心终于压倒了她。她几乎毫不掩饰对阿方索入侵的怨愤，说自己"怀着一颗愤怒的心等待着，咬紧牙关，握紧拳头"。结果，她流产了，失去了一个男孩，一个可能的王位继承人。根据历史学家阿方索·德·帕伦西亚的记载，女王因为失去了她和斐迪南盼望已久的儿子而"悲痛欲绝"，这个儿子本来可以为他们的统治带来更大的政治支持。他们把这一惨痛的损失归咎于阿方索和他野心勃勃的儿子若奥。到了7月，他们已经成功地组织起一支42 000人的强大军队，包括8 000名骑兵和4 000名重装骑士。

从很多方面看，他们的军队都是一群无组织无纪律的暴民，由心怀嫉妒的地方贵族组成，组织混乱，补给不足，还有大量未经训练的农民兵，有些人甚至手无寸铁。这支军队集结得如此仓促，内部缺乏凝聚力，领导人争吵不休，拒绝服从命令。更关键的是，斐迪南没有任何攻城机械。当这支脆弱的大军浩浩荡荡地沿着杜罗河逆流而上，准备迎战葡萄牙军队时，斐迪南一定已经意识到了可能的结果。他立下第一份遗嘱，说他如果死了，要和伊莎贝拉葬在一起。"我们是彼此唯一的挚爱，婚姻将我们结合在一起,"他说,"连死亡也不能将我们分开。"

　　7月19日,这群疲惫不堪、满身灰尘的乌合之众在托罗要塞前摆好阵势。阿方索五世知道斐迪南没有攻城机械,无法攻破要塞的城墙,因此拒绝出城迎战,好整以暇地让敌军在城墙下忍受烈日的煎熬。斐迪南要求与阿方索决斗,但阿方索不肯给出明确的回复,只是一味拖延时间。与此同时,斐迪南的食物和饮水供应越来越困难,他"看出他们无法攻入要塞",只能不情愿地下令撤退。由于酷热难耐、内讧不断,而且形势显然无望,士气十分低落。从托罗撤退时,许多士兵大肆破坏了自己的乡村。

　　伊莎贝拉现在是一个聪明而虔诚的24岁女人,生了两个健康的孩子,还有一个孩子夭折了。她相信面对葡萄牙的入侵,撤退是一种无法承受的耻辱。斐迪南回来时,受到了她的责难,两人吵了起来。"有这样优秀的骑士、这样的马匹、这样的装备和这样的步兵,怎样危险的战斗才会让军队丧失勇气和信心,不能采取许多人心中盼望的行动?如果你强行攻破要塞,葡萄牙和它的主权将从历史的记忆中消失。我毫不怀疑,如果你有和我一样的决心,就会这样做的。"根据历史学家胡利奥·普约尔(Julio Puyol)的记载,斐迪南激动地回答说:"我以为战败归来,能够从你口中听到安慰和鼓励的话语,而你却在抱怨,因为我们全身而退,没有失去荣耀。好吧,从现在起,显然有一项艰巨的任务能够让你满意!"

　　斐迪南改变了战术,为了一雪托罗之耻,他命令他的骑兵进入葡萄牙破坏庄稼。斐迪南的父亲派阿拉贡军队进攻卡斯蒂利亚东部一些叛变倒向葡萄牙的贵族的领地,两国的舰队开始相互劫掠对方的船只，战争进一步升级。伊莎贝拉授权私掠船向南进入大西洋，攻击从非洲驶来的葡萄牙船只，试图破坏给葡萄牙带来财富的黄金和奴隶贸易。阿方索驻扎在托罗的要塞，派数千军队回国，帮助保卫边境地区。他剩余的侵略军分散开来，占领了卡斯蒂利亚西部的许多城镇和堡垒。

　　阿方索不断收到卡斯蒂利亚贵族倒戈的报告，感到失望和恐慌，他提出了一个和平协议，放弃对卡斯蒂利亚王位的要求，以换取卡斯蒂利亚西部与他的王国接壤的某些地区的主权。伊莎贝拉愤怒地谴责了这一提议，声称她不会把卡斯蒂利亚王国的"任何一座塔"拱手让给奸诈的阿方索和若奥。为了让战争继续下去，她借用了教堂的捐款，承诺在三年内偿还。有了这笔新的资金，她和斐迪南开始重新招募、训练和装备士兵，组建了一支更加专业的军队。斐迪南的父亲还给他们派来了他最信任的战略家和将军之一阿隆索·德·阿拉贡（Alonso de Aragon）。阿隆索是斐迪南同父异母的哥哥，被称为"战争艺术的大师"。11月，阿隆索开始帮助他们设计和建造攻城机械，以摧毁阿方索五世在托罗的防御工事。

　　到1476年1月，斐迪南的军队收复了两个战略要塞：布尔戈斯（Burgos）和萨莫拉（Zamora）。阿方索看到自己从卡斯蒂利亚撤退的路线被切断，于是通知若奥，让他率领另一支葡萄牙军队前来支援。这支由若奥率领的葡萄牙新军的到来，不可避免地触发了托罗战役，这是双方争夺卡斯蒂利亚王位的最后决战。在这场历时三个小时的战役中，超过1 200名葡萄牙士兵阵亡，许多人被斐迪南的枪骑兵赶到河岸上，杜罗河湍急的水流将他们卷走，冲到下游。时至午夜，黑暗中，斐迪南仍然在战场的废墟上大步踱来踱去，鼓舞他的士兵。他愉快地审视着战果，感谢"那天晚上全能的上帝把整个卡斯蒂利亚交给了他"。

第二天，附近的城镇为了庆祝卡斯蒂利亚的胜利举行了庆典。尽管天气寒冷，伊莎贝拉还是赤脚走在游行队伍的最前面。游行队伍蜿蜒穿过城市，进入托德西利亚斯的大教堂。历史学家阿方索·德·帕伦西亚写道："听说托罗大胜时，伊莎贝拉的喜悦之情简直无法用语言形容。"她的丈夫安然无恙，可恨的阿方索五世被打败了，斐迪南"消灭了他和他的人民共同的敌人"——这种说法当然有夸张的成分，但是并不严重：葡萄牙的入侵结束了。伊莎贝拉的地位从来没有如此稳固。虽然双方都声称获得了这场战役的胜利，但是在托罗战役之后的几个星期内，阿方索和若奥以及残余的葡萄牙军队越过边境向西撤退了。他们带走了阿方索昔日的新娘和外甥女拉贝尔特兰妮亚，将她置于他们的保护之下。迎接父子俩的是"他们的人民无尽的悲伤和眼泪"。卡斯蒂利亚大多数亲葡萄牙的反对派很快就与年轻的君主达成了和平，有效地终结了阿方索和若奥对卡斯蒂利亚王位的企图。连教皇塞克图斯四世也收回了之前允许阿方索与他的外甥女结婚的特许状，因为这份文书导致了"所有的邪恶和战争"。这次耻辱的失败对阿方索五世是一个沉重的打击，他再也没有完全恢复过来。

伊莎贝拉和斐迪南开始了一项缓慢而艰巨的任务，修复多年内战对卡斯蒂利亚乡村和经济造成的严重破坏。他们解除了土匪的武装，恢复了王国的和平、安全和正义。正是在这个时候，1476年，一个名叫克里斯托弗·哥伦布的 25 岁的热那亚（Genoa）水手被冲到葡萄牙海岸。他搭乘的船只在与一艘卡斯蒂利亚船只交战后沉没了。对哥伦布来说，此时到达伊比利亚正是时候，因为若奥即将成为新国王。若奥渴望将葡萄牙的势力扩张到非洲，继续对非洲海岸和他治下的大西洋岛屿进行探索和开发。

托罗战役之后，所有的葡萄牙军队撤出了卡斯蒂利亚，阿方索国王和若奥王子眼看着他们建立伊比利亚帝国的梦想破灭了，伊莎贝拉和她的阿拉贡人丈夫斐迪南用背叛和野心篡夺了他们的梦想——他们相信这是不公平的。在他们看来，伊莎贝拉和她的丈夫从阿方索的外甥女、若奥的表妹那里窃取了王位，非法夺走了本应属于他们家族的东西。他们认为伊莎贝拉和斐迪南不是卡斯蒂利亚的合法统治者，他们永远不会忘记这一点。事实上，阿方索战败后的第一项行动就是到法国北部进行国事访问，与法国国王进行私人会晤，希望这个不可靠的盟友再次进攻卡斯蒂利亚。然而，路易十一已经在进行谈判，准备承认伊莎贝拉和斐迪南为卡斯蒂利亚的统治者。

阿方索的精神崩溃了，宣布他将放弃"所有尘世的虚荣"，让他的儿子继承王位。1477 年秋，他从法国回来，短暂地取回王位，在 1478 年初组织了对卡斯蒂利亚的最后一次突袭。但是他与若奥发生了争执，这场三心二意的入侵很快被斐迪南的军队击退。自从托罗战役以来，斐迪南和伊莎贝拉完成了一项了不起的任务，将四分五裂的王国各派系团结起来，几个月后，阿方索全面撤退，再也没有回来。

同年 6 月，伊莎贝拉生下一个男孩，取名胡安（Juan），这是伊莎贝拉的父亲胡安二世国王唯一在世的男性后裔。胡安的出生永久性地否定了拉贝尔特兰妮亚对王位的继承权，并且作为两国王位的继承人，将卡斯蒂利亚和阿拉贡的王室联合起来。

若奥看出，在通过拉贝尔特兰妮亚争夺卡斯蒂利亚王位的斗争中，他的父亲被击垮了。1478年以后，阿方索"再也没有快乐过，他总是避世沉思，像一个厌恶世间万物的人，而不是一个珍视它们的国王"。作为《阿尔卡苏瓦什条约》(Treaty of Alcáçovas)的和平条款的一部分，阿方索五世甚至同意将拉贝尔特兰妮亚送进修道院，使政治上的反对派不能再将她当作名义上的领袖和入侵的借口。在进入修道院之前，拉贝尔特兰妮亚可以选择等待14年，看看伊莎贝拉和斐迪南的儿子、尚在襁褓中的胡安王子长大成人后是否会娶她为妻（到那时她已经32岁了），但是她拒绝了。1480年11月15日，她立下誓言，进入了修道院。

直到1530年去世前，胡安娜都拒绝承认自己不是卡斯蒂利亚王位的合法继承人，也拒绝放弃对王位的要求。偶尔，当她冒险离开修道院，在葡萄牙宫廷中公开露面时，伊莎贝拉和斐迪南便给她施加压力，通过教会高级官员召她回国。阿方索五世，这位几乎成功建立了一个伊比利亚帝国的骄傲、勇敢的战士，进入了大西洋海岸上的瓦拉托哥（Varatogo）的圣方济会修道院。他成了一名修道士，死于1481年8月26日，享年52岁。

1481年，21岁的王子若奥正式继承了父亲的王位，实际上，在与卡斯蒂利亚的战争结束之前，他就已经接管了葡萄牙的大部分统治权。他已经表现出不肯听命于王国内大贵族的倾向，很多人对他的统治感到担忧。作为国王，若奥二世在父亲去世后迅速行动起来。他的第一步行动就是打击某些权势过大的贵族，将权力牢牢掌握在国王，也就是他自己手中。根据当时的宫廷历史学家记载，他"是一位虔诚的天主教徒，渴望传播信仰，并且富有探究精神，渴望探索大自然的奥秘"，但他同时也是一个冷酷无情的阴谋家。他统治末期的一幅肖像描绘了一个强大、自负的君主的形象：他身穿华美的毛皮长袍，戴着一条黄金和珠宝装饰的宽项链，下方悬吊着一枚黄金镶嵌的硕大宝石，脖子上紧紧围绕着一条更加精细的饰带。他双手戴着黑色的手套，头上戴着一顶镶有宝石的王冠，还有许多精心雕琢的金尖，即使对一个强壮的人来说，这顶王冠也会让脖子和肩膀不堪重负。若奥意识到，权力的表象和权力本身同样重要，在他的世界里，这两者是一体的。他的面孔坚毅，留着淡淡的胡须，很有男子气概，眼神清澈直接，嘴巴刚正不阿，给人的整体印象是一个厌世的怀疑主义者。冒犯这样一个人是很危险的。

据说，若奥二世在加冕后向他的贵族们宣称，他是"万主之主，而不是他们的奴仆"。他们应该把这当作一种警告。他要求他们重新宣誓效忠，承认他们的从属地位和他的至高无上，马林·纽伊特（Malyn Newitt）在《葡萄牙海外扩张史》（*A History of Portuguese Overseas Expansion*）一书中写道，他"启动了一项核验头衔和特权的程序"，这种行为无疑会激怒那些在他父亲统治下已经习惯了自行其是的大贵族。若奥二世就像蛛网中心的蜘蛛一样，他没有公然向他们发起挑战，而是雇用了一个王室间谍网，监视他们的行动，特别是针对权势之大几乎可以与国王比肩的布拉甘萨（Braganzas）家族。国王搜集了证据，比如布拉甘萨公爵与卡斯蒂利亚的伊莎贝拉之间的秘密通信，在这些信件中，公爵怂恿伊莎贝拉干涉葡萄牙事务，挑战若奥的独裁权威。

若奥二世一旦掌握了公爵叛国的证据，就以雷霆之势迅速出击。王室军队进军布拉甘萨家族的封地，打败了公爵的军队，占领了要塞和城堡。公爵费尔南多（Fernando）被逮捕并公开处决，布拉甘萨家族的封地被没收，其余显赫的家族成员被流放到卡斯蒂利亚。第二年，葡萄牙的另外几个贵族家族也面临着同样的命运。若奥二世甚至不惜亲自动手。他怀疑王后的弟弟维塞乌（Viseu）公爵有叛国行为，便邀请他来到宫中。然后，他当面指控公爵的不忠，拔刀刺向他，看着他倒在石板上流血而死。若奥二世无意成为一个像他父亲那样软弱的国王——在战争和婚姻中被卡斯蒂利亚人羞辱，在葡萄牙国内又被他自己的贵族羞辱。几十年后，他成了尼科洛·马基雅维利（Niccolò Machiavelli）所谓的"完美的君主"之一。

若奥二世巩固了自己的权力之后，以国家的名义大力资助航海探险，复兴了葡萄牙的扩张梦想。若奥对伊比利亚以外，甚至欧洲以外的事务非常感兴趣，特别是沿着西非海岸向南——在他祖父和父亲的统治下，那里的水手开始带回丰厚的利润。他凭借旺盛的精力和远见卓识，积极投身于规划和组织他的扩张大业。为了在他的贵族中建立忠诚，若奥承诺向许多较小的贵族提供职位、分封土地。然而，正如马林·纽伊特在《葡萄牙海外扩张史》中指出的："据估计，葡萄牙有大约 2 000 个封臣是通过这种方式维持的，国王面临着沉重的财政负担，对官职、指挥权和雇佣兵的需求也与日俱增。因此，海外扩张既为国王提供了主要的收入来源，也为他的世袭专制政体提供了可供分封的资源。"西非海岸的圣若泽-达米纳（São Jorge da Mina）附近有一座金矿，若奥首先加强了葡萄牙在这个哨所的防御。从这里开始，他用亚麻、棉花和黄铜饰品交换黄金以及数量越来越多的奴隶，并运回葡萄牙。

　　作为"万主之主"，若奥二世有着比从黄金交易和人类苦难中闷声发大财更大的野心。这位年轻的国王是葡萄牙海上遗产的继承人，这份遗产可以追溯到几十年前他祖父的时代。到 15 世纪 80 年代，他已经有了充分的条件，让葡萄牙的水手和制图学家来实现他的远大计划。

{ 第三章 }

天　堑

　　两艘小小的卡拉维尔帆船顶着呼啸的狂风，穿过汹涌的海浪。风势越来越强，为了防止桅杆被折断，船帆卷了起来，小船只能任由狂风摆布。这里是非洲南部的南纬 40 度啸风带，海水冰冷，巨浪滔天，葡萄牙水手们已经在这片海域颠簸了 13 天。不久前，他们还在西非海岸，在赤道的高温下汗流浃背，现在，他们远离家乡，航行在从未有船只行驶过的水域。他们吓坏了。历史学家写道："他们的船太小，海水越来越冷，与几内亚（Guinea）大陆截然不同……他们已经听天由命了。"

　　但是他们并没有全军覆没，将近两周后，风暴终于耗尽了力量。水手们扬起帆，把残破的船只驶向东方。几天都没有看到陆地，他们转向北方，终于瞥见远方的地平线上出现了一排高山。

1488 年 2 月 3 日，两艘小船驶入了现在的莫塞尔湾（Mossel Bay）。它们停泊在今天的南非开普敦以东约 230 英里处。大副用简陋的航海仪器计算出，他们位于西非博哈多尔角（Cape Bojador）以东 2 000 英里，大约在埃及正南方；他们比这条航线上所有的欧洲船只都要向南和向东走得更远。

最重要的是，这条从未有人涉足的海岸线似乎向东北方延伸，而不是向南——在风暴的推动下，船只绕过了非洲的尖端，他们来到了寻觅已久的印度洋的大门前。在远处，疲惫的葡萄牙水手们发现了成群的牲畜和"许多芦苇、灯芯草、薄荷、野橄榄树，以及其他与葡萄牙不同的植物和树木"。探险队长巴尔托洛梅乌·迪亚斯（Bartolomeu Dias）和一些船员划船上岸，和当地牧民交换了几头牛羊，这是他们几个月来第一次吃上新鲜肉食。然而，当他们想在泉水旁灌满水桶时，同样是这些牧民朝他们扔石头。迪亚斯用十字弓射中了其中一个人，其他人马上带着牲畜逃往内陆。

迪亚斯命令两艘卡拉维尔帆船起锚，沿着海岸继续向东北方航行了约 300 英里。在今天的大鱼河（Great Fish River）附近，船员们拖着一个巨大的十字架，穿过一群咆哮的海狮，登上海滩，爬上山顶。水手们在山脚下举行了弥撒，估量了他们的处境。虽然这片土地气候温和、环境优美，他们也有充足的新鲜食物和淡水，但是船上的储备几乎耗尽，人们都在惊恐地窃窃私语。历史学家记载道："这时候，由于所有人都疲惫不堪，而且对他们刚刚经过的海洋充满了恐惧，他们开始异口同声地抱怨，拒绝继续前进……他们应该转身去寻找留在身后的船和物资，如果离船太远，不等走到那里他们就都会饿死的……一次航行就能发现这么长的海岸线，已经足够了，回头去寻找似乎就在他们身后的那个大海角，才是更明智的选择。"

迪亚斯不愿冒哗变的风险，他召集了军官和高级船员们一起商议对策。他们一致认为，与其冒险继续前进，不如回到葡萄牙报告他们的新发现。在指挥官迪亚斯看来，这是一个令人失望的决定，他正处于实现葡萄牙海上梦想的边缘。水手们签订了一份同意返航的文件，但是迪亚斯认为，放弃探险是一种愚蠢、懦弱的行为，他说服他们再坚持三天，如果没有发现就返航。三天里，船只经过了更多类似的陆地，但是没有遇到什么值得注意的东西。他们竖起了一座发现碑（padrāo，石制十字架），上面有葡萄牙王室的纹章和葡萄牙国王若奥二世"下令发现这片土地"的铭文。然后迪亚斯命令船只改变航向，用历史学家的话说，"就像心爱的儿子被永远放逐，面临生离死别一样痛苦"。他们沿着海岸缓慢地航行，在地图上标出风暴把他们吹向大海时错过的海岸线。

4月底，他们到达了厄加勒斯角（Cape Agulhas）以东不远处的斯特鲁斯湾（Struys Bay）。由于在大雾和涌浪中航行太危险，迪亚斯下令停航休息三个星期。船员们利用这个机会修理船只，寻找足够他们绕过非洲的额外食品储备。他们在5月底离港出海，继续沿着非洲最南端的海岸航行。6月6日，他们驶过一处"壮美的岬角"，陡峭的花岗岩壁直直地插入海中。迪亚斯在这里登陆，又竖起了一座发现碑，作为非洲大陆最南端的标记。

又航行了几个星期后，他们回到补给船停泊的海湾，发现留下守卫船只的九个人遭到非洲土著人的袭击，死了六个人。其中一个幸存者"已经病得骨瘦如柴，他看到同伴时惊喜万分，没过多久就死去了"。悲伤的迪亚斯下令烧毁这艘满是蛆虫的补给船，两艘卡拉维尔帆船继续向北航行，终于在 1488 年 12 月抵达里斯本。他们在 16 个月里航行了 16 000 英里，走得比以往任何一次航行都要远，到达了从未有人涉足的未知水域。更重要的是，船长现在拥有了新海岸的宝贵信息和价值连城的海图。

迪亚斯向国王汇报他的伟大成就时，建议将非洲最南端的海角命名为风暴角（Cape of Storms）。这个名字似乎很恰当。但是若奥二世国王阻止了他。这位睿智的国王从长远考虑，将其命名为好望角（Cape of Good Hope），因为葡萄牙已经准备好从与印度包括香料群岛的贸易中攫取巨大的利益。迪亚斯的无畏精神和划时代航行，为葡萄牙海外帝国打开了大门。几十年来，探险家们一直想环绕非洲，最终目标就是开发一条从西欧到出产香料的东方大陆的海上贸易路线。

当时，由于在原产地印度尼西亚和目的地地中海北岸之间，政治格局动荡多变，陆上交通充满艰险，欧洲的香料价格是天文数字。这些货物在通过海路到达欧洲之前，要经过很多人转手——中国商人和马来商人转手给印度商人，印度商人转手给阿拉伯商人，阿拉伯商人再经印度洋将货物运到埃及和中东，卖给威尼斯商人。因此，威尼斯商人控制着连接地中海、印度和欧洲的领土和贸易路线。每一次交易都使香料价格上升一个台阶，胡椒、丁香和肉豆蔻等用于肉食保鲜、调味和治疗某些常见疾病的香料，在到达欧洲时已经非常昂贵了。

由于迪亚斯远航的成功，葡萄牙找到了一种绕过阿拉伯商人垄断的方法，正准备收获巨大的回报。不到十年后，另一位葡萄牙航海家瓦斯科·达·伽马（Vasco da Gama）率领第一支商船船队抵达印度。很快，葡萄牙成为欧洲最富有的国家之一，建立了一个遍布全世界的错综复杂的贸易网络。

葡萄牙的海上扩张从 15 世纪初就开始了，一是为了寻找传说中祭司王约翰（Prester John）的基督教王国，二是出于更加实际的目的——寻找非洲的黄金来源。1415 年，在伊比利亚半岛上基督徒和穆斯林的持续冲突中，葡萄牙军队突袭并征服了摩洛哥北部的摩尔人要塞休达（Ceuta）。胜利的葡萄牙人在洗劫这座城市时，惊讶地发现商人的家中和仓库里藏匿着大量财富。休达是从撒哈拉来的非洲商队的仓库，也是来自遥远东方印度群岛的货物的最终港口。奢华的东方地毯、黄金、白银、黄铜、丝绸、珠宝、胡椒、肉桂、丁香和生姜，与其他更常见的商品储存在一起。

这些贵重的异域商品从何而来？这是远征军的领袖、21 岁的亨利王子（Prince Henry）心中迫切想要知道的问题。亨利王子是若奥一世（João I）国王最小的儿子，征服休达后，他在新领土上当了好几年总督，研究这个问题。亨利尽其所能地了解摩洛哥的商队贸易，这些商队穿越炎热的沙漠，深入非洲腹地，然后满载着价值连城的异国商品回来。他听说了语言不通的民族之间的"无声贸易"。

摩洛哥骆驼商队从阿特拉斯山脉（Atlas Mountains）出发，沿着古老的小路向南穿越沙漠，经过数周的跋涉，到达塞内加尔河（Senegal River）地区。在那里，商人们小心翼翼地将他们想要交易的货物分成堆，包括盐、珊瑚、金属器皿、玻璃珠和其他人工制品，然后退到视线之外。在河岸边开采黄金的非洲土著黑人走过来，在每堆货物旁边放下一堆金子，然后他们也退开。摩洛哥商人要么接受黑人提供的黄金数量，然后离开，要么减少自己提供的货物数量，直到双方都满意为止。就这样，双方缓慢地达成交易，商队再把黄金带回北方的摩洛哥。

想办法将摩洛哥的财富弄到葡萄牙手上，不仅是若奥一世国王的头等大事，也是他三个儿子的头等大事。15世纪初，年轻的亨利王子发起了前往西非的远航，成为葡萄牙的英雄。王子还在世时，他宠信的传记作家就对他赞不绝口："啊，近乎神圣的王子！你的荣耀、你的声名、你的赞誉不绝于耳，令我简直不知道从何说起……海洋和陆地都赞美你，因为你用无数次的航行，连接起东方和西方。"传说航海家亨利（Henry the Navigator，这个称号是19世纪一位心怀仰慕的历史学家送给他的）凭借一己之力和远见卓识，在葡萄牙南部省份阿尔加维建立了宫廷，在那里，他成为航海家、制图学家、造船工人和航海仪器制造者的赞助人。他为了追求科学知识，将他们的知识结合起来，设计出更好的船只、更好的仪器，绘制出更好的海图。这种观点认为，亨利主持了一个公益性质的科学协会，致力于探索求知这一无私的目标。后来的历史学家则倾向于以一种不那么冠冕堂皇，更坦率、更犀利的眼光来看待亨利的丰功伟绩。亨利究竟是一个文艺复兴时期的开明王子，追求探索求知的崇高目标，还是一个贪婪的中世纪男爵，渴望用黄金和奴隶来增加自己的财富，并为他在摩洛哥反对异教徒的十字军东征提供资金？

亨利王子的标准肖像——一些历史学家怀疑这不是他真实的肖像——描绘的是他晚年的形象：一个严肃、瘦削的男人，穿着红色的衬衫，戴着一顶夸张的黑色大帽子。他窄长的脸上布满皱纹，嘴唇紧绷，留着整齐的小胡子，与修剪整齐的头发形成两道平行线。他的表情漫不经心，隐约透露出悲伤，而不是喜悦、自信或智慧。肖像下方的座右铭写着"行善之欲"。这幅肖像给人的印象是一个与内心的恶魔做斗争的人，而不是一个无畏的十字军战士或致力于发现和分享知识的无私学者。据说亨利很少喝酒，过着隐士般的生活，可能终生都是处男。他死时，人们发现他穿着一件苦行者的刚毛衬衣。或许，他是一个矛盾的人，对自己的责任心存疑虑，夹在不可调和的欲望之间，寻求一条正义的道路：一方面是高尚的探索未知世界的渴望，另一方面是不那么高尚的十字军东征和奴隶贸易的需求。

亨利的宫廷历史学家戈梅斯·埃亚内斯·德·祖拉拉（Gomes Eanes de Zurara）对王子的航海梦给出了几种解释。祖拉拉相信，从一出生起，王子的命运就由他的星座决定了。据说，占星家曾预言："这位王子注定会从事伟大而高贵的征服，最重要的是，他一定会发现隐藏在其他民族背后的未知的秘密。"在15世纪，人们相信一个人出生时星星的排列形式能够预言他的命运——这在某种程度上成为一种自我实现的预言，因为每个人都努力按照预言所预示的那样去生活。关于亨利对航海探险的超乎寻常的兴趣，祖拉拉还提到了其他理由，包括寻找祭司王约翰的神秘王国，以及亨利"非常喜欢战争，特别是热衷攻打那些对抗神圣信仰的敌人"。无论是否属实，在后来的宣传中强调宗教动机都是一种重要的公关策略，这是为了确保所有的领土主张都能得到教皇的支持。正如我们将要看到的，教皇拥有决定国家命运的巨大权力。对知识的追求、与异教徒的斗争，以及异教徒的皈依，提供了一种体面而高尚的伪装，掩盖了攫取财富的商业目的——对中世纪的王子来说，贪恋财富是有失尊严的。

今天的历史学家将葡萄牙的海上冒险归功于亨利的哥哥唐·佩德罗（Dom Pedro）。早期航海探险中的许多方法和技术似乎是由唐·佩德罗而不是亨利提出的。休达陷落后，唐·佩德罗在欧洲游历数年，收集关于世界地理的已知信息，购买地图，并与当时顶尖的学者、航海家和制图学家讨论航海、贸易与旅行问题。也是在 15 世纪 40 年代，唐·佩德罗代未来的国王阿方索五世摄政期间，要求葡萄牙的船长们详细记录所有的自然现象和精确的天文观测结果，并将所有这些信息汇总到王子持有的主海图上。

1449 年，唐·佩德罗死于一次政变，亨利回到摩洛哥，继续征讨异教徒，巩固葡萄牙在非洲的商业利益。唐·佩德罗去世前，葡萄牙再也没有什么新发现。历史是由胜利者书写的，唐·佩德罗成了一个不光彩的叛徒，而不是葡萄牙早期航海活动背后的智慧力量。人们普遍认为，亨利盗取了他哥哥的名誉，他雇用马匹精戈梅斯·埃亚内斯·德·祖拉拉来记录他的功绩，将两兄弟的行为整合到一个人的传记中，给自己披上英雄的外衣，将整个事业描绘得无比崇高。

无论亨利王子在葡萄牙航海探险中的实际作用如何，至少有 12 艘葡萄牙船只奉命沿非洲海岸南下，直至博哈多尔角。这个海角标志着非洲撒哈拉地区的南部边界，靠近海角的地方海水很浅，水流多变，危险的盛行风使得向北航行困难重重，水手们不敢越过这道屏障，继续沿着非洲海岸向南航行。飘忽不定的狂风卷起红色的沙尘，浅礁推动着大西洋的碎浪，撞向荒凉的红色悬崖。悬浮在海水中的沙尘绵延数英里，清晰地标示出这处致命的地标。

　　古代资料和阿拉伯地理学家的记录，令中世纪的航海家对这个海角闻风丧胆。它代表了世界尽头、"黑暗的绿色海洋"的开始以及撒旦给粗心者设下的陷阱：沉没的亚特兰蒂斯（Atlantis）的淤泥会让航船葬身其中；灼热的阳光会将人的皮肤烤焦；这里是海水沸腾、怪物栖息的地方。在文艺复兴的顶峰，一个开明的人不会真正相信这些骇人听闻的神话和想象，但是在那个时代，开明的人并不多。不过有证据表明，早在 1434 年，亨利的船长之一吉尔·埃阿尼什（Gil Eannes）就征服了这道天堑，航行到博哈多尔角以南。他的船远离陆地附近泛红的海面，平安无事地驶过海角，在南面一个不那么荒凉的小海湾登陆。这里虽然不算草木葱郁，但也不是世界的尽头。埃阿尼什回国时，献给亨利王子一根从远方带回的青翠树枝。正如能言善道的历史学家祖拉拉记载的那样："他怎么想就怎么做——在那次航行中，他不顾一切危险，绕过海角，发现另一边的陆地与他和其他人的想象截然相反。这件事情本身是一件小事，但是由于它所体现的无畏精神，就被认为是一件了不起的大事。"很快，许多其他葡萄牙船只也开始了这段航程。

　　虽然传统上认为，这些葡萄牙的早期航行是由亨利王子组织和委派的，目的是追求知识，但事实上，这些水手可能是海盗，目的是骚扰和劫掠摩洛哥海岸。海盗船长们带着战利品，沿着非洲大西洋海岸向南航行，最终驶过博哈多尔角，继续向南。为了将这项事业高尚化，在祖拉拉极尽谄媚的描述中，所有提及海盗行为的内容都被删除了。彼得·拉塞尔（Peter Russell）在《葡萄牙、西班牙和非洲大西洋》（*Portugal，Spain and the African Atlantic*）一书中写道："当海盗们报告说正常航行已经接近尾声，为下一步的行动请求指示时，王子才萌生了沿着非洲海岸继续向南探索的想法。"

　　一旦驶过博哈多尔角的"恐惧阴影"，葡萄牙船只就沿着非洲海岸，缓慢而不屈不挠地继续前进，无论是通过掠夺还是贸易，获取奴隶和黄金的前景吸引着他们。这是一项巨大的投资，派出一支又一支探险队，深入未知的海域，却不能立即得到经济回报。一些航行是由亨利王子资助的，另外一些至少有部分商人个人出资。每次航行的目标不尽相同，一些是探索性质的，另一些是为了有组织的奴隶贸易，将奴隶从已经建立的殖民地运回来。由于这些航行的保密性，关于其冒险经历和领导人物的信息，留存下来的并不多。1556 年，阿尔维斯·卡达莫斯托（Alvise Cadamosto）留下了在冈比亚河（Gambia River）附近享用大象肉的生动描述："我切下一大块肉，烘烤一番，然后在甲板上吃……可以说，我吃了一种我的同胞们从未吃过的动物的肉。这肉其实并不好吃，又硬又没味道。"

　　15 世纪 40 年代，最早从非洲贸易中获得的利润开始显现，里斯本、拉各斯（Lagos）、热那亚和威尼斯的商人们争相装备更多的船只前往非洲探险，批评者们沉默了。虽然他们也经常带回海豹油、鱼、兽皮、鸵鸟蛋和糖等商品，但是最大的利润来自奴隶贸易。1441 年，安道·贡加尔维斯（Antão Gonçalves）第一次将两名非洲土著俘虏带回拉各斯。三年后，吉尔·埃阿尼什带回了 200 名俘虏，将他们作为奴隶出售。这不是一门干净的生意。"母亲们把婴儿抱在怀里，"祖拉拉写道，"倒在地上，用身体掩住婴儿，无论自己受到什么伤害，都不让人把孩子同她们分开。"

奴隶制在当时很普遍。阿拉伯中间商依靠骆驼商队，穿越广阔的撒哈拉沙漠运送奴隶，而葡萄牙能够从更靠近源头的地方购买或捕获奴隶，从而创造丰厚的利润。北非的奴隶贸易已经发展得相当成熟，其黑暗历史可以追溯到几个世纪以前，但是从几内亚购买奴隶要便宜得多。连热那亚人出售的、从地中海东岸俘虏的奴隶都不如葡萄牙的新来源便宜。从奴隶贸易中攫取巨额利润的前景，吸引着葡萄牙探险家沿着海岸向南走得越来越远。

葡萄牙奴隶贸易的早期，奴隶是通过突袭毫无防备的定居点获得的。为了给这些无端的暴力袭击找理由，这些奴隶被说成是穆斯林，因此，这些袭击就是地中海沿岸基督徒和穆斯林之间长期暴力冲突的一部分，这些奴隶是战俘。但是很快，这种用暴力的方式抓捕奴隶变得越来越困难，所以葡萄牙商人诉诸由来已久的以物易物传统，用马匹交换人货。图阿雷格人（Tuareg）、曼丁卡人（Mandinka）和沃洛夫人（Wolof）商人从更远的内陆带来奴隶。这些人遭受的苦难被赋予了站不住脚的理由——他们是在受洗，他们的主人奴役他们是在拯救他们的灵魂。毕竟，为了永恒的救赎，一生的流放和奴役只是微不足道的代价。

作为非洲奴隶贸易的赞助人，"奴隶贩子亨利"应该与"航海家亨利"齐名。他继续支持奴隶贸易，因为这项事业不仅利润丰厚，而且能够将"异教徒俘虏"带到基督教世界。很快，每年都有成千上万戴着锁链的奴隶，被葡萄牙卡拉维尔帆船运往北方。1452 年 6 月，教皇尼古拉五世（Nicholas V）颁布了诏书《不同之处》（*Dum Diversas*），为奴隶贸易提供了道德上的借口。诏书授权葡萄牙国王阿方索五世奴役"撒拉逊人（Saracens）、异教徒和其他无信仰者"。尽管并不可信，但表面上，亨利的宫廷历史学家宣称他的王子不是被利益而是被精神动机驱使。"当你看到俘虏们出现在你面前，喜悦之情油然而生，以至于为这项事业投入的金钱都不值一提。但是更大的幸福是属于他们的，因为虽然他们的身体被奴役，但是与他们的灵魂将永远享受真正的自由相比，这实在算不了什么。"

亨利王子死于 1460 年，不过他留下的遗产驱使着葡萄牙水手和商人继续向南航行。1469 年，也就是伊莎贝拉和斐迪南秘密结婚的那一年，颇有人脉的里斯本商人费尔南·戈麦斯（Fernão Gomes）从阿方索国王那里得到一份合约，实际上垄断了几内亚的商业贸易。协议中唯一的特殊条件是，戈麦斯必须每年将新发现的海岸线向南扩展 100 里格（约合 300 英里）。国王和他的顾问们认为，这将通过开发新的土地、开展贸易，来增加葡萄牙的财富（到这个时候，包括奴隶贸易都是通过与沿海人民和平交易，而不是捕获来进行的）。在戈麦斯任期内，在米纳（Mina）发现了黄金，这里后来被称为黄金海岸（Gold Coast）。非洲贸易在葡萄牙经济中的重要性逐年上升。

和亨利王子一样，阿方索从未出海探险，但是他派出的水手和船只在五年里探索了比过去 30 年还多的海岸线，带回了大量的胡椒、象牙、黄金和奴隶。船舶设计和航海技术的改进，以及对风向的更深入的了解，也使更远的航行成为可能。葡萄牙卡拉维尔帆船将早期葡萄牙柯克船和阿拉伯单桅帆船的设计结合起来，具备在出航和返航阶段更换索具的能力，以便水手们能够逆风航行，返回北方。这种帆船只有 60 英尺长，小而灵活。它们不能装载太多货物，但是已经可以做到许多事情——在很大程度上，早期的卡拉维尔帆船带回来的最有价值的货物是信息。

1481 年，21 岁的若奥二世登上了葡萄牙王位，由于他的浓厚兴趣，葡萄牙在非洲的商业活动蓬勃发展。事实上，它们正在成为国家财富的重要组成部分。15 世纪 80 年代，卡斯蒂利亚刚刚经历灾难性的王权争夺战，葡萄牙则成为欧洲最富有的国家之一，拥有稳定而有价值的货币。寻找传说中祭司王约翰的王国和包围摩洛哥的摩尔人，被更加现实的目标取代了——找到一条绕过非洲、到达遥远的印度的航线，从而掌握一条稳定的贸易路线，获得来自东方的异域奢侈品。马林·纽伊特在《葡萄牙海外扩张史》中写道："虽然给可能的发现者提供合约的压力越来越大，但是若奥二世和他的亲密顾问们的主要目标丝毫没有改变。毫无疑问，现在他的目标就是找到一条通往东方的航线。"

在若奥二世的英明领导下，葡萄牙人继续加速对非洲海岸的探索。若奥是一个近乎冷酷无情的铁腕人物，在一些特别有价值的地区，他建立了政府垄断，并出资建立带有防御工事的定居点，以保卫葡萄牙的利益。他还组织了陆路远征，从非洲海岸出发，深入更远的内陆探险。探险和贸易带来了不断增长的财富，里斯本发展为制图、船舶设计和航海技术的全球中心，并最终成为世界贸易中心。若奥组建了一个数学家委员会，来开发新的航海技术和设计更加精密的航海仪器。他特别想解决赤道以南的纬度计算问题。事实上，若奥发起的许多科学活动可能要归功于航海家亨利。

若奥二世还决定不让其他国家插手这项事业，他认为，由于葡萄牙多年来对南方大陆的投资和开发，这项事业理应只属于葡萄牙。为了显示他的强硬态度，若奥制定了一项政策，规定水手或商人在王室批准的航行——所有沿非洲海岸的合法航行——中获得的关于风向、水流和港口的所有知识，以及对当地习俗的所有了解，都是葡萄牙政府的专属商业机密，不得与其他欧洲国家的水手分享。从这些航行中获得的知识是极其宝贵的财富，航海家们在出航前必须宣誓保密，甚至有人提出，由于竞争的威胁，新发现不应在地图上标明。15 世纪 80 年代，若奥宣布，如果违反他禁止与外国水手分享信息的敕令，将被处以肢解的酷刑。在几内亚海岸俘虏的任何外国船只的船员，特别是那些可恨的卡斯蒂利亚闯入者，将被扔到海里淹死，"以儆效尤"。

尽管有这些保密、威胁和惩罚的手段，但葡萄牙沿非洲海岸的航行和葡萄牙商业帝国的扩张仍然受到了挑战。葡萄牙水手试图隐藏从非洲源源不断而来的财富，但是到了 15 世纪 60 年代，拉各斯奴隶市场上的奴隶数量已经泄露了秘密。还有一些热那亚船长，偶尔参加过葡萄牙的航行，甘愿冒着酷刑和死亡的危险出售他们的信息。每次贩奴航行的利润很少低于 50%，有时候会高达 800％，每年都有 10 到 12 艘葡萄牙船只航行到几内亚海岸，商业活动几乎不可能隐藏得住。

很快，来自塞维利亚和加的斯（Cadiz）的卡斯蒂利亚水手们就听说了葡萄牙人购买奴隶和黄金的地点。1454 年初，这些城市的商人装备了一支卡拉维尔帆船船队，绕过博哈多尔角，沿着非洲海岸进行贸易。几个月后，他们返航时，遭到一支葡萄牙武装舰队的攻击。大多数卡斯蒂利亚商船逃回了加的斯，但是，有一艘船连同船员和货物一起被俘，作为战利品被带回葡萄牙。由于双方一直在争夺加那利群岛（Canary Islands），葡萄牙和卡斯蒂利亚之间的关系本来就很紧张。卡斯蒂利亚国王恩里克四世（Enrique IV）刚刚登上王位，开始他时运不济、黯淡无光的统治。他不得不在任期的第一年就发出战争威胁，出于"几内亚海洋古老的专属航行权"，要求葡萄牙放弃几内亚到卡斯蒂利亚的贸易。毫不奇怪，卡斯蒂利亚的威吓遭到了葡萄牙的强势回击。

根据优先发现原则，葡萄牙人在法律上有权要求垄断，但为了几内亚开战则是另外一回事。为了确认葡萄牙的垄断地位，国王阿方索五世向教皇尼古拉五世寻求支持，请求教会从道德上承认他的垄断。15 世纪 50 年代，这些贸易和贩奴航行在意识形态方面获得了全面的认可。一份教会文件提到了亨利王子的虔诚努力，在他生命的最后几年，"蒙神的恩典，在他的美德和信仰的光辉照耀下，（亨利）王子凭借我们的权威征服了几内亚、努比亚和埃塞俄比亚海岸，他渴望为上帝的神圣教会赢得胜利，让那些无论是通过陆路还是水路，基督徒都未敢涉足过的土地上的野蛮民族臣服于我们"。

　　亨利王子的神话和葡萄牙海洋帝国的英雄黎明开始了。葡萄牙正与西班牙争夺西非的贸易权，吁请教皇承认他的垄断，此时开展这种宣传造势并非巧合。1455 年 1 月 8 日，尼古拉颁布诏书《罗马祭司》（*Romanus Pontifex*），将"自博哈多尔角起，已征服和未征服的行省、岛屿、港口、海洋与任何地点，以及征服的权力"授予葡萄牙国王、他的王储和继承人。葡萄牙不仅享有优先发现权，而且现在，亨利王子和阿方索五世还给葡萄牙的商业活动披上了为教会事业虔诚奉献的外衣。

　　阿方索五世担心西班牙船只会在目前葡萄牙在非洲活动的区域航行，宣称对非洲海岸更南边的土地拥有主权。第二年，他再次向教皇提出请求，1456 年 3 月 13 日，新教皇卡利克图斯三世（Calixtus III）颁布了一份诏书，明确葡萄牙的专属权涵盖"整个几内亚，并经非洲南部海岸一直延伸到印度群岛"。尼古拉和卡利克图斯的两份教皇诏书开创了一个强有力的先例，它们不仅将葡萄牙攫取的所有非基督徒的土地授予阿方索五世及其继承人，还使葡萄牙获得了在被授予的所有陆地和海洋上对其他天主教徒的直接法律权威。从实际效果上，诏书意味着无论是为了贸易、探险还是其他任何理由，其他天主教徒——当时，这包括了所有的欧洲人——都不得在新发现的非洲大陆附近海域航行，违者可能被逐出教会或者受到教皇的禁罚。在法律上，葡萄牙现在不仅直接控制了东南方的海岸线、港口和岛屿，而且控制了海洋本身，包括当时的欧洲人尚未发现的广阔海洋。1455 年和 1456 年的教皇诏书授予葡萄牙进行前所未有的殖民扩张的绝对权力，实际上，通往南方和东方的海上通道对其他国家关闭了。当时，作为唯一直接受到影响的国家，卡斯蒂利亚并没有站出来质疑教皇发布这样一份诏书的权威。当然，在那个时候，还没有人意识到这份诏书的长期影响。

　　教皇法令的力量抑制了卡斯蒂利亚商人的野心，至少暂时如此。不过，15世纪60年代，随着两国逐步走向战争，特别是在米纳发现了大型金矿之后，越来越多的卡斯蒂利亚人无视教皇诏书，闯入非洲海岸。非葡萄牙人在几内亚海岸的航行只有少数记录在案——缺乏记录并不奇怪，因为这些航行是非法的。在1460年的一个案例中，一艘被俘的卡斯蒂利亚船只的船长被当成异教徒，"在火炉中被烧死"。在另一个案例中，一艘卡斯蒂利亚船只的热那亚领航员因为贩卖情报被砍掉了双手。约翰·W. 布雷克（John W. Blake）在《西非：寻找上帝和黄金》（*West Africa*：*Quest for God and Gold*）一书中呼应其他历史学家的观点，写道："每次有一个非法闯入者被俘，都必定有至少一个非法闯入者逃脱，甚至更多——仅凭这一点，这种冒险就是物有所值的。据此推断，在1454—1475年，安达卢西亚人即使不是经常，也是偶尔会造访几内亚……毫无疑问，卡斯蒂利亚人不定期地在这片海域航行。"

　　到15世纪70年代，葡萄牙王室和葡萄牙商人正在迅速积累财富的传言不绝于耳，许多卡斯蒂利亚商人和水手愿意赌上全副身家，甚至冒着生命危险，挑战教会的权威，沿非洲海岸向南航行，进入"葡萄牙"的海域。阿方索五世认为自己的主权受到侵犯，怒不可遏，他计划入侵卡斯蒂利亚，推翻伊莎贝拉和斐迪南，将他自己的外甥女和准新娘胡安娜·拉贝尔特兰妮亚推上王位。

这是将他萌芽中的"帝国"扩张到大部分伊比利亚半岛的第一步。阿方索没能娶到青春貌美的伊莎贝拉，现在他要尝试用武力夺取她的国家，同时捍卫他的家族荣誉。

从 1464 年到 15 世纪 70 年代末，卡斯蒂利亚一直忙于内部的王朝斗争和不断发酵的内战，无暇关注非洲海岸的发现。1476 年的托罗战役虽然没有正式结束战争，但是有效地消除了葡萄牙入侵的威胁，斐迪南和伊莎贝拉巩固了他们的统治，重新提出了 20 年前卡斯蒂利亚对加那利群岛和几内亚海岸的"古老的专属权"（值得注意的是，对几内亚海岸的权力完全是捏造的）。为了夺取垄断地位，他们鼓励西班牙商船利用政治动荡，直接袭击从几内亚返回的葡萄牙船只。这样做冒着被指控为异端的风险，且挑战教皇的授权，因此这项政策不是大张旗鼓地推行的。他们也不是总能成功：1478 年，一支由 35 艘卡拉维尔帆船组成的西班牙船队前往米纳进行黄金交易，但是在返航途中被一支葡萄牙武装舰队拦截，大部分船只被俘虏，带回里斯本。对双方而言，大西洋上的冲突正在变得越来越血腥和昂贵。1479 年，即若奥王子正式继承王位、成为葡萄牙国王的两年之前，两国达成《阿尔卡苏瓦什条约》，结束了围绕继承权的斗争和双方在海上的战斗。

围绕《阿尔卡苏瓦什条约》的谈判是由一位中间人促成的，她的身份反映了这场冲突的家庭性质：比阿特丽斯（Beatriz）嫁给了阿方索五世的弟弟费尔南多（Fernando），是阿方索的弟媳；同时，她也是伊莎贝拉的姨母（她母亲的妹妹）。在谈判中，家族中的每一个分支都在某些方面做出了让步，在另一些方面得到了满足。起初，葡萄牙的要求是一系列对葡萄牙有利的外交联姻，重新界定两国的共同边界，并要求卡斯蒂利亚承担最近战争的全部费用。不出所料，这些要求遭到了伊莎贝拉和斐迪南的断然拒绝。最终，外交官们就更容易接受的条件达成了妥协。国王阿方索五世和若奥二世（这时候，阿方索仍然是名义上的国王，但实际的统治工作大多是由若奥完成的）放弃对卡斯蒂利亚王位的要求，承认伊莎贝拉和斐迪南为卡斯蒂利亚和阿拉贡的合法君主。实际上，这承认了联合君主名义上的权力，将卡斯蒂利亚和阿拉贡统一在一个王权之下，他们的王国东至比利牛斯山，西至安达卢西亚和葡萄牙，南至摩尔人王国格拉纳达的边界。这个王国的疆域比葡萄牙大得多，这无疑让若奥二世十分恼火。

除了对卡斯蒂利亚和葡萄牙的王位继承，以及几内亚的宗主权做出规定之外，《阿尔卡苏瓦什条约》还包括若干附加条款，对过去几十年中主要由葡萄牙水手发现的新大陆，以及未来可能在欧洲以西和以南发现的新大陆的主权做出了规定。阿方索五世将加那利群岛的主权割让给了伊莎贝拉和斐迪南——几十年来，西班牙和葡萄牙一直为此争执不下——作为交换，西班牙承认葡萄牙对几内亚贸易的垄断，以及对马德拉群岛（Madeira Islands）、亚速尔群岛（Azores Islands）和佛得角群岛（Cape Verde Islands）的主权。伊莎贝拉和斐迪南同意阻止西班牙船只在这些海域航行。

条约的官方措辞是，葡萄牙将对所有"已发现和未发现的陆地……以及加那利群岛以外直至几内亚间可能发现并征服的所有岛屿"享有垄断和主权。葡萄牙承认西班牙对加那利群岛的主权，这一举动将在十年后被证明具有重要意义，因为这个群岛在大西洋中的位置比亚速尔群岛和马德拉群岛更靠南和靠西。在此后的几个世纪里，这些岛屿成为一个理想的基地，从这里出发，船只可以在季风的推动下向西穿越大西洋。围绕伊比利亚统治地位的斗争在《阿尔卡苏瓦什条约》中得到了初步解决，在日益扩张的帝国中为家族的每一个分支划定了份额。

1481 年，教皇塞克图斯四世又颁布了一道诏书《永恒国王》（Aeterni Regis），支持葡萄牙和西班牙在《阿尔卡苏瓦什条约》中达成的条款，为双方商定的领土划分提供了道德权威。《永恒国王》诏书确认了之前 1455 年和 1456 年的教皇诏书授予葡萄牙的权利，并将"加那利群岛以南和以东的大洋海（Ocean Sea）中"所有的新发现授予葡萄牙，这在大西洋上划出了一条非正式的水平分界线，到目前为止，这条分界线的重要性还没有显现出来。《阿尔卡苏瓦什条约》和《永恒国王》诏书带来了和平，承认了葡萄牙在非洲贸易中的霸权和垄断，现在，若奥二世可以将国家资源直接投入更多的海上冒险，无论他的船长们有何发现，他都将是最大或唯一的受益人。1483—1485 年迪奥戈·康（Diogo Cão）的航行，以及两年后巴尔托洛梅乌·迪亚斯的航行，完成了葡萄牙对非洲海岸的发现，通过海路将西欧与印度洋连接起来。马林·纽伊特在《葡萄牙海外扩张史》中写道："这一条约签订后的一百多年间，葡萄牙的扩张没有遇到任何欧洲国家的竞争，帝国得以迅速发展。只要有一个装备精良的对手，这样的发展都是不可能实现的。"

葡萄牙花在探险上的投资得到了教皇法令的保障，到达印度群岛已经指日可待。早在 15 世纪 70 年代，学者和制图学家就提出了一个想法，并提交给里斯本的宫廷：鉴于已知世界的形状和大小，与先前葡萄牙水手绕行非洲的漫长而曲折的航线相比，直接向西穿越大西洋，不是能够更快、更容易地到达印度群岛吗？这一时期，人们重新发现了古希腊和古罗马地理学家与哲学家的著作，接触到其中的地理知识和关于地球大小的论述，这个诱人的想法就建立在这些发现的基础之上。这个想法让雄心勃勃的热那亚年轻水手和海图制作者克里斯托弗·哥伦布无法抗拒。当时，有大量的热那亚移民居住在里斯本，哥伦布也是其中一员。他为这些一千年前的理论深深着迷，在其中看到了一些显而易见的必然结果。这将是他获得名誉和财富的机会，是出身卑微的他跻身文艺复兴时代贵族阶层的阶梯。

{ 第四章 }

一路向西

公元前 4 世纪，亚历山大大帝（Alexander the Great）的导师、古希腊哲学家亚里士多德提出了一个具体的原理，说明地球为什么应该是球形的，而不是平面或任何其他形状。他在《天象论》（*Meteorology*）中写道："地球的表面是一个球面，这已经被我们的感官证明。"亚里士多德提供了几个可以观察到的事实作为证据，最令人信服的是，当水手们在海上向海岸航行时，他们总是先看到地平线上最高的山脉或建筑物，或者其他船只最高的桅杆，然后才看到较低的部分。反之，对于从远处驶来的船只，岸上的观察者总是先看到它们的桅杆；而对于驶离的船只，在它们从地平线上消失之前总是最后看到它们的桅杆。因此，这些船只一定是在一个弯曲的表面上航行；如果世界是平的，就不会是这样了。亚里士多德的逻辑简单而又令人信服，这个观点成为那个时代知识分子的谈资之一。到了哥伦布的时代，受过教育的人都不再相信地球是平的。不过，关于地球的大小，人们并没有达成一致，而且一千多年来也从未达成一致。

亚里士多德相信地球相当大，周长 4 万英里。同时代的另一位古希腊哲学家阿基米德（Archimedes）提出地球的周长为 3 万英里。根据与苏格拉底同时代的雅典哲学家柏拉图的记载，苏格拉底说："我相信这地球很大。我们住在大力神岬角（Pillars of Hercules，即直布罗陀海峡入口）和斐西河（Phasis river，位于高加索）之间的人，只是住在海边一个很小的地方，只好比池塘边上的蚂蚁和青蛙，还有很多很多人住在很多同样的地方呢。"苏格拉底没有对地球的大小提出精确的意见，只是说它肯定比大多数人猜想的要大。对地球周长最准确的估计来自古希腊-古埃及学者埃拉托色尼（Eratosthenes），他使用了一种简单的方法，计算正午时分特定高度的木杆在两个位置形成的阴影角度。他的公式要比这个简化的描述复杂得多，但他的假设是清晰、简单的，准确性也相当惊人：他计算出地球的周长约为 25 000 英里。正确的数字是 24 862 英里，所以埃拉托色尼的误差只有不到 200 英里。不过，虽然他是正确的，但是他的推导没有被同时代的人接受。

对古希腊哲学家来说，推测世界的大小是最流行、最受欢迎的研究领域之一，他们对地球的周长做出了许多估算。由于他们的计算中有如此多主观的、不可控的变量，所以毫不奇怪，这些古老的估算大多极不准确。在 15 世纪的欧洲和地中海沿岸，受过教育的人接受的世界地理观主要基于一个人的著作和地图：已故的古希腊哲学家和地理学家克劳狄乌斯·托勒密（Claudius Ptolemy）。公元前 2 世纪，人们对地球大小和形状的兴趣正浓，托勒密出版了《地理学》（*Geography*）一书。然而，几个世纪以来，他的信息遗失了。在罗马帝国崩溃后的政治动荡时期，对伦理和精神世界的关注取代了对世界上遥远未知地区的科学探索。地图不再尝试准确地描绘世界的地理特征，而是退化为一种简单的、程式化的朝圣者的旅行指南。当时基督教世界的文化倒退，与 7 世纪晚期伊斯兰教兴起后伊斯兰文化的繁荣形成了鲜明的对比。伊斯兰教向中东、北非和西班牙扩张期间，阿拉伯学者开始研究众多古希腊哲学家的作品，将其翻译出来供本民族使用，这些作品也由此得以保存。

　　14 世纪初，一个名叫马克西穆斯·普拉努得斯（Maximus Planudes）的修道士在君士坦丁堡发现了一本托勒密《地理学》的阿拉伯语译本，并命人按照书中给出的坐标绘制地图。14 世纪晚些时候，一份地图的副本被送到意大利，并很快在 15 世纪被翻译成其他欧洲语言。精心手绘重制的托勒密世界地图传遍了整个西欧，在 15 世纪印刷术发展的助力下，《地理学》的文本也为欧洲的学者和收藏家所熟知。对托勒密和其他古代哲学家作品的重新发现，动摇了中世纪欧洲世界的知识基础。在欧洲文艺复兴早期，已经去世多年的托勒密作为世界上最重要的地理学家和天文学家，享有无可匹敌和不容挑战的地位，原因就在于他的作品在相隔几个世纪之后保存了下来，其他人的作品则没有。因此，对宇宙学家和地理学家来说，托勒密描述的世界成为公认的真理。但是，托勒密的世界概念中包含了一个根本性的重大错误，这个错误被引入了 15 世纪欧洲人的世界观。

关于地球的大小，托勒密倾向于与埃拉托色尼相近时代的波西多尼乌斯（Posidonius）的错误估算。波西多尼乌斯认为地球的周长只有大约 18 000 英里——是埃拉托色尼提出的数字的三分之二。托勒密在绘制他著名地图中的坐标时，完全依赖于这个较小的数字，而这套地图在几个世纪以来定义了已知的世界。15 世纪中叶，托勒密的古代世界地图被重新发现，他对大陆的错误描述和对地球周长的低估，让宇宙学家和制图学家产生了一个想法：在一个球形的世界里，你可以一直向西航行，到达东方。这是基本常识。然而，托勒密的世界地图上没有美洲，亚洲与欧洲之间只隔着一小片海洋。

古希腊人对地理和地球格局的兴趣出于科学的好奇心，是发自内心地想要寻找人类在宇宙中的位置；葡萄牙人则不同，他们对地理和制图学的兴趣建立在贪婪、权力和民族主义的基础之上。这些狭隘的利益交织在一起，不仅推动了一系列国家资助的航行，让葡萄牙人绕过非洲之角，进入印度洋寻找黄金、奴隶和香料，也促成了世界历史上影响最为深远的一次航行。

1453 年，君士坦丁堡的古老城墙被征服者穆罕默德的攻城炮夷为平地，几个世纪以来主流的地中海旅行和贸易模式迅速发生了改变。长期以来的贸易路线关闭了，其直接后果之一是热那亚影响力的下降。成千上万的热那亚海员、制图师和商人背井离乡寻求生计，其中很多人被非洲南部海岸繁荣的奴隶贸易吸引。

葡萄牙是热那亚人才大量流出的受益者之一。当时，葡萄牙是大西洋沿岸最强盛的欧洲国家，在非洲和大西洋西部岛屿开辟了新的贸易路线，通过教皇法令和国际条约确保了其垄断地位。到 1481 年，葡萄牙首都里斯本的热那亚人太多了，以至于若奥二世的顾问们建议国王将他们驱逐出境，因为他们担心这些人会窃取有价值的商业秘密，进行非法贸易航行。若奥是一个精明的国王，没有这样做。葡萄牙是一个小国，当时只有 200 万人口，对于葡萄牙的海上扩张，热那亚移民带来的贸易和航海方面的专业知识是非常宝贵的财富，不能因为排外情绪就轻易放弃。

1476 年，一个名叫克里斯托弗·哥伦布的热那亚移民被冲到岸边。他当时正跟随一支由五艘商船组成的船队，前往佛兰德斯（Flanders）和英国，船队遭到法国-葡萄牙联合舰队的攻击，他的船沉没了。普遍接受的说法是，这个 25 岁的伤员攀住一根巨桨的残片，在海里游了 6 英里到岸边。他在阿尔加维的拉各斯附近上岸，几十年前，亨利王子的卡拉维尔帆船就是从这里出发，沿着非洲海岸向南航行，开始将奴隶带回葡萄牙。哥伦布从拉各斯出发，向北前往里斯本，去找他的弟弟巴尔托洛梅奥（Bartolomeo）。巴尔托洛梅奥在里斯本的热那亚社区开办了一家制作地图的小作坊。

亨利王子发起的西非海岸探险带来了经济的腾飞，在当时的里斯本，制图是一项蓬勃发展的事业，主要由经验丰富的热那亚移民经营。来自欧洲地中海和大西洋沿岸的水手聚集在里斯本繁华的街道上。海滨的仓库里塞满了香料、奴隶、非洲的黄金，以及羊毛、糖和其他商品。数百艘大大小小的船只在港口争抢泊位。从深黑皮肤的非洲人到最苍白的斯堪的纳维亚人，什么民族的人都有，使用的语言和货物一样多种多样。这座城市坐落在已知世界的边缘：从这里出发，东边是地中海的古代文明中心；北边是不列颠和斯堪的纳维亚，以及北欧的波罗的海；南边是危险而充满异国情调的西非大陆，由于葡萄牙卡拉维尔帆船的探险活动，这片大陆正在越来越为欧洲人所熟悉；西边是开阔的海洋和令人神往的未知领域。

15 世纪末的海图主要由热那亚移民绘制，使用葡萄牙语的资料和地名，这些海图是葡萄牙的工业基础，在接下来的一个世纪中变得至关重要。哥伦布在他弟弟的作坊中制作过海图，在热那亚人领导的贸易航行中做过行商，可能正是这些职业经历给了他最初的灵感：大西洋上还有未发现的岛屿，世界还没有被完全了解。在这个时候，他可能已经开始为他向西航行、到达东方的伟大计划收集文献证据，同时获得了一个水手关于洋流和风的实际经验。向西横渡大西洋必定通往某个地方（最有可能是亚洲），这在当时并不是一个标新立异的想法，但是哥伦布对这个想法非常执着，就像狗寻找埋在地下的骨头一样。他心中没有明确的目的地，事实上，他的提议似乎是为了迎合潜在主顾的愿望：大西洋上的新岛屿、一片未发现的新大陆，或者一条通往中国的航线。

关于哥伦布到达葡萄牙之前的早年生活，已知的信息十分模糊，而且未必正确。许多历史学家推测，他隐藏自己的血统，是因为对卑微的出身感到羞愧。后来他的自吹自擂和对远航目标的神圣化，可能有助于揭示他真实的家族史。他声称"我不是我的家族中第一位海军上将"，似乎是为了编织一个神话——他和他的家族本来是上流社会的一分子，仅仅是时运不济，或是被不公平地剥夺了应有的地位。

哥伦布可能出生于 1451 年，与伊莎贝拉同年，有四个兄弟姐妹。他的父母多梅尼科和苏珊娜（Domenico and Susanna）可能是织布工。在他的三个兄弟和一个姐妹中，他只提到过巴尔托洛梅奥和迭戈（Diego）——这两个兄弟和他一样，离家投身更伟大的事业。他完全没有提到过父母和留在热那亚家乡的另外两个兄弟姐妹。他很年轻的时候就出海了，可能是在 1472 年初他 21 岁时，也可能更早。有人说他曾短暂地就读于帕维亚大学（University of Pavia），这种传闻可能并不准确。安德烈亚斯·贝纳尔德斯（Andreas Bernáldez）曾与哥伦布在卡斯蒂利亚同住，15 世纪90 年代初，他在向西班牙君主介绍哥伦布的情况时说，哥伦布是"一个才智过人但没受过多少教育的人"。他的知识和实践技能是在随热那亚商船航行的五年间积累起来的，在这段时间里，他游历了地中海和大西洋东南部的商业世界。

1476 年遭遇船难时，哥伦布 25 岁。这个织布工的儿子身材高大，相貌英俊，一头红发。夏天，他继续在海上生活，冬天则投入紧张的学习中。他到达里斯本时还不识字，随后开始学习用葡萄牙语阅读和写作，因为葡萄牙语是航海和大西洋贸易的通用语言；他还学习了卡斯蒂利亚语，因为卡斯蒂利亚语是伊比利亚半岛上层阶级使用的更文雅的语言；还有拉丁语，因为拉丁语是学者的工具。他需要用这些语言来拼凑出一个（根据当时的理论和知识）科学可靠的横渡大西洋的提议。他要用这个提议，加上对政治和经济影响的敏锐解读，为一次大胆而危险的探险争取财政支持。这样的探险如果能够成功，将为一个野心勃勃的人提供

一条最可靠的途径，帮助他在僵化的社会等级制度中提升自己的
地位。

　　作为一名贸易商——可能是一名糖商——哥伦布向北航行到
了英格兰、爱尔兰，可能还有冰岛；向东到了热那亚；向南到了
新发现的葡萄牙黄金海岸上的米纳；还向西航行到了马德拉群岛。
1439 年，葡萄牙水手发现了亚速尔群岛并建立了定居点；15 世纪
50 年代发现了佛得角群岛；1418—1420 年发现了马德拉群岛并建
立了定居点（加那利群岛是在 13 世纪末发现的），遇到土著居民
反抗时，他们就征服并奴役他们。蜡、染料和蜂蜜是主要商品，
后来还有来自奴隶种植园的糖。一些大西洋岛屿被发现几十年后，
哥伦布就曾到达过这些早期定居点。在向这些群岛航行的过程中，
他熟悉了大西洋的风和洋流，听说了在更遥远的西方可能发现陆
地的传言和越来越多的证据。休·托马斯（Hugh Thomas）在
《黄金之河：西班牙帝国的崛起》（*Rivers of Gold：The Rise of
the Spanish Empire*）一书中写道："这些群岛（马德拉群岛和亚
速尔群岛）的最远端距离里斯本分别有 1 000 英里和 600 英里，如
果哥伦布知道它们在大洋中延伸得有多远，一定会大吃一惊。"

　　在 15 世纪末令人兴奋的年代里，许多葡萄牙人在大西洋上航
行，寻找更多的岛屿——为什么大西洋上不能有比已经发现的更
多的岛屿呢？一些水手的传言是这些航行背后的驱动力，他们乘
坐的船只被吹离了航线，据说，他们在遥远的西方地平线上看到
了陆地。漂流的植物定期被冲到岛屿的岸边。还有一些未经证实
的说法，一些水手声称他们曾经到达过安蒂亚（Antilla）、幽灵岛
（Hy Brasil）和七城岛（Seven Cities）——这些传说中的地名偶

尔会出现在当时的地图上。或许哥伦布在前往冰岛的航程中听说了挪威人从格陵兰岛向西探险的故事，以及一块叫作文兰（Vinland）的盛产葡萄的大陆的存在。几个世纪以来，挪威人一直在格陵兰岛定居，直到 15 世纪初，遭遇极端严寒的小冰期（Little Ice Age）后才从那里消失。

作为一名商船水手，哥伦布的事业蒸蒸日上，1477 年，他的野心、自信以及日益增长的知识和教养，为他赢得了一位贵族的女儿做妻子。这段婚姻毫无浪漫色彩可言，博学的历史学家菲利普·费尔南多-阿梅斯托（Felipe Fernández-Armesto）在《1492：世界的开端》（*1492：The Year the World Began*）一书中丝毫不留情面地写道，菲利帕·佩雷斯特雷洛·莫尼斯（Felipa Perestrello y Moniz）"可能是足够穷酸、足够边缘的为数不多的贵妇人之一。在与哥伦布相遇前，她也是年岁够大了，才会考虑哥伦布这样一个破落户"。但是，无论她的个人条件如何，她是马德拉群岛殖民地创建者之一的女儿，也是两个岛屿中较小、较萧条的圣港岛（Porto Santo）现任总督的妹妹。她把哥伦布介绍给了一个熟人圈子，包括富商、贵族和神职人员，使他得以进入一个热那亚自由探险家永远无法进入的葡萄牙精英社会。

哥伦布从里斯本和马德拉群岛的生活中继承了之前几十年葡萄牙水手的经验，现在，时代精神向更遥远、更伟大的航行发出了召唤。远方似乎有着无限可能。哥伦布的职业生涯恰逢技术和知识蓬勃发展的历史时期，时代的潮流驱动着勇敢的航海家去探索新的方向。幸运的是，贸易经济使这项事业可能有利可图。到

15 世纪 80 年代，哥伦布几乎航行到了当时标准海图上描绘的世界上的每一个地区，包括北极的灰色水域和赤道非洲附近广阔的蓝色海洋。因此，他可能是他那个时代到过最多地方的水手之一，而且拥有关于地图和不断发展的制图学理论的书本知识。

根据哥伦布的儿子费迪南德（Ferdinand）所写的传记，15 世纪 80 年代初，哥伦布"开始推测，如果葡萄牙人能够向南航行那么远，那么应该也可以向西航行，而且在那个方向上找到陆地也是合乎逻辑的"。1477 年，托勒密的《地理学》在博洛尼亚出了新版，通过认真研读这本书，这位航海家的知识又增加了。这本书暗示，一艘船可以从欧洲出发，向西航行到达亚洲，不过没有具体说明航行的距离。哥伦布也阅读了马可·波罗（Marco Polo）的《马可·波罗行纪》（*Description of the World*），书中写道，威尼斯旅行者在亚洲大陆以东见到过成千上万的岛屿，其中，吉潘各（Cipango，即日本）位于亚洲大陆以东 1 500 英里——这种说法与托勒密的推测相吻合，如果属实，会将亚洲置于与欧洲不太远的地方。马德拉群岛距离非洲大陆如此之远，难道不可能是马可·波罗的传奇游记中提到的亚洲的边远岛屿吗？

哥伦布当时读到的另一份文献是法国人皮埃尔·达伊（Pierre d'Ailly）1410 年创作的《世界的轮廓》（*Imago Mundi*）。达伊是纳瓦拉大学（University of Navarre）的神学家和学者，曾一度担任法国国王的告解神父。达伊声称，大西洋"并没有像某些人认为的那样，大到可以覆盖地球的四分之三……很明显，在顺风的条件下，只需几天就可以跨越这片海洋"。哥伦布在达伊书中的空白处抄录了其中一句话，在后来的许多年里他都把这句话挂在嘴边："没有理由相信海洋覆盖了半个地球。"他还阅读了许多其他地理著作，在书中的空白处写下了当时萦绕在他心头的种种想法："所有的海洋中都有陆地"，"每个国家都有东方和西方"，"大洋海绝不是一片空白"。后来，他宣称："我的任务就是阅读所有关于地理、历史、哲学和其他科学的书籍。"

哥伦布还给保罗·达尔·波佐·托斯卡内利（Paolo dal Pozzo Toscanelli）写过信。托斯卡内利是一位受人尊敬的佛罗伦萨医生、数学家和天文学家，是一个与东方进行香料贸易的大家族的领袖。1474 年，托斯卡内利在写给葡萄牙国王阿方索五世的一封信中提出了他的观点，即西班牙和印度群岛之间的大西洋非常狭窄。"东西方的宜居土地的尽头相距很近，中间只有一小片海洋。"托斯卡内利写道，"相比经过几内亚的路线，从这里前往出产香料的印度群岛的最短路线更短。"几年后，哥伦布联系了托斯卡内利，可能是在 1481 年，托斯卡内利给哥伦布回了信。这封信的一个带附注的副本中说，中国皇帝相信亚洲和欧洲之间的距离只有 3 400 英里，但托斯卡内利认为更有可能是 6 500 英里，不过，他还是"相信这次航行不像想象的那么困难"。最后，他祝愿哥伦布成功实现他"伟大而崇高的抱负：到出产香料的地方去"。

如果一艘船从葡萄牙或西班牙向西航行，它最终会在某处遇到岛屿或大陆，这似乎是一个显而易见且合乎逻辑的结论。根据托勒密的观点，这片陆地就是亚洲。最大的问题是，需要多长时间才能到达这些尚未被发现的区域。关于这个问题并没有统一的意见。哥伦布还在他日益丰富的学术资料库中收集了其他人的观察、推测和水手们的奇闻轶事，用来支持他的主张。

托斯卡内利于 1482 年去世，不过这时候，哥伦布已经得到了他需要的东西：一位著名学者的信，对他的理论表示支持。两年后的 1484 年，得益于他妻子与葡萄牙贵族的关系，哥伦布有机会请求觐见国王若奥二世。这时候若奥 24 岁，登上葡萄牙王位已经三年。他坚定果敢，渴望利用国家资源扩大葡萄牙的海上利益。他已经派出迪奥戈·康沿非洲海岸向南航行，对进一步探索非洲抱有浓厚的兴趣，他的最终目标是开辟一条通往印度的航线。

33 岁的哥伦布从探险家变成了朝臣，他对自己的成功充满信心，向国王和里斯本新成立的海事委员会，即数学家委员会提出了一个大胆的建议。委员会由精通海洋事务的专家组成，包括受人尊敬的制图学家、天文学家、航海家和教会权威人士，哥伦布已经见过其中一些人；还有一些大名鼎鼎的人物，比如休达主教迪奥戈·奥尔蒂斯（Diogo Ortiz），以及宫廷天文学家和御医何塞·维齐尼奥（José Vizinho）。哥伦布挥舞着他的海图和书籍，陈述了各项技术参数，证明向西横渡大西洋到达传说中的中国（Cathay，中国的古称）大陆的可能性；或者至少能够到达一些大西洋上的新岛屿，甚至一片未发现的新大陆；或者找到一条新的通往香料群岛的贸易路线。

根据哥伦布的早期传记作家巴托洛梅·德·拉斯·卡萨斯（Bartolomé de Las Casas）的记载，哥伦布承诺："如果从西方向南走，会发现大片的陆地和岛屿，全都非常富饶，盛产黄金、白银、珍珠和宝石，而且人口众多。"他想用马可·波罗一个世纪前的说法来激励委员会——马可·波罗的措辞与哥伦布几乎如出一辙，他说这片土地"是最盛产黄金、珍珠和宝石的地方，他们的庙宇和皇宫都用纯金覆盖"。为这样一次史无前例的大胆航行筹集资金并不是一件容易的事。当然，没有商人愿意把赌注押在如此投机和危险的事情上，召集一群贪婪（或绝望）的水手也不是一件容易的事。哥伦布的计划既昂贵又难以实现，即便是一国政府也不敢轻易答应。

哥伦布非常擅长向若奥二世的委员会陈词，他夸大了亚洲的面积，强调那些认为大西洋很狭窄的主张和猜测。由于学术界的观点大相径庭，哪些地理学家或哲学家的计算最能支持他的方案，他就把这些数字挑选出来，编入他称之为"印度计划"的演说中。哥伦布的计算基于当时普遍接受的托勒密对地球周长的低估，以及对亚洲东部边界不切实际的猜测，强调了这位受人尊敬的地理学家毫无根据的信念，即地球表面的七分之六是陆地，只有七分之一是水。根据马可·波罗的说法，亚洲和欧洲之间有成千上万的岛屿，哥伦布进一步缩小了大西洋的宽度，因此船只在遇到陆地之前只需要航行较短的距离。在这样的知识基础上，他只需要做一些进一步的"调整"，就能绘制出一幅惊人而富于想象力的世界地图，完全支持他雄心勃勃的计划。

哥伦布选择了一个名叫阿尔弗拉根（Alfragan）的伊斯兰地理学家的错误计算，给出了经度1度的距离——理论上应该是地球周长的360分之一——比埃拉托色尼的计算整整少了25%，比托勒密的计算少了10%。然后，他调整了阿尔弗拉根的计算，称这位地理学家在计算中使用的是较短的意大利里，而当时葡萄牙使用的里较长，因此实际上的距离还要更短。最后，哥伦布说这些数字是基于赤道的经度计算得出的，而他提出的横渡大西洋的路线是在北纬 28 度，所以又将需要跨越的距离缩短了 10%。总之，他给出的数据表明，到达东方需要穿越大约 2 400 英里的海洋——显然在当时葡萄牙船只的航行能力之内。实际上，到美洲的航行距离是 11 000 英里，是哥伦布提出的数字的四倍多。

虽然至少在 1474 年就已经有人提出了横渡大西洋的概念，但是在 1484 年，哥伦布的提议仍然面临着重重障碍。葡萄牙宫廷中有一些学者，他们非常熟悉哥伦布提供的资料，以及古代和当代的其他资料。这些专家背靠国家资源，拥有所有相关的著作，远比处于像哥伦布这样的财富和社会地位上的人能够读到的多得多。委员会成员精通当时的知识，对宇宙学和地理学有透彻的理解，他们很清楚哥伦布对事实和观点的选择性陈述，他们也能估计出他成功的可能性有多大。但是他们的知识也有致命的缺陷，因为他们的知识是建立在古代地理概念的基础之上的，这种世界观不允许有古人不知道的大陆存在。委员会成员认为，跨越大洋的距离太远了，船只无法在不耗尽食物和淡水的情况下安全航行。

应该指出，若奥二世的学者也是为葡萄牙王室服务的，而不仅仅是一群大公无私的专家。国王动用国家财政赞助教皇垄断的航行，这没有任何问题。但是，葡萄牙王室为什么要赞助这条与现有航线相互竞争的航线呢？尤其是，任何新的通往印度群岛的贸易路线都不在教皇确认的非洲垄断之内，因此会敞开竞争的大门，或者需要教廷与卡斯蒂利亚和阿拉贡的君主进行进一步的外交斡旋。若奥二世已经投入了大量的时间和金钱，寻找一条经由非洲到达印度洋和东方的航线。最后一个原因或许是对哥伦布最

大的不利因素，如果航行获得成功，他要求过高的个人报酬：他
和他的后代世袭的贵族地位；大洋海的海军上将（Grand Admi-
ral）的头衔；"他亲自发现和在他指挥下发现的所有岛屿与大陆的
终身总督"的地位；"在他的海军上将领地之内，国王可能获得的
所有黄金、白银、珍珠、宝石、金属、香料和其他任何有用之物，
以及购买、交换、寻获或挣得的各种各样的商品，其十分之一归
他所有"。

　　哥伦布不仅希望王室同意他的远航，还想让国家为他的冒险
提供资金。从本质上说，他想在完全由国家出资的条件下收获私
营企业的回报。私人资助的航行通常会得到国家的批准，但不会
给王室带来任何成本；而像迪奥戈·康和巴尔托洛梅乌·迪亚斯
这样的探险家本质上是国家的雇员，无论他们的行动多么危险和
光荣，都不会得到私人的回报。哥伦布想要鱼与熊掌兼得：让政
府为他的冒险提供资金，而如果冒险成功了，他自己将获得巨大
的回报。若奥二世刚刚粉碎了他认为可能叛逆的独立贵族的力量，
用铁腕巩固了中央集权，这一提议要求他将如此多的权力和财富
交给另一个人——还是一个外国人和暴发户——无疑不会是一件
容易的事。

　　但若奥是一位精明睿智的统治者，他对世界地理非常感兴趣，
因为这与葡萄牙的商业发展息息相关。国王和他的顾问们就哥伦
布的计划展开了多次讨论。16世纪初，杜阿尔特·帕切科·佩雷
拉（Duarte Pacheco Pereira）在谈到几十年前葡萄牙宫廷中的形
势时，描述了双方的辩论："关于几内亚的埃塞俄比亚和印度的开
发，过去的葡萄牙学者有许多看法。有人说不必沿着海岸线绕远，

而应该横跨海洋，直达印度或附近的某个国家，这样将缩短航程；也有人认为最好是沿着海岸逐步前进，掌握航线、地标，了解每个地区的人民，以便对他们要寻找的国家有一定的了解……在我看来，还是第二种意见比较好，也得到了采纳。"

1484 年，若奥二世听从他的技术顾问们的建议，拒绝赞助或授权哥伦布的宏伟计划。委员会的官方结论是，他们"认为克里斯托弗·哥伦布的话是虚无缥缈的，只是建立在想象或马可·波罗的吉潘各岛那样的事情上"。他们建议葡萄牙继续采取更保守、更沉稳的方式，循序渐进地增加对非洲的了解，通过开展贸易或寻找有价值的商品，来为每一次向南推进的冒险提供资金。这样的建议在当时看来是审慎的。委员会告诉若奥，哥伦布严重低估了世界的大小，并提供了许多其他估算加以反驳——全部建立在同样不可靠和不准确的科学基础之上。托勒密对地球的大小是严重低估的，但是即便如此，根据他的估算，到亚洲的航行距离也长得令人望而却步。委员会声称，任何进入这片广阔海域的船只都永远不会回来。船只会在狂风暴雨中沉没，或者更有可能的是，船员们会因为缺乏食物和淡水而脱水、消瘦、慢慢死亡，只留下满船的骸骨，被冲到遥远海角的岸边。

学者们并不怀疑，亚洲就在浩瀚的大洋西边的某个地方，但是他们怀疑以葡萄牙目前的航海技术，能否胜任如此远距离的航行。他们说，"印度计划"注定会失败，完全是对国家资源的浪费——这些资源可以用在更有保证的绕过非洲海岸的航行上。马林·纽伊特在《葡萄牙海外扩张史》中写道："葡萄牙人别无选择，只能拒绝哥伦布的计划。他们所做的，只不过是一个秩序井

然的政府在与一个自命不凡又没有成功经验的冒险家打交道时应
该做的事。"葡萄牙宫廷历史学家若昂·德·巴罗斯（João de
Barros）写道，在向委员会的陈述中，哥伦布"喋喋不休"，"吹
嘘自己的重要性，夸大自己的能力，大谈他那幻想大于实际的吉
潘各岛"，若奥二世"不怎么相信他"。对于大西洋上存在更多的
岛屿，人们的态度是乐观的，但是这些岛屿的位置离欧洲或非洲
海岸太远，使得它们的发现几乎毫无价值。

　　不过，在拒绝哥伦布之后的若干年里，若奥二世曾经鼓励其
他水手基于哥伦布向葡萄牙宫廷提供的信息和基本原理，尝试向
西航行前往印度群岛。这种行为即使算不上背信弃义，至少也是
自私自利、不讲道德的。一位名叫费尔南·迪尔莫（Fernão Dul-
mo）的佛兰德斯-马德拉（Flemish-Madeiran）船长率领两艘卡拉
维尔帆船，从亚速尔群岛向西航行，国王同意将可能发现的任何
陆地赠予他。他以私人探险家的身份航行，购买或租用卡拉维尔
帆船的钱是他自己的，或是由其他支持者赞助的。葡萄牙王室的
成本微不足道。船只很快遭遇逆风，一场可怕的暴风雨迫使他们
在出航几天后就放弃了冒险。若奥二世还授权其他几个探险家去
寻找传说中的西方岛屿，这些探险队从亚速尔群岛出发，逆风而
行，这是一项艰难的任务，但是能够保证安全返航。与此同时，
更重要的是，葡萄牙卡拉维尔帆船每年都在沿着非洲海岸继续向
南推进。

　　虽然葡萄牙水手是所有欧洲人中最早向大西洋以西进行探索
的，发现、征服并占领了马德拉群岛和亚速尔群岛，但是卡斯蒂
利亚人很快就利用了葡萄牙人的专业知识和经验。1474 年，伊莎

贝拉向卡斯蒂利亚贵族和船长提供国家支持，面对葡萄牙在大西洋上畅行无阻的扩张，这些人早就想插上一脚了。多年以前，法国和卡斯蒂利亚探险家发现并开始征服大西洋上的另一组岛屿——加那利群岛。1477 年，伊莎贝拉和斐迪南承认了贵族埃雷拉（Herrera）家族在征服三个较小的岛屿上的优先权。一年后，他们授权自筹资金的探险家组织雇佣军，继续进攻三个较大的岛屿。当地人是北非的柏柏尔人（Berbers）的后裔，他们已经与大陆隔绝了好几代，技术上很原始，仍然保持着狩猎采集的生活方式，居住在洞穴中。这些人为争取独立进行了激烈的斗争，战争历时数年。最大的岛屿——大加那利岛（Gran Canary）直到 1483 年才被征服，这是《阿尔卡苏瓦什条约》承认西班牙对这些岛屿的主权之后，斐迪南和伊莎贝拉的第一次殖民冒险。西班牙人巧妙地利用部落间的对立，招募土著人自相残杀，分别于 1492 年和 1496 年征服了帕尔马岛（Palma Island）和特内里费岛（Tenerife）。许多加那利人沦为奴隶，另一些被招募为雇佣军，作为一个文化自治的独特民族，土著人口在一代人的时间内几乎灭绝了。加那利群岛的位置比亚速尔群岛和马德拉群岛更靠南，比亚速尔群岛靠东得多，是利用大西洋风场驶入开阔海域的理想地点——只要一个水手有勇气在不能原路返回的前提下向西航行。事实上，由于逆风，他根本不知道要如何返航。

当若奥二世和他的委员会拒绝哥伦布时，热那亚人肯定觉得他在葡萄牙的前途已经破灭了。他已经把有限的财产和积蓄都花在了推广他的计划上。1485 年，他的妻子死于难产，他带着 5 岁的儿子迭戈（Diego）逃离了葡萄牙。因为害怕被逮捕，他们在夜间秘密登上了一艘开往西班牙的船。哥伦布在西班牙南部的帕洛斯（Palos）下了船，沿着岸边尘土飞扬的道路，徒步前往拉维达（La Rábida）的圣方济会修道院，为他的儿子乞讨食物。在修道院里，有许多在海事方面知识渊博、经验丰富的人，哥伦布从他们那里听说了加那利群岛的卡斯蒂利亚探险家的事迹，也赢得了这些人的好感。随后，几位有影响力的修道士写了介绍信，把哥伦布介绍给两位有权势的卡斯蒂利亚贵族：梅迪纳·锡多尼亚（Medina Sidonia）公爵和梅迪纳塞利（Medinaceli）公爵。两人都对他的大胆想法很感兴趣，但是他们意识到，这种性质的行动需要在国王的支持下进行——如果发现了新大陆，需要宣示主权怎么办？他们建议哥伦布觐见两位君主，向他们提出详细的建议，包括若奥国王如何感兴趣，而他的专家委员会如何反对这个计划——不是因为这个计划没有价值，而是因为提议的航行将偏离葡萄牙在非洲海岸的垄断区域。

哥伦布把儿子交给住在韦尔瓦（Huelva）附近的亡妻的妹妹，然后前往内陆的塞维利亚和科尔多瓦（Cordoba），追寻伊莎贝拉和斐迪南的流动宫廷。他努力结交名门望族，与有影响力的人物拉关系，用他的故事和想法取悦他们。正是在这里，他被介绍给伊莎贝拉的告解神父和其他有权势的贵族。他还遇到了比阿特丽斯·恩里克斯·德·阿拉纳（Beatriz Enríquez de Arana），一个收入微薄的年轻女子，这个女人后来成了他的情妇。1485年整个秋天，哥伦布一直关注着王室的流动宫廷，偶尔也会追随他们到乡间；1486年1月，他第一次觐见了卡斯蒂利亚和阿拉贡的君主，向他们陈述了他的"印度计划"。

　　斐迪南和伊莎贝拉现在三十多岁，有五个孩子，《阿尔卡苏瓦什条约》签订以来的五年给了他们时间巩固统治，让动乱不安的乡村恢复稳定。条约签订之后，围绕继承权的战争正式结束，这对王室夫妇将国内贵族在军事方面的热情引导到国外冲突上，平息了他们分裂的王国中的内部矛盾，让以前的对手团结起来对抗共同的敌人。即使在一个人人都很虔诚的年代，他们也是其中最虔诚的。两人后来被称为"天主教双王"，对教会中的异端绝不姑息。他们对宗教如此狂热，或许是因为他们的统治要在一场战役的结果、大贵族的忠诚、远在罗马的教皇的特许、法国国王的反复无常和政治上的权宜之计之间走钢丝，多年来的祈愿和祷告使他们相信，他们的成功只能是上帝赐予的。为了感谢上帝帮助他们对抗敌人、保全王位，他们做出了一系列对整个历史影响深远的决定：建立西班牙宗教裁判所来净化伊比利亚教会的行为，积极迫害半岛上的犹太人，并向欧洲仅存的摩尔人王国格拉纳达重新发起军事行动。

　　亨利·卡门（Henry Kamen）在《西班牙帝国之路》（*Spain's Road to Empire*）一书中很好地总结了这一战略，他写道："当西班牙国内的冲突结束时，两位君主没有试图消除暴力，而是从官方层面将这股力量组织起来，这种出色的战略带来了和平……很快，他们让整个西班牙南部处于战争状态，积极鼓励公民持有武器……以消除安达卢西亚的穆斯林统治者的新威胁。"当时，格拉纳达是位于半岛西南角的一个孤立的前哨，人口约 50 万。1482年，格拉纳达与卡斯蒂利亚因为阿拉马城（Alhama）附近的边界问题爆发冲突，伊莎贝拉和斐迪南开始吞并格拉纳达领土，进一步统一伊比利亚半岛。卡门写道："这场战争不是一场持续的战斗，而是像大多数中世纪战争一样，是一系列旷日持久的冲突和遭遇战，中间间隔很长，有时候什么事情也没发生，士兵们回家休息或是避暑。没有激烈的战役，双方都只着眼于占领特定的城镇，冲突以小规模战斗、突袭和围攻的形式发生。敌对时期与正常接触的和平时期交替出现。"

格拉纳达由于内部的王朝纷争而分裂，再加上国际社会对斐迪南和伊莎贝拉的支持，这个王国走向了灭亡。斐迪南和伊莎贝拉征讨格拉纳达的行动传遍了欧洲各国宫廷，被认为是一场小型的十字军东征，是对几十年前伊斯兰入侵者攻克君士坦丁堡和奥斯曼土耳其人持续入侵东欧的报复。教皇提供了大部分资金，还有来自欧洲各地的捐款。作为一位精明的政治家和领袖，斐迪南狡黠地强调了这场冲突的宗教性质，宣称"我们参战不是为了扩大我们的领土，也不是贪图更多的收入"。他声称这场战争是为了"将天主教信仰的敌人赶出西班牙，将整个西班牙奉献给上帝"。

超过 75％的战争经费是教皇通过一项圣战（cruzada）特别税提供的。战争中雇用了来自欧洲各国的雇佣军，包括英格兰的弓箭手，瑞士、德国和法国的步兵（其中瑞士步兵是全欧洲最强大、最高效的），以及意大利的重型火炮分队。这些意大利重炮成功地摧毁了古代的堡垒和塔楼，因为它们的砖石结构抵挡不住重型火器，即使是最原始的火器的攻击（讽刺的是，征服者穆罕默德也正是用这些大炮摧毁了君士坦丁堡的古城墙）。整个 15 世纪 80 年代，斐迪南带头发起了一波猛烈的进攻，征服了格拉纳达越来越多的城镇。这时候，格拉纳达正陷入一场关于继承权的内战，统治者们无法一致对外，保卫他们被围困的王国。得益于格拉达纳的内斗，斐迪南连战连捷，但战争的结果还远远没有成定局。挫折时有发生，资金来源虽然多种多样，但始终是一个问题，因为战争是费用高昂和难以预料的。

1486 年 1 月，哥伦布终于见到了伊莎贝拉和斐迪南，两位君主是在梅迪纳塞利公爵的要求下才同意接见他的。哥伦布穿着昂贵、时髦的天鹅绒服装，而不是平时的工匠衣服，来到他的听众面前，准备说服他们。他完全不知道两位新的君主会做何反应。他可以利用他们对若奥二世的反感，以及他们对宗教的狂热和贪婪，但是他们对科学和地理有没有好奇心呢？不过，哥伦布特别善于根据潜在赞助人的利益调整他的建议。他对斐迪南和伊莎贝拉的推介正中其下怀，他声称要把基督教带给异教徒，并暗示在这个过程中有机会获得黄金、征服土地。

正如南希·鲁宾所说的，在伊莎贝拉生命中的这个阶段，她"认真、果断、不屈不挠、坚决果敢，也很直率。虽然深谙讽刺之道，但她并不轻易取笑人"。她非常聪明，学识渊博，拥有一个约有 400 册藏书的图书馆，这在当时是非常惊人的，其中有许多拉丁语经典著作，也有当代作品。通过提供免税政策，她鼓励印刷厂在她的王国里经营，并鼓励从欧洲各地进口图书。伊莎贝拉比她的丈夫更有学识，她后来召集了一个专家委员会来讨论和审议哥伦布的提议，并就哥伦布成功的可能性、这次冒险潜在的利润和法律后果向她提供专业意见。毫无疑问，她特别考虑了葡萄牙的若奥二世的激烈反应，以及他们之间的紧张历史。伊莎贝拉不是一个无知的女人，无疑也关心国际事务。斐迪南对加那利群岛更感兴趣，但他只是把它们看作挫败若奥二世对非洲海岸野心的滩头阵地。跟上次一样，哥伦布的提议离奇而大胆，非常吸引人，虽然他要求的高昂报酬几乎是一种侮辱，但两位君主仍然很感兴趣。然而，他们的国家正在为战争做准备：身着制服的军队在道路上列队，挥舞着旗帜，伴随着鼓声行进；骑士们在贵族的军队中集结；满载粮食和补给的大车向南驶往边境。巴托洛梅·德·拉斯·卡萨斯颇具先见之明地写道："当君主们要应付一场战争时，他们对其他的事情全不了解，也不想了解。"

两位君主看到了几位高级贵族的书面支持，听到了哥伦布初到卡斯蒂利亚时与他同住的博学的修道士的意见，但是他们仍然犹豫不决。绕过奥斯曼帝国对香料路线的封锁的可能性非常诱人，而且与葡萄牙人沿着非洲海岸缓慢向南推进相比，新路线能够以更快的速度"到达香料产区"，但是在没有进一步证据的情况下，他们还是不能同意这项大胆的计划。与格拉纳达的战争占据了他们的注意力，消耗了迫切需要的国家资源。

斐迪南和伊莎贝拉召集了一个正式的调查委员会。从古至今，任何政府在遇到一个潜在的重要提议或问题，既不想放弃又缺乏足够的知识来做出审慎的决定时，都是这样做的。这个委员会由埃尔南多·德·塔拉韦拉（Hernando de Talavera）领导，由"最精通宇宙学的人组成，不过，在卡斯蒂利亚这种人并不多"。委员会中还包括经验丰富的船长和航海家，以及博学多识和受过良好教育的人。然而，与葡萄牙不同的是，卡斯蒂利亚在天文学、制图学和宇宙学方面几乎没有真正的专家。考虑到哥伦布为了支持自己的理论明显地操纵了数据，缺少合格的专家可能对他有利。

组织一个有能力评估哥伦布提议的委员会花了好几个月的时间。与格拉纳达的战争一直在进行，时不时地打断这个过程。在等待期间，哥伦布获得了一个宫廷中的职位和一笔小小的津贴。直到1487年，各方都已竭尽所能地进行了研究，委员会终于在萨拉曼卡（Salamanca）召开了会议。

　　哥伦布支持这次航行的论点与他三年前向若奥二世提出的一样，同样朝着乐观的方向调整了文献证据；同样吹嘘他的航海能力和成功的确然性；如果他成功了，同样要求丰厚的报酬。毫不奇怪，委员会的结论也是一样的：世界不可能像哥伦布声称的那么小。这次航行注定要失败，对国王来说，官方支持这次航行可能是无知或愚蠢的尴尬表现。哥伦布的津贴被取消了，但是他也得到了一根橄榄枝：最终战胜格拉纳达后，两位君主可能愿意重新考虑他的提议。

　　哥伦布多年的等待又一次落空了，这一定让他非常恼火。他不甘心事情就这样悬而未决，派他的弟弟巴尔托洛梅奥去向英法两国的君主兜售他的"印度计划"。然而，巴尔托洛梅奥被海盗俘虏，扣押了两年。1487年底，哥伦布又给葡萄牙国王若奥二世写信，请求再次陈述他的提议，并要求在返回葡萄牙时采取安全措施，保护他不受债权人的伤害。1485年逃离葡萄牙时，他欠下了许多债务，现在他没有能力偿还这些债务。也许是因为费尔南·迪尔莫的航行失败了，或者是因为他的船队沿着非洲海岸的推进十分缓慢，若奥二世又对哥伦布产生了兴趣——哥伦布总是对成功充满信心。1488年，他的情妇比阿特丽斯·恩里克斯·德·阿拉纳生下了他们的孩子，也是哥伦布的第二个儿子费迪南德（他

后来为他父亲写了传记)。同年 3 月，哥伦布收到了葡萄牙国王的
回信。若奥二世向他致以"热烈的问候"，并说"我们非常需要你
的能力和才华。因此，如果你能来，我们会非常高兴"。

　　将近两年前，若奥派巴尔托洛梅乌·迪亚斯率领三艘卡拉维
尔帆船，沿着非洲海岸向南航行，寻找通往印度的航线。迪亚斯
已经失踪了很长时间，人们相信他和他的探险队都死了。可能是
为了两面下注，葡萄牙国王想把哥伦布召回葡萄牙，就"印度计
划"的条款重新展开谈判。1488 年 12 月，哥伦布回到里斯本，
并与他的弟弟巴尔托洛梅奥重聚。正当他们准备觐见国王时，迪
亚斯奇迹般地回来了。他和他疲惫不堪的船员们沿着塔霍河
（Tagus River）逆流而上，带回了他们绕过非洲、驶入印度洋的
惊人故事。

　　葡萄牙对印度群岛东方航线的垄断即将带来滚滚的利润，哥
伦布知道他在若奥二世这里已经没有机会了。葡萄牙已经拥有了
通往印度群岛的航线，国王为什么还要支持一个教皇授予的垄断
之外的不可靠的项目呢？直到 1493 年春天，哥伦布才再一次来到
里斯本，那时候，一切都完全不同了。

19世纪版画，根据15世纪
末至16世纪初的肖像创作。画中，
阿拉贡和卡斯蒂利亚的国王斐迪
南神情坚毅、态度威严。

19世纪版画。画中，中年的
伊莎贝拉女王面容安详而睿智，
此时正值哥伦布远航前后。1469
年，少女伊莎贝拉公然违抗国王
恩里克，与阿拉贡的斐迪南私奔
结婚，引发了家族矛盾和伊比利
亚的内战。

据信为航海家亨利王子的肖像之一，他主持了15世纪中叶葡萄牙对西非海岸的探险。

卡斯蒂利亚国王恩里克和葡萄牙的胡安娜的女儿胡安娜，即拉贝尔特兰妮亚的肖像。画中的胡安娜神情悲伤。1480年，伊莎贝拉和斐迪南击败了阿方索五世领导的葡萄牙入侵后，胡安娜被迫进入修道院。

葡萄牙最著名的武士国王之一阿方索五世的肖像。阿方索曾斡旋多年，想迎娶卡斯蒂利亚年轻的伊莎贝拉，当追求遭到拒绝时，他便下令葡萄牙军队出征。

格拉纳达的一场著名战役，19世纪法国著名插画家保罗·古斯塔夫·多雷（Paul Gustave Doré）绘制。

15世纪版画，描绘了古希腊-埃及天文学家和地理学家克劳狄乌斯·托勒密的形象。

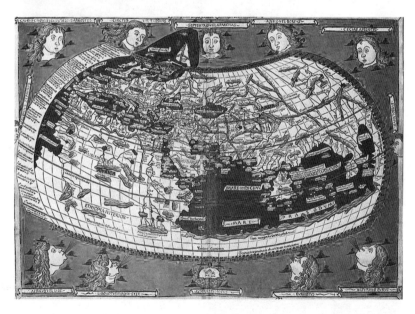

1482年，约翰内斯·莱施尼策尔（Johannes Schnitzer）根据托勒密的坐标绘制了这幅世界地图。值得注意的是，北美洲和南美洲并不存在，西欧到亚洲之间的航程也很短（注：本图来自英文原书）。

这幅多少有些理想化的画作中，哥伦布完成第一次划时代的航行后，向伊莎贝拉和斐迪南陈情。

著名的罗德里戈·波吉亚，即教皇亚历山大六世的肖像，15世纪90年代由克里斯托法诺·德尔阿尔蒂西莫（Cristofano dell' Altissimo）绘制。在文艺复兴时期的教皇中，波吉亚因腐败而臭名昭著。1493年，他颁布的教皇诏书将世界一分为二。

1494 年的《托德西利亚斯条约》的扉页，用拉丁文书写。

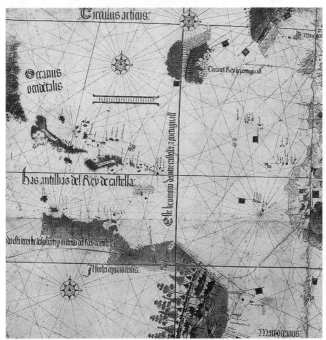

1502 年著名的坎迪诺（Cantino）地图，清楚地显示了大西洋中央的《托德西利亚斯条约》分界线，以及新发现的南美洲和加勒比地区的海岸线（注：本图来自英文原书）。

　　葡萄牙国王若奥二世的肖像，绘制于 16 世纪初，作者不详。作为葡萄牙航海探险的伟大赞助人，他拒绝资助哥伦布的航行，但是后来在《托德西利亚斯条约》相关谈判中发挥了重要作用。

Prima ego velivolis ambivi cursibus Orbem,
Magellane novo te duce ducta freto.
Ambivi, meritoǧ vocor VICTORIA: sunt mî
; precium, gloria; pugna, mare .

19 世纪版画。从 1519 年直到 1521 年去世前，费迪南德·麦哲伦率领舰队进行了第一次环球航行，寻找通往香料群岛的航线。根据《托德西利亚斯条约》，香料群岛落在属于西班牙的半球。这幅画描绘了麦哲伦的维多利亚号的细节，来源于 16 世纪佛兰德斯制图学家亚伯拉罕·奥特柳斯（Abraham Ortelius）绘制的地图。

当时的版画，描绘了西班牙人征服墨西哥特诺奇蒂特兰的暴行。

赫尔南·科尔特斯率领远征军征服了阿兹特克帝国。他运用外交、恐吓和欺骗的手段，占领了特诺奇蒂特兰，将皇帝蒙特祖玛掳为人质，建立了西班牙的美洲帝国。

英国航海家约翰·霍金斯爵士的肖像。他率领第一支远征队，无视西班牙法律，在加勒比海进行贸易。根据《托德西利亚斯条约》，这个地区落在属于西班牙的半球。

农布雷－德迪奥斯，16世纪版画。骡车队将黄金和白银从巴拿马城运到这个小镇，巴拿马船队从这里启航，将这些财富运回西班牙。这里经常成为海盗和私掠船的目标，1572年，弗朗西斯·德雷克第一次征服了农布雷－德迪奥斯。

神父、神学教授马丁·路德的肖像，绘制于16世纪。1517年，他将著名的《九十五条论纲》钉在德国维滕贝格教堂的大门上，向腐败的天主教会发起挑战。

身着战甲和绶带的查理五世的肖像，绘制于16世纪。作为西班牙国王和神圣罗马帝国皇帝，1519年，他授权费迪南德·麦哲伦远航，并宣布马丁·路德不受法律保护。

荷兰律师、哲学家雨果·
格劳秀斯，"国际法之父"，
17世纪初版画。

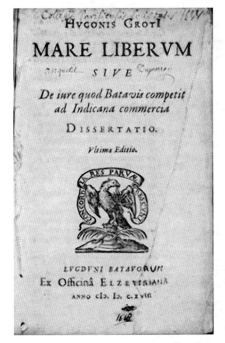

格劳秀斯匿名出版的《海
洋自由论》，从哲学和法律
角度向《托德西利亚斯条约》
与支撑该条约的教皇诏书发
起挑战。

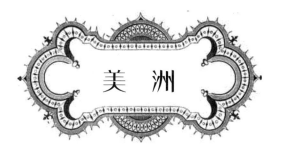

第二部分

美 洲

{ 第五章 }

大洋海的海军上将

　　无鞍骆驼冲过战场上的尘土和人群。战马被长矛和箭刺穿，奄奄一息地瘫倒在地。士兵们尖叫着冲锋，用刀剑和长矛互相攻击。尸体横七竖八地倒卧着，手里仍然紧握着武器，战斗在他们周围激烈地进行，风卷起滚滚尘埃。一些死者戴着头巾，另一些穿着中世纪骑士的轻甲，还有许多人似乎只是装备简陋的农民。这是 19 世纪著名插画家保罗·古斯塔夫·多雷（Paul Gustave Doré）描绘的格拉纳达的一场战役。1492 年 1 月 2 日，伊比利亚最后的伊斯兰城市、安达卢西亚唯一的前哨格拉纳达，在漫长的围攻后向"天主教双王"斐迪南和伊莎贝拉投降了。这场战役可能不尽然是多雷描绘的英雄壮举，但它的确结束了七个世纪以来伊比利亚的宗教和文化冲突，完成了西班牙对整个半岛的再征服。

伊斯兰入侵者的统治结束了。

1491 年 12 月，格拉纳达最后一次被围困期间，一向很有耐心的克里斯托弗·哥伦布来到西班牙王室在圣菲（Santa Fe，意思是"神圣的信仰"）的流动宫廷。圣菲是一座匆忙建成但十分坚固的十字架形堡垒，用石头砌成，粉刷成白色，位于格拉纳达郊区。在等待德·塔拉韦拉和宇宙学委员会的第二次报告时，他可能志愿参过军，靠士兵的薪水来补贴他收到的微薄的预付金。虽然斐迪南和伊莎贝拉的委员会之前拒绝了他的"印度计划"，称该计划过于投机、基础薄弱，但是哥伦布一直在等待，因为伊莎贝拉建议他在征服格拉纳达之后重新向朝廷提出申请。在这段时间里，他一直在为卡斯蒂利亚王室服务，可能是从事某些间谍或情报工作。在等待征服格拉纳达期间，他与伊莎贝拉见过一次面。

自从 1469 年年轻的斐迪南和伊莎贝拉结婚后，他们一直致力于将西班牙两个最强大王国的王权和人民联合起来，结束这两个伊比利亚国家之间的自相残杀，将二者整合成一个更强大的王国。自 1482 年以来，征服西班牙最后一个穆斯林据点的努力消耗了他们的精力。随着摩尔人最终落败，获胜的卡斯蒂利亚和阿拉贡作为统一的西班牙王国，为新的事业做好了准备。两位君主刚刚带领他们的人民征服了格拉纳达，就追随他们的近邻葡萄牙人，把注意力转向了西方尚未开发的大西洋。从年轻时起，斐迪南就是一个成功的战士、一个优秀的战略家和指挥官。根据马基雅维利的说法，他进攻格拉纳达背后的原因是为了"使卡斯蒂利亚的贵族们的精神灌注在这项事业上面，只考虑那场战争而不考虑革新的事情。与此同时，他赢得盛名和驾驭贵族的统治权，而他们还没有察觉"。毕竟，马基雅维利观察到，"世上没有任何事情比得上伟大的事业和做出卓越的范例，能够使君主赢得人们更大的尊敬"。据说，伊莎贝拉的一个顾问告诉她，传说中的古罗马国王图利乌斯·霍斯提利乌斯（Tullius Hostilius）命令他的士兵无缘无故地进攻别国，只是为了让他们有事可做，并保持他们的战斗技能。

　　这场战争，加上对加那利群岛步步为营的征服，消耗了卡斯蒂利亚和阿拉贡王室的收入与人力，也建立了一种共同的西班牙身份认同、一种新的团结意识和共同目标。正如休·托马斯在《黄金之河》一书中的评价，在作为继承人和女王的前十年里，伊莎贝拉的成就"无论以什么标准来衡量都是非凡的。历史上没有哪个女人的成就能够超越她……这两位君主将他们的王国联合起来，即使并不总是合作愉快，但对双方都是至关重要和有利可图的"。现在，在征服格拉纳达之后，他们正处在一个十字路口。

　　哥伦布经历了八年的拖延、困惑、挫折和漫长的等待，拉斯·卡萨斯将其描述为"一场可怕、持续、痛苦和漫长的战斗，他不得不向那么多假定无所不知实际上却一无所知的人讲述他的计划，这就像钝刀子割肉一样令人痛苦"。哥伦布曾经去圣菲觐见过伊莎贝拉女王，但是他到达圣菲时，那里的住宅区刚刚着过一场大火，没有人顾得上考虑他或他的想法。现在，他按照女王的要求，在征服格拉纳达后返回西班牙，再次向委员会陈词。由于同样的原因，他又一次遭到了拒绝。随后，伊莎贝拉的一位顾问指出，资助哥伦布的计划，不会比国王接待一位来访的外国王子一周多花多少钱——毕竟哥伦布的大部分无理要求只有在他成功的情况下才需要兑现。即使冒险失败了，这一尝试本身也能给两位君主带来启蒙的光环，"他们是慷慨而高尚的王子，因为他们曾经像其他受到称颂的王子一样，试图洞悉宇宙的秘密"。伊莎贝拉改变了主意。

国王派一名信使去向哥伦布传达这个激动人心的消息。哥伦布因为再次遭到拒绝而怒火中烧，已经骑着骡子离开圣菲北上，准备向法国国王兜售他的计划。有一个传奇故事——但很可能是真实的——说信使一路飞奔，在路上赶上了他，并说服他返回卡斯蒂利亚。他将得到他所要求的一切，包括所有夸张的头衔、荣誉和超乎寻常的权力。如果他成功了，他将为格拉纳达战役后国库极度空虚的王室带来新的收入，并阻止若奥二世的扩张，扼杀葡萄牙在非洲萌芽中的小帝国。

征服格拉纳达后，西班牙有成千上万久经沙场的下级贵族，这些人是出身高贵的年轻战士，希望用土地来交换军事服务。如果没有一个共同的敌人，他们可能会再次开始自相残杀——斐迪南和伊莎贝拉人生的大部分时间里，包括他们统治早期，卡斯蒂利亚和阿拉贡无休止的冲突令他们记忆犹新。发现西方的新大陆将有助于解决这一迫在眉睫的问题，特别是因为教皇法令禁止他们授权船只沿着非洲海岸向南航行。对伊莎贝拉和斐迪南来说，葡萄牙人的垄断令人懊恼，他们也在积极支持一个西班牙人竞争刚刚空缺出来的教皇职位。同年晚些时候，就在哥伦布启航之前，他们成功了。新教皇的上任加上哥伦布的航行，将对世界产生巨大的影响。

在她统治期间，伊莎贝拉变得更习惯发号施令，甚至有些苛刻，不那么诙谐了。有一次，她在沉思中总结出，她平生最喜欢看到的四样东西是"田野上的卫兵、穿着长袍的主教、客厅里的女士和绞刑架上的小偷"。从这种表述中，很容易看出她是如何统治卡斯蒂利亚和阿拉贡的，尤其是随着她年龄的增长和时间的推移，她和斐迪南统治早期的王朝动荡趋于平静，让他们有机会重建社会秩序。她不能容忍国家的分裂和混乱。这种态度与她毕生的虔诚和宗教热情结合起来，要求精神上的统一和对国家信仰的"净化"。对她的许多臣民来说，这是一个不祥之兆。斐迪南是一个坚定的实用主义者，他的动机是黄金和宗教热情。第一位宗教大法官（Grand Inquisitor）托马斯·德·托克马达（Tomás de Torquemada）用虐待和酷刑宣泄他近乎疯狂的偏执与仇恨，使伊莎贝拉和斐迪南的统治滑向了极权主义和暴力镇压，而这一切都是打着追求团结与和平的旗号进行的。

到 1492 年，宗教裁判所已经以净化精神的名义宣判了数千人，并逐渐成为有史以来最暴力、最恐怖的机构之一。就在哥伦布获准开始他的划时代航行的一个月前，斐迪南和伊莎贝拉颁布了著名的《驱逐令》（Edict of Expulsion），导致卡斯蒂利亚和阿拉贡所有的犹太人被迫流亡或改变信仰。若干年后，这条影响近似于现代作家所谓的"种族清洗"的法令，也适用于所有的穆斯林。宗教法官通过酷刑和恐怖政策，强制性地确保所有天主教徒，特别是那些为了避免被逐出家园而新近皈依天主教的人的精神纯洁，他们的手段包括匿名检举、焚烧书籍、戏剧审判、暴力逼供，以及臭名昭著的火刑——公开烧死异端和叛教者。当然，没收的财产也可以用来支持宗教法官和他们的机构。

对哥伦布来说，经过漫长的拖延，现在事情的发展进入了快车道。1492 年 5 月，他在帕洛斯西南部港口为这次航行装备了三艘小船，分别叫作平塔号（Pinta）、尼尼亚号（Niña）和圣玛利亚号（Santa Maria）。41 岁的哥伦布在远离大海的八年时间里丝毫没有失去他的热情与活力。经过艰苦的努力，他给船只配备了补给和船员，准备在 8 月启程。8 月 3 日日出之前，哥伦布像往常一样参加了弥撒，然后乘上小艇，向他的旗舰划去。他随身带着三封斐迪南和伊莎贝拉的国书，其中一封是写给"大汗"的，即他们心目中亚洲的统治者；另外两封是空白的，如果船队抵达亚洲，可以填上外国君主或政要的名字。哥伦布是一个高傲自负而又虔诚的人，后来变成了一个近乎狂热的宗教分子。此时此刻，他的心中充满了使命感，相信自己要作为上帝选择的工具，去发现一条通往印度的更短路线。在这次和以后的航行中，他对自己的伟大和这一历史目标重要性的认识有增无减。

三艘船起锚，趁着早潮出港，然后扬起风帆。他们向西南航行到加那利群岛，这时候加那利群岛已经在西班牙的控制之下。在这里，哥伦布听到了流言，说一些葡萄牙卡拉维尔帆船埋伏在附近海域，想要拦截他，俘虏他的船。9 月 6 日，经过六个星期的维修和补给后，哥伦布命令三艘船向西航行，希望那里的风把他们带到东方。哥伦布对大西洋西风带的了解究竟从何而来，历史学家们意见不一：有人相信是出于敏锐的观察，或是他早些年为葡萄牙效力、在非洲海岸航行时获得了这方面的信息，也有人认为他只是运气好。不管怎样，三艘船几乎立刻赶上了信风，以惊人的速度前进。

哥伦布担心迷信可能影响船员的士气，不久就开始伪造官方报告的航行距离。例如，9 月 10 日，他对航行距离的最佳估计是约 80 英里，但是只报告了 48 英里。11 日，他自己的记录是 60 英里，只报告了 48 英里；13 日，他报告了 65 英里，但他估计船已经走了将近 100 英里。在海上航行一个月后，哥伦布瞒报的里程越来越多。他的理由是为了减轻船员们的恐惧，他们离陆地越来越远，已经回不去了。他的计划是假装使用象限仪和罗盘等精密的科学导航技术，给人一种他知道他们在哪里、走了多远的感觉，从而避免恐慌。

几个星期里，三艘船都享受着好天气和可靠的风，只有毛毛雨和淡淡的云层。有几次发现陆地的误报，看到海鸟也令人兴奋。每隔几天，哥伦布就会预言陆地的出现。到了 9 月中旬，水手们"开始看到许多翠绿的杂草，好像是最近才从地皮上揭起来的，因此人们都断定附近有个岛屿"。他们到达了马尾藻海（Sargasso Sea），这是大西洋中央一片漂浮着大量藻类的广阔水域。哥伦布的儿子费迪南德后来回忆说，他父亲担心"发生在圣阿马多尔号（St. Amador）上的事情也会发生在他们身上，据说那艘船驶入冰封的海域，很快就被冻住了"——他们可能在离家如此遥远的地方，被困在一片海草中，因饥饿或脱水而死。但是海草无声地分开了，放他们西去。

人们开始看到更多陆地的幻影，变得越来越紧张和恐惧，但是哥伦布继续敦促他们前进：水草、鸟、云和洋流都是即将发现陆地的征兆。他巧妙地安排发布宣言和猜测的节奏，日复一日地安抚船员的情绪，以乐观和渐进的方式鼓励他们继续前行。他们比以往任何时候都更加远离港口，紧张和恐惧与日俱增，但是除此之外，当时的条件对哥伦布来说再好不过了。风夜以继日地鼓起风帆，从不间断。

但是，即便是好天气也开始被视为坏兆头。船员们越来越担心没有风能够送他们回家——他们现在只能顺风向西航行。在海上航行了几个星期后，躁动不安的船员威胁说，如果哥伦布不在他们全部遇难之前掉头返航，他们就要哗变。费迪南德引述他父亲多年后的证词说："他们躲在船舱里，说海军上将陷入了疯狂的幻想，企图拿他们的生命来冒险，使自己成为一位爵爷。他们已经尽了自己的职责去试探命运，航行到比其他任何人都远的地方。"如果哥伦布拒绝改变航向回家，"他们就把他抛到海里，回西班牙报告说他是在观测星星时不慎掉下去的。没有人会怀疑他们的故事"。

10月12日凌晨2点，在一轮满月下，强风推动着这支小船队快速前进，平塔号上的一位水手从桅杆顶上瞭望，发现了远处一座岛屿周围海浪泛起的白色泡沫。为此，他将从国王那里赢得一整年的薪水作为奖励，至少他自己是这么想的。哥伦布后来声称，他自己在前一天晚上发现了这片陆地，否定了这位水手首次发现陆地应得的奖励和荣誉，将一切功劳据为己有。三艘船靠得很近，水手们在开阔的水面上互相喊话，经过商议，他们同意收帆减速，等天亮再靠岸。伴随着第一缕曙光，他们围着岛屿游弋，在环绕小岛的堡礁上找到一个缺口，滑进去，在沙滩上抛锚。哥伦布带着旗帜登陆，把它们插在地上，宣布这片土地属于卡斯蒂利亚，并将其命名为圣萨尔瓦多（San Salvador）。他并不知道当地人把他们的岛屿叫作瓜纳哈尼［Guanahani，这座岛可能是巴哈马群岛（Bahamas）的一部分，也可能是任何一座地势低洼、被礁石包围的小岛］。宣布该岛属于卡斯蒂利亚之后，哥伦布遇到了住在岛上的居民。

土著的泰诺人（Taínos）热情友好地"大喊大叫着来到海滩上"——哥伦布荒谬地将这种情况解释为，他们是在为了他的到来"感谢上帝"（如果他们能够预见未来，肯定不会这样做）。当天晚些时候，哥伦布在日记中写道，岛上的居民"可能成为很好的奴仆，掌握良好的技能，因为我发现我跟他们说过的一切，他们很快就能背得出来。而且我相信，他们很容易成为基督徒，因为在我看来他们不信奉任何宗教"。不过在当时，所有人都表现得热情友好，一些岛民给海滩上的水手送去食物和水，另一些人"跳进海里"，朝大帆船游去。哥伦布发现这些赤身裸体的岛民彬彬有礼、待人友好，"体魄强壮，身材健美，容貌英俊"，他们过着平静的生活，令他感到又惊又喜。不过，令他失望的是，这个灌木覆盖的岩石小岛上的人明显十分贫困。"印第安人"（因为毫无疑问，他到达的是"印度"）住在原始的茅屋而不是金碧辉煌的宫殿里，吃的是简单的本地食物，而不是欧洲人想象中辛辣的异国美食。

三天后，哥伦布对这个岛和岛上的居民感到厌倦了。他在日记中写道："我打算去试试看能不能找到吉潘各岛。"船只重新补充了食物和淡水，船员稍事休息后，他们便启航去寻找更大的地方。哥伦布计算出，他的船队已经在大洋上航行了约 2 400 英里，几乎与他计划的到吉潘各的航行距离完全一致。显然，这里不是吉潘各，而是马可·波罗笔下那块壮丽的大陆以东水域中遍布的数千座小岛之一。无论如何，哥伦布一直专注于他的目标。他写道："我尽力留神，看其中是否有黄金。"他提到，"印第安人"的鼻子上戴着小小的金饰。他问他们在哪里能够得到更多这种东西，他们用手势指向南方，说"那里有一位国王，用大罐子装金子，数量很多"。他的贪婪和想象力被激发起来，准备向那个方向航行，还带了几个当地向导给他指路。三艘船向南蜿蜒而行，穿过迷宫般的岛屿，在其中几座岛上停下来寻找黄金，但是都失望而归。哥伦布仍然是一个乐观主义者，他在一段真情流露的文字中写道："在上帝的帮助下，我一定能找到出产黄金的地方。"

哥伦布对黄金之外的其他东西也有敏锐的嗅觉，他注意到"与我们的非常不同"的异国树木和花朵，以及"世界上颜色最鲜艳的鱼类，蓝、黄、红，无所不有，还有千奇百怪的杂色鱼"。他心满意足地写道："小鸟的歌声如此动听，让人仿佛永远不想离开这里。"他和他的手下收集了大量的新鲜物事，准备回国时向他们的赞助人展示——这些东西可能证明航行的花费是合理的，并为更多的航行争取财政支持。哥伦布在诸海岛间周游了几个星期，用他的赞助人和信仰来为它们命名，然后，他决定向西进发。当地语言中的一些单词使他产生了乐观的联想，他认为这些单词的意思就是"吉潘各"。

10月28日，船队到达了古巴岛，哥伦布误以为这里是一块大陆。沿岸的一些当地人向他指出，他们的国王居住在内陆，于是他派出一支侦察队，去丛林中寻找伟大的城市。他的两个使者中，一个是皈依基督教的犹太人，"懂得希伯来语和阿拉姆语（Aramaic），还会一点阿拉伯语"——在东方的朝廷中，这些都是非常有价值的语言；另一个是一名水手，曾经旁观过与非洲国王的奴隶贸易，因此在与大汗这样的异教君主谈判时更有经验。可惜，经过 25 英里的长途跋涉，深入内陆之后，使者只遇到一个小村庄，居民大约有 1 000 人，他们的态度友好而愉快，但是没有皇宫。不过，使者注意到，人们把植物的叶子烘干、卷成雪茄，"吸它产生的烟"。

哥伦布强忍失望，起锚继续沿着古巴海岸航行，寻找另一则传言中土著人佩戴的少量黄金的来源。当地人叫它巴贝克岛（Babeque），据说那里的居民在火把的照耀下，在海滩上采集黄金，然后用锤子把它们打成金条。船队重新焕发了活力，向南驶去，追寻这个传说。他们遇到了十天的逆风，平塔号的船长可能是为了抢先到达黄金之地，自个儿发财，没有得到哥伦布的准许就跑到前面去了。与此同时，12 月初，哥伦布剩下的两条船，尼尼亚号和圣玛利亚号稍稍改变了航向，发现了一片土地肥沃的海岸，景致之美"用一千种语言都无法描述"。一个完美的港口深处是连绵起伏的森林和耕地。这位探险家大胆地宣布其为"西班牙岛"（La Isla Española），即现在的伊斯帕尼奥拉岛。这片土地的人口比他们迄今为止在"印度"遇到的任何地方都要稠密，最令哥伦布充满希望的是，人们佩戴着金饰。

哥伦布派出一支探险队，去引诱一些土著人回到海滩上，"以便好生款待他们"，显示闯入者的善意。然而，唯一敢和这些奇怪的旅行者见面的是一个美丽的年轻女子，哥伦布让她回去之前给了她一些礼物和衣服。这次会面之后，他和他的船员在岛上受到了欢迎。几个土著酋长过来拜访，他们"说话不多，但是彬彬有礼"。其中一位酋长注意到哥伦布对他佩戴的一件金饰很感兴趣，便当成礼物送给他，并承诺会带来更多的金饰。作为交换，哥伦布送给这位酋长一些五颜六色的衣服和小饰品。哥伦布在他的日记中指出，这些人"习惯于服从驱使、听人摆布，替别人干活，播种和从事一切必要的其他劳动"。他对遇到的这些人的看法是，他们很容易被奴役和剥削，以便拯救他们的灵魂。

不久，一个信使邀请满心渴望的哥伦布到岛屿的内陆旅行，到城镇去会见一位名叫瓜卡纳加里（Guacanagari）的酋长，酋长有更多的金子要作为礼物送给他。或许是感觉到了他的贪婪，信使告诉哥伦布，金子来自内陆的某个地方。这个人用了一个词来描述那个地方，哥伦布将其翻译成锡瓦奥（Cibao），并自欺欺人地认为这个词指的就是他的最终目的地——日本。但是，好运不可能无限期地延续下去，12月24日午夜前后，圣玛利亚号撞上了珊瑚礁，开始下沉。圣诞节当天，哥伦布只能放弃这条船。他以实用主义的态度告诉自己，这个看似不幸的事件是上帝的指示，让他用沉船上的木材建立定居点。他让船员们动手，很快建立起一个带防御工事的要塞，命名为纳维达德（La Navidad）。这是西班牙人在美洲的第一个定居点。

这段时间里，土著酋长给哥伦布讲述了可怕的卡尼巴人（Caniba）的故事，卡尼巴人有时会袭击他们的定居点，据说还会吃掉受害者。他在过去几个月里遇到的其他人也提到过这些凶残的袭击者。哥伦布为这些可怕的故事编造了一个安抚人心的解释，他写道：“卡尼巴人与大汗的人民没有什么不同，他们就住在不远的地方……卡尼巴人到这里来抓土著人，由于被抓者不见回还，别人就以为他们是被吃掉了。”他提出可以保护土著人不受卡尼巴人的伤害，并命令手下的人向空中开枪来证明这一点。为此，他得到了一份礼物：一个巨大的黄金面具，比他以前见过的任何面具都更大、更重。定居点建起来了，沉重的面具表明，这种神奇的东西一定就产自不远的地方。哥伦布发现，他的旗舰搁浅“不是灾难，而是好运，因为如果我没有搁浅，一定会继续航行，而不是在这里抛锚”。有了这些发现，哥伦布和他的船员们越来越渴望回到西班牙，讲述他们令人难以置信的冒险故事。

　　1493 年 1 月 4 日，圣玛利亚号沉没几天后，要塞完工了，与当地居民的友好关系也得到了巩固。39 人选择留下驻守要塞，继续追寻黄金的传闻，哥伦布登上剩下的最后一条船尼尼亚号，启航返回西班牙。在海上航行了两天后，平塔号出现在地平线上，两艘船在返航途中重新会合。船长羞惭地告诉哥伦布，他没有找到任何出产黄金的地方，哥伦布决定对三个星期前平塔号的抗命行为不予追究。两艘船沿着伊斯帕尼奥拉海岸航行了一段时间，与当地居民进行贸易，换取归途所需的食物和淡水。哥伦布又说服了几个土著人和他们一起上船，去西班牙看一看。1 月 18 日，他们离港出海。

　　哥伦布向东北方向航行，到达了百慕大（Bermuda）的纬度，借助西风带，跨越大西洋返航。强风将两艘船迅速吹向东方。但是 2 月 12 日，当他们接近亚速尔群岛时，天开始变黑，大风从西南方刮来。冒着泡沫的逆浪淹没了甲板，小船有倾覆的风险。天气越来越冷，风越来越大，几天后两艘船失去了联系，彼此都以为对方已经沉没了。哥伦布担心自己会命丧于此，在风暴最猛烈的时候，他在羊皮纸上潦草地写下了这趟非凡旅程的简要记录，用蜡纸包起来，密封在一个木桶里扔进大海。那个木桶一直没有被找到。

2 月 15 日，遭受风暴袭击的尼尼亚号发现了亚速尔群岛中的一座岛屿，但是被逆风拦阻了三天。最后，尼尼亚号驶进了一个安全的港口，停泊在圣玛利亚岛（Santa Maria）南部。亚速尔群岛是属于葡萄牙的，哥伦布从未打算在外国或潜在的敌对领土上停留，但他的船员迫切需要休息、新鲜食物、水和木材。至于那些第一次登船的土著人是怎样看待他们的遭遇的，我们只能想象。

第二天，哥伦布让一半船员上岸，到教堂里祈祷，因为他们在暴风雨中都发誓要这样做。这些人猝不及防地被当地驻军逮捕了，他们相信这些人是从非洲非法航行回来的。然后，一些武装人员乘小船来到哥伦布的船边，试图引诱他下船并逮捕他。哥伦布威胁说，如果不释放他的人，他就用枪炮摧毁这座城镇，俘虏100名葡萄牙人。晚上，强风把锚索刮断了，哥伦布被迫航行到另一个岛屿。几天后，他又回到圣玛利亚岛，再次要求释放他的船员。这一次他成功了，可能是因为岛民们盘问了被俘的水手后，相信他们确实来自西方，而不是非洲，因此没有扣押他们的法律依据。

哥伦布从亚速尔群岛出发，准备航行 900 英里返回大陆。他的船又遇到了比上一次更猛烈、更可怕的暴风雨。尼尼亚号像浴缸里的玩具一样被抛来抛去，在波涛汹涌的大海中漂流了好几天。

直到 3 月 4 日，船员们看到了月光下葡萄牙海岸的悬崖。在这里，他们差一点撞到岩石沉没；经过艰苦的努力，他们才离开下风的海岸，回到海上，侥幸逃生。早晨，尼尼亚号驶过了塔霍河河口。由于船体受损需要维修，船帆支离破碎，筋疲力尽的水手们也需要休息，哥伦布决定在里斯本下游抛锚。停靠的第一站在老冤家葡萄牙而不是他的王室赞助人西班牙的土地上，他很清楚这是一件多么糟糕的事情。一些历史学家推测，他此行有不可告人的动机，或许是为了从事间谍活动；但另一种解释同样有可能，由于船只严重受损，船员疲惫不堪，如果想走完最后一段航程，他别无选择。

高傲的哥伦布渴望在这块多年前受到冷落的土地上享受他的荣光，至少这个动机是令人信服的。一些历史学家认为，哥伦布的船可能不像他一开始在给斐迪南和伊莎贝拉的信中说的那样受损严重，事实上，这只是一个借口，好让他造访葡萄牙，向所有几年前怀疑他的人宣告他的成功。他可能很高兴抓住这个机会，向怀疑者们吹嘘他的成功，不过他应该不会冒着不必要的风险，为了报复索取损害赔偿。哥伦布对若奥二世冷酷无情的名声肯定早有耳闻。

经过漫长的航程，在风暴中受损的西班牙船只驶入葡萄牙港口，这种事情并不常见。一个明显的结论是，这艘船是从非洲或大西洋上的葡萄牙岛屿回来的，在非法航行中被暴风雨吹离了航线。对哥伦布来说，保密是不可能的，尤其是尼尼亚号还停泊在一艘高耸入云的葡萄牙战舰旁边，舰上满载着大炮和武装人员。因此，他立即给葡萄牙国王送去口信，说自己从"印度"回来了，并把消息传遍了整个港口。为了证明他的传奇故事，他向人们展示了从他所到之处带回来的印第安俘虏和异国商品。人们纷纷划船到尼尼亚号上去打听消息，哥伦布的儿子费迪南德在后来的回忆录中写道，他父亲是这样描述这幕场景的："许多人到船上来看印第安人，听水手们讲述发现印第安人的故事，挤得没有落脚之地。尼尼亚号周围停满了葡萄牙的船只和小艇，连水面都看不见了。一些葡萄牙人为这一伟大的胜利赞美上帝；另一些人则很生气，因为国王的猜疑和冷漠，让这项事业从他们指缝间溜走了。这一天就在许多人的围观中过去了。"

修理船只期间，哥伦布受到了国王的召见。他带领一支骡车队，沿着满是车辙的泥泞小道向内陆进发，车上满载着珍贵的纪念品和几个被俘的印第安人。为了躲避城市里的瘟疫，若奥二世的宫廷刚刚从里斯本向内陆迁移了两天的路程。哥伦布一定很紧张，因为他不知道曾经拒绝了这项事业的国王，看到他现在的成功会做何反应。尽管如此，哥伦布仍然是一个自高自大、夸夸其谈的人。从后来发生的事情看，他嘴上说自己对会面感到十分恐惧，根本就不想去，可能只是做给他的西班牙赞助人看的。似乎是命运驱使他来到里斯本，哥伦布也兴致勃勃地想要借此机会，向若奥二世好好炫耀一番。近十年来，这项冒险事业一直是他最重要的人生目标，现在他成功了。

他和国王及国王的重要顾问们一起进入大殿。关于这件事，哥伦布的记录与其他历史学家有出入。据他说，他受到了"国王及王室要人"的尊敬和隆重欢迎。他和国王畅谈了一番，国王对哥伦布的成功赞赏有加，并为自己竟然愚蠢地怀疑这位不屈不挠的探险家感到遗憾。事实上，国王对于自己怀疑哥伦布的愚蠢行为，首先感到的是愤怒。虽然若奥表示他对航行的成功感到非常高兴，但是他也遗憾地告诉哥伦布，这些新发现应该属于他，而不是西班牙的君主，因为他们之前已经签订了条约，而且教皇也颁布过特定的法令。哥伦布回答说，他对这些事情一无所知，这些事情也与他无关。然后他重申，他没有侵犯葡萄牙在非洲或大西洋岛屿的领土。

葡萄牙宫廷历史学家鲁伊·德·皮纳（Rui de Pina）为这次会面提供了更生动、更翔实的记录。德·皮纳提到，哥伦布从远航中带回了许多标本和几个土著人。若奥二世对哥伦布的造访"既失望又懊恼"，"不仅因为他认为这一发现落在他的势力范围之内，而且因为这位海军上将的态度十分傲慢，在描述自己的发现时也过分夸大了"。

若奥把一杯豆子倒在桌面上，命令一个土著人摆出这些岛屿的大致形状和位置，这个人立即摆出了伊斯帕尼奥拉岛、古巴、巴哈马群岛和小安的列斯群岛（Lesser Antilles）。若奥怒气冲冲地扫清了桌面。他命令另一个土著人来执行同样的任务，这个人也准确地完成了。国王"恼羞成怒，再也无法掩饰，因为他自己的错误，让如此有价值的东西从他手中溜走了"。然后，他又"看到陪同海军上将回来的土著人不像几内亚人那样长着黑皮肤和鬈发，倒像是传说中的印度人那种面相、肤色和毛发，国王曾经费尽心机，想要找到这种人"。

若昂·德·巴罗斯当时没有在场，但无疑是那个时代最值得信赖的宫廷历史学家之一，他在讲到这次会面时写道，哥伦布的动机"与其说是为了取悦国王，不如说是为了激怒他……指责国王当初没有接受他的建议"。哥伦布还没有回到西班牙，他的航行已经有可能在当时两个最强大的海洋国家之间引发国际争端。

哥伦布在海上是一个有魅力的领袖、一个杰出的航海家和天生的水手，但他不是一个谦逊的人。他相信自己受到上帝的眷顾，要实现伟大的人生目标。他在葡萄牙王室宫廷中的表现也算不上明智。他毫无必要地炫耀他从"印度"带回的异国商品和俘虏，指责国王几年前拒绝了他，自鸣得意地夸口说，当时在场的所有人都不可能完成这样的壮举——这些人都是王室血脉，而在那个时代，贵族和平民之间存在着巨大的鸿沟。这可能让他膨胀的虚荣心暂时得到了满足，但是并没有让骄傲自大的葡萄牙贵族接受他的发现所包含的法律含义。哥伦布的行为是对若奥个人尊严的侮辱。他表现得太过趾高气扬，以至于几个大臣建议国王暗杀哥伦布，一劳永逸地结束整件事情——如果哥伦布没有回到西班牙，事情自然就解决了。但是，无论若奥二世过去的行为多么冷酷无情，他都意识到，现在消灭哥伦布已经太晚了，"因为这样的行为本身就会引起丑闻"。1493 年 3 月 13 日，尼尼亚号扬帆启航，离开里斯本，驶向卡斯蒂利亚的帕洛斯港；将近七个月前，它就是从那里出发的。

哥伦布抵达帕洛斯几个小时后，"失踪的"平塔号也出现了。两艘船失去联系之后，平塔号也遭遇了暴风雨的袭击，并幸存下来。人们涌到两艘船上，渴望聆听关于新大陆的奇闻轶事，围观他们从遥远异国带回来的土著人和商品。哥伦布给伊莎贝拉和斐迪南写了一封正式信件，然后等待回信。哥伦布在返回西班牙之前先去了葡萄牙，这使王室夫妇不免产生怀疑，尽管哥伦布辩解说他的船遇到了风暴，可能还夸大了遭到的损失。无论如何，两位君主的回信在 4 月 7 日到达了，回信是寄给"大洋海的海军上将、在印度所发现的岛屿的总督和长官唐·克里斯托瓦尔·哥伦布（Don Cristóbal Colón）"的——这个头衔正是哥伦布在最初的请愿书中要求的。

　　在接下来的几个月里，满头白发、皮肤黝黑、仪表堂堂的哥伦布在卡斯蒂利亚受到了英雄般的接待。他大摇大摆地走进巴塞罗那王宫的会客厅，当着所有朝臣的面，接受了两位君主的礼遇。哥伦布拜见他们时，伊莎贝拉和斐迪南没有像通常那样坐着，而是站起来迎接他，并且下令给他搬来一把椅子，让他与他们同桌而坐。这是一项罕见的殊荣，"象征着西班牙人民的爱戴与尊敬"。哥伦布陈词时像一位古罗马的元老一样，以引人入胜的方式向观众们讲述了他跨越大洋、第一次发现陆地和在印度群岛各岛屿探险的英勇事迹。

　　然后，他的戏剧表演开始了。他命令把他带回来的黄金和其他异国商品呈上来：辣椒、番薯和菠萝等人们前所未见的东西——菠萝很快就成为斐迪南的最爱之一。他还展示了吱吱叫的猴子和鹦鹉，尤其是他俘虏的六个印第安人，他们现在都装扮了一番，脸上涂着油彩，戴着金饰。显然，他们既不是欧洲人也不是摩尔人。这次冒险的成功令斐迪南非常高兴，他邀请哥伦布和他一起去狩猎，通常只有亲密的家庭成员或非常有权势的显贵才能受到这种邀请。哥伦布现在是名人了。他很快就变得非常富有，得到了许多荣誉、礼物和头衔。

伊莎贝拉和斐迪南迫不及待地将哥伦布划时代航行的消息传播开来，不出几个月，西班牙和葡萄牙的知识分子圈子便开始谈论这个伟大的发现。几年后，这次航行的消息传遍了欧洲北部。斐迪南和伊莎贝拉很高兴，因为自从去年格拉纳达陷落以来，西班牙的冒险家们一直无所事事，现在他们有了新的活动领域。几个月后，第二次西班牙远航的准备工作就开始了。他们计划在伊斯帕尼奥拉岛上建立永久定居点，以便更好地利用当地的劳工开采金矿。几个月后，一支由 17 艘船和 1 200 名水手、士兵、殖民者和官员组成的庞大舰队开始了第二次横渡大西洋的旅程。对美洲的侵略开始了。

一些历史学家质疑，哥伦布是否确实是第一个横渡大西洋的欧洲人。当然，北欧航海家早就从北方跨海来到冰岛、格陵兰和文兰［今纽芬兰（Newfoundland）］，11 世纪初就曾在这些地方短暂定居。布里斯托尔（Bristol）的渔民可能发现了纽芬兰的大浅滩（Grand Banks），并曾经在那里登陆。早在 15 世纪 60 年代，也就是亨利王子去世十年之前，就有从亚速尔群岛向西航行的零星记录，比如在 1462 年至 1475 年间，有 6 个未知岛屿的发现者获得了奖励。一些早期地图上似乎显示了亚速尔群岛以西更远处的大西洋岛屿，这些地图的制作年代要早于有记录的葡萄牙远航的日期，因此，有人猜测葡萄牙人曾经到达过诸如波多黎各等加勒比东部岛屿，但是这些远航者没有留下记录。

也有一些证据表明，葡萄牙人的海图明示或暗示，当时人们拥有丰富的世界地理知识，比一直以来认为的更加完备。有对非洲的描述称，非洲并不像托勒密描绘的那样，是一大块延伸到南极的坚实陆地，而是被海水包围着的。这些早期地图绘制于历史上已知最早的航行之前，对于上面出现的地理信息还没有权威的解释。不过，当时的制图学家经常在空白处描绘一些推测或想象中的大陆或岛屿。古代地图上出现与已知岛屿相似的东西，可能只是出自推测和想象。当然，宇宙学家、地理学家、制图学家和水手都知道，欧洲西方的海洋不是一片空白，那里并不是世界的尽头。有人认为哥伦布之前已经有人对纽芬兰以南的美洲大陆进行过探索，或者曾经环绕过非洲，但是在这个问题上，所有支持的观点都是基于猜想、假设和理论，而不是确凿的事实或证据，因此反对的观点更加有力。事实上，为了谋求对领土的垄断，首次发现权和教皇的支持是唯一的途径，如果先前有过任何横渡大西洋的发现，若奥二世都有充分的理由大肆宣传。

虽然哥伦布确信他到达的是印度，但是早在他第一次远航归来时，就有人猜测他发现的是一些完全不同的东西，一些托勒密从未提及甚至从未想象过的东西。生活在西班牙的意大利历史学家彼得罗·马尔蒂雷·德安杰拉（Pietro Martire d'Anghiera）在听到这次航行的传奇故事、看到哥伦布带回来的物品和据说来自亚洲的土著人以后，敏锐地观察到，他们不太可能是亚洲人。他在给朋友的一封信中称哥伦布为"新世界的发现者"。

热那亚人是地中海地区最大的奴隶贩子，他们俘虏和贩卖各民族的人口，包括埃塞俄比亚人、克里米亚人（Crimeans）、非洲黑人、希腊人、东欧人，以及加那利群岛人。因此，毫不奇怪，对于他遇到的新民族，哥伦布最初的兴趣似乎就在于他们可以成为奴隶。他写道："他们没有武器，赤身裸体，没有一点好斗的天性，胆怯到他们一千多人竟怕我们三个人。他们习惯于服从驱使、听人摆布，替别人干活，播种和从事一切必要的其他劳动。我们可以叫他们修建城市，让他们穿上衣服和服从我们的生活习惯……所有人都可以被带回卡斯蒂利亚，也可以作为俘虏留在岛上。"结果，热那亚人哥伦布将奴隶制传播到了大西洋岛屿和加勒比海以西更远的地方。从西班牙到伊斯帕尼奥拉岛的航程漫长、危险，非常艰苦，加勒比海新岛屿上的生活条件极其恶劣，许多新来的人死于饥饿和贫困，或者在与当地人的冲突中丧生。几十年来，想要说服任何殖民者或冒险家横渡大洋都是非常困难的；1497年，甚至有人提出将罪犯放逐到遥远的大陆。几个世纪以后，英国人在澳大利亚成功实施了类似的计划。

哥伦布有机会坐拥西班牙的资产退休，让其他人去继续冒险，去干贸易和殖民中那些脏活累活，但是他拒绝了。第一次远航结束时，他的名声和西班牙君主的恩宠都达到了鼎盛，他本可以作为一名成功的探险家退休吃老本，享受荣华富贵，但是那样一来，他的历史遗产可能就要大打折扣了：正是他的多次航行和个人悲剧激发了持久的探索欲。哥伦布后来的事业从未达到同样的高度。后来，他又三次航行到加勒比地区，但是他在陆地上管理人事，远不及在海上当海军上将那样游刃有余。他还与"天主教双王"斐迪南和伊莎贝拉就协议的条款纠缠不清。他提出过高的要求，拒绝退休，坚持自己是唯一被允许涉足新大陆的探险家，不屈不挠地争取这一垄断地位。考虑到他的航行所涉及的范围，他在争取的是不可能的东西，其他人纷纷向西跨越大洋寻求财富，削弱了他的权威。

1506 年，哥伦布第四次远航归来后不久，就在痛苦和失望中离开了人世。这时候他已经是一个富人了，但是他在西班牙宫廷和显赫的航海家族中树敌众多。阅读关于哥伦布生平的记载，人们难免觉得他虚荣、傲慢、狂热、渴望权力，后来又变成了一个宗教狂。他没有意识到他的发现的重要性，始终相信自己到达的是亚洲海岸——尽管所有的证据都与之相反。他和他的兄弟是糟糕的官员，激起了殖民者的愤怒，最后被人用镣铐捆绑着送回西班牙。几年后，一位名叫亚美利哥·韦斯普奇（Amerigo Vespucci）的探险家到达美洲，以他的名字命名了这块新大陆，在之后的几个世纪里，亚美利哥都被认为是第一个到达美洲的航海家。根据当时的说法，哥伦布只是到达了一些岛屿。

有些人航行了更远的距离，忍受了更可怕的艰难困苦，战胜了更大的危险，开辟了更多的新的疆域。但是哥伦布有两项重大发现，巩固了他在大航海时代的探险家中至高无上的地位：除了无可争议地发现了欧洲人前所未知的大陆以外，哥伦布还破解了大西洋风系的秘密。他发现了大西洋上风向循环的规律：借助南方的东北信风向西航行，然后借助北方的西风带向东返航。这条航线在未来几个世纪里成为从欧洲前往美洲的主要和首选路线，并将船只源源不断地从美洲带回欧洲。现在任何人都可以横渡大西洋前往"印度"，然后以可靠的方式返回欧洲。虽然哥伦布可能不是第一个到达美洲的人，但是用菲利普·费尔南多-阿梅斯托在《1492：世界的开端》中的话来说，他无疑是那个带来一系列长期性、全球性、灾难性的变化的人。费尔南多-阿梅斯托写道，随着哥伦布的航行，"由来已久的隔绝史实际上走向了终结，我们所在的这颗行星开始了一个崭新的、聚合的时代……它使得全球史成为可能。在这个相互联系的世界里，任何一个地方发生的事件都会影响其他地区"。

不过，作为哥伦布第一次远航的直接后果，伊比利亚半岛上迫在眉睫的危机是，过去几十年里席卷该地区的暴力冲突可能会重新开始。愤怒的若奥二世迅速做出反应，宣布这些土地归他自己和葡萄牙所有。在哥伦布向斐迪南和伊莎贝拉提交他的报告之前，葡萄牙国王公开宣布哥伦布发现的新大陆属于葡萄牙。他命令阿布兰特什（Abrantes）伯爵之子弗朗西斯科·德·阿尔梅达（Francisco de Almeida）率领一支强大的舰队，在哥伦布下一次横渡大西洋时跟踪他，为葡萄牙国王占领这片新大陆。若奥二世派他的使者鲁伊·德·桑德（Rui de Sande）前往卡斯蒂利亚，向伊莎贝拉和斐迪南宣布，根据他与哥伦布在里斯本的讨论，以及他对之前的条约和教皇赠予的理解，新大陆属于葡萄牙。伊莎贝拉和斐迪南也派出一名外交官洛佩·德·埃雷拉（Lope de Herrera），向若奥二世提起国事讨论，并宣布，西班牙君主会以武力捍卫他们的发现，在海上向任何未经他们许可航行到新大陆的船只发起攻击。弗朗西斯科·德·阿尔梅达让葡萄牙舰队做好准备时，伊莎贝拉和斐迪南也将他们的舰队部署到靠近葡萄牙的地方，战争一触即发。

谁将控制这些新大陆，成为不断扩张的世界的统治者？哥伦布的发现具有重大的战略意义，但是到目前为止，还没有人知道它究竟有多重要。哥伦布宣称，"不仅是西班牙，整个基督教世界都将受到鼓舞和从中获益"，他远航的消息，尤其是他带回的黄金激起的兴奋，充分证明了这一点。伊比利亚半岛的内战和家族世仇刚刚过去十年，征服格拉纳达后，西班牙军队和下级贵族开始躁动不安。战争一旦爆发，就将是一场残酷的持久战。葡萄牙和西班牙的君主无疑彼此看不顺眼，甚至可能仍然相互憎恨，不需要太多理由就能刺激他们重启战端。这场冲突或许会为摩尔人再次入侵伊比利亚半岛打开一道缺口。当然，战争也会阻碍葡萄牙探索非洲的事业，并在西班牙进一步探索新大陆和了解当地各民族之前，让横跨大西洋的航行戛然而止。

　　哥伦布第一次划时代航行归来后的几个星期内，斐迪南和伊莎贝拉派信使前往罗马，向一个人通报这个重大消息，并提出了他们的具体诉求。这个人拥有无可置疑的道德和精神权威——他就是教皇。

第六章

划分世界之人

教皇亚历山大六世的画像描绘了一个双下巴、秃顶、鹰钩鼻、有点斜视的男人，穿着缀满珠宝的衣服；他跪在地上，双手虔诚地紧握在身前。对他的评价毁誉参半，但他显然不是一个虔诚的人，至少不是在对这个词通常理解的意义上。作为文艺复兴时期最奸诈、最腐败的教皇，他因为谋杀、乱伦、淫荡、买卖圣职、勒索、背叛、任人唯亲而臭名昭著。

1431年，罗德里戈·波吉亚出生于阿拉贡王国的巴伦西亚，他的家族是富有的波吉亚家族在西班牙的分支。据说，他原本是西班牙乡间的一个贵族浪荡子，直到1455年，他的舅舅阿隆索·波吉亚（Alonso Borgia）成为教皇卡利克图斯三世，转年便让这个年轻的外甥当上了枢机主教。罗德里戈同时担任了枢机主教和其他几个教会职务。他在博洛尼亚大学学习法律，一年就拿到了学位，而不是通常需要的五年，为此受到了贿赂的指控。波吉亚精通商业和政治，他的财富并非全部来自职务腐败。他与穆斯林和犹太人进行精明的交易，尽管教会不赞成这些交易；后来，作为教皇，他拒绝将犹太人驱逐出西班牙和葡萄牙。前面提到过，在他职业生涯的早期，他巩固了教会对卡斯蒂利亚的政治支持，在 15 世纪 60 年代末帮助伊莎贝拉和斐迪南结婚。即使在当时，他的圆滑也显露无遗：他用伪造的文件批准他们的结合，尽管他们有血缘关系，直到后来这段婚姻才得到官方的认可。教皇庇护二世（Pius II）虽然对波吉亚的生活方式不以为然，但是不得不承认，作为副秘书长，他的工作非常出色，是"一位才干非凡之人"，以机智、外交手腕和个人魅力著称。他的政治野心是顶级的，尽管他的道德水准不是。

多年后，斐迪南和伊莎贝拉巩固了他们在卡斯蒂利亚的力量，开始进攻格拉纳达，罗德里戈则当上了罗马教廷的副秘书长，成为罗马最富有的人之一。他住在古银行街（Street of the Ancient Banks）上一座富丽堂皇的宫殿里，近 200 名仆人和奴隶照管着豪华的家具和数十个房间。这座三层楼的府邸被称为波吉亚宫，是意大利最宏伟的宫殿之一；高耸的走廊上描绘着古代传说中的戏剧场景，高挑的房间里装饰着雕塑和其他艺术品，价值连城的挂毯和地毯与精雕细琢的华美家具交相辉映；丝绸、锦缎和天鹅绒随处可见。他有一个由最娴熟的乐师组成的私人剧团，全副武装的侍卫们昂首肃立，展示着精心锻造的宝剑和光可鉴人的盔甲。他的宴会和舞会享有盛名，客人们用金盘子进餐，狼吞虎咽地享用各种美味佳肴，欣赏异国情调——通常淫荡下流——的舞蹈和戏剧。教皇庇护二世在回忆录中写道，枢机主教罗德里戈·波吉亚的宫殿"在花费和布置上超越了"所有其他枢机主教的宅邸，"金碧辉煌，像传说中尼禄皇帝的宫殿一样"。他为一位情妇购置了一座漂亮的房子，与自己的宅邸保持一段体面的距离而又不会离得太远。当时的一位观察者雅各布·盖拉尔迪·达·沃尔泰拉（Jacopo Gherardi da Volterra）这样描述波吉亚富丽堂皇的住所："他的碗碟镶着金饰，他的衣物都由绣花丝绸做成，他的藏书特别符合帝王或教皇的身份。我就不再赘述他那些豪华的床饰、马具和其他的金银珠宝、绫罗绸缎，更不必说他拥有的大量金币了。"到1490年，据说波吉亚拥有的黄金比其他枢机主教的总和还要多，他对积攒的黄金也有自己的计划。

罗德里戈·波吉亚英俊迷人，是个臭名昭著的花花公子，一个"雄壮之人"。他年轻时的导师加斯帕雷·德·韦罗内（Gaspare de Verone）注意到，"美丽的女人对他趋之若鹜，那力量甚至强于磁铁的魔力……但是他巧妙地把他的战利品隐藏起来了"。波吉亚甚至在宣誓独身之后继续过着放荡的生活，并遭到教皇庇护二世的谴责。庇护二世在给他的信中强调了当时流传的几桩丑闻，然后写道："亲爱的孩子，提到这些事情都让我觉得羞耻，不但因为这种行为本身性质恶劣，而且因为它们和你的地位极不相称。你跟几个仆人策划和组织了这场狂欢。据说整个锡耶纳（Siena）都在谈论这件事，你成了全世界嘲笑的对象！……请你自己来判断，跟女人们戏谑调笑、喝得酩酊大醉、把酒杯端到你最喜欢的女人面前、花一整天欣赏各种淫荡的游戏，与你那显赫的职位是否相称……你的错误会影响到我们，影响到你可敬的舅舅卡利克图斯，他会因为给予你不应得的荣誉而受到指责。请枢机主教阁下决定结束这些轻浮之举吧。"罗德里戈道了歉，在公众面前收敛了自己的行为，将"这些轻浮之举"隐藏在他罗马宫殿的院墙之内。

罗德里戈至少有四个私生子，可能有六个，甚至更多，他利用教会的资源为他们和他在西班牙的其他追随者提供了富裕的生活。他最著名的两个孩子是塞萨雷（Cesare）和卢克雷齐娅（Lucrezia），是他的罗马情妇瓦诺莎·代·卡塔内（Vannozza dei Cattenei）所生。当他登上教皇的宝座，便选择了另一个比他小 40 岁的情妇，抛弃了瓦诺莎。不过，他爱他所有的孩子，并且毫无顾忌地公开承认他们，为他们花费大笔的钱财。塞萨雷性格暴戾、不择手段，在《君主论》中受到了马基雅维利的赞扬；卢克雷齐娅据说与亚历山大有乱伦关系，他不在时就由她来掌管梵蒂冈。

毫不奇怪，在他任期内，梵蒂冈以穷奢极侈的宴会和狂欢闻名。另一位同时代的观察者约翰·布尔查德（Johann Burchard）是几位教皇的司仪，他在 1501 年 10 月 30 日的日记中写道，举行了一场盛大的宴会，有 50 名妓女招待亚历山大六世、塞萨雷、卢克雷齐娅和他们的随从。"宴会结束后，这些女人脱光衣服，跳着舞穿过点燃的蜡烛，捡起地板上的坚果"，亚历山大和卢克雷齐娅观赏过裸体舞蹈之后，"把丝绸衣服作为奖品，分发给与妓女性交次数最多的梵蒂冈仆人"。

作为枢机主教和教皇，罗德里戈·波吉亚在府邸前的大广场上举行了奢侈的娱乐活动，包括斗牛、音乐会、戏剧和烟火表演。

他是一位伟大的艺术赞助人，曾经委托拉斐尔和米开朗琪罗等人创作过作品。他不是一个懒惰的人；将丰盛的食物慷慨地分发给他的客人时，他自己却经常吃得很节俭。他喜欢运动，喜欢在罗马的大街上步行，而不是坐轿子。直到晚年，他都保持着匀称、健美的身材。对他来说，组织和主持这些花天酒地的活动更像是某种形式的娱乐。他似乎以观看别人暴饮暴食、纵情声色为乐，而不想亲自参与。或许参与到别人道德沦丧的过程中去，让他感觉到对别人的控制力；或许这给了他一种优越感或满足感，虽然他自己也从事了许多教会认为不道德的活动，但是还没有像他的许多客人一样堕落。他是个偷窥狂，而不是主演。他的许多支出都是为了赢得罗马权贵的尊重和支持，让人们认识他，维护自己的形象，让自己成为城里的重要人物之一。

据说罗德里戈·波吉亚还逮捕、处决和毒杀了他的许多同僚，贿赂或威胁另一些人，掠夺他们的财产。他的儿子塞萨雷为了家族利益发动了一系列没完没了的小规模战争。罗德里戈还拍卖教会职位，收受贿赂为达官贵人安排离婚，为乱伦的婚姻出售自己的祝福。他在教皇的职位上，引领了一个腐败、颓废和奢靡的时代，削弱了教会的道德权威，直接导致了一代人之后马丁·路德（Martin Luther）和新教的崛起。不过，当斐迪南和伊莎贝拉通过宗教裁判所制造恐怖，将犹太人和摩尔人驱逐出卡斯蒂利亚和阿拉贡时，罗德里戈·波吉亚，即教皇亚历山大六世，欢迎成千上万的难民来到教皇国，让他们过上了相对安定的生活。

如果这些描述可信的话，波吉亚是一个阴险、恶毒的人，几乎就是讽刺漫画中恶魔的翻版，是人类灵魂中几乎一切卑鄙、肮脏、腐化、堕落的化身。现代历史学家发现他的许多所谓的罪行并不属实，或者应该归咎于他的儿子塞萨雷。乱伦、毒杀同僚和公开狂欢的指控很可能是捏造的，或者至少在他死后，被他为数众多的敌人夸大了。毫无疑问，他是一个生逢其时的人——野心勃勃，耽湎于世俗享乐，给他的亲戚和支持者分封了大量的头衔和土地——但是讽刺漫画式的恶魔形象就是一个精心编织的神话了，现代学术研究已经否定了这个形象。他奢靡、放荡、不道德的生活方式，与文艺复兴时期意大利的其他许多教会高级官员没有什么不同。但是，波吉亚的风格是总要比别人走得更远：他不仅有很多孩子，还公开承认他们，并利用自己的权势为他们谋取好处和职位；他是有钱人中最有钱的，举办过最令人难忘的宴会和化装舞会；即使在罗马的众多豪宅中，他的宫殿也是最华丽、最奢侈的。毫不奇怪，在担任副秘书长和后来担任教皇期间，像聚敛财富和权力一样，他也树立了许多敌人。

时间证实了关于波吉亚私生活的丑闻和他买卖圣职、任人唯亲的指控，但是这些事情在当时的教会高级官员中并不罕见，只不过采用的方式可能不像他这么明目张胆、肆无忌惮。不过，对波吉亚道德堕落的谴责掩盖了对他管理头脑的赞赏。他在道德上缺乏原则，这一点毫无争议，历史学家们的分歧在于，他对世界历史的主要贡献在多大程度上是基于原则性的推理，又在多大程度上是为了报答他的同胞斐迪南和伊莎贝拉，感谢他们帮助他和他的孩子们实现政治野心。毫无疑问，这件事产生了深远的影响，超乎任何人的想象。波吉亚对世界最重要的贡献是在他担任基督教会最高职位不到一年后做出的——当时没有人意识到这件事情究竟有多重要。

在 1492 年那个炎热潮湿的夏天，教皇英诺森八世（Innocent VIII）奄奄一息。他已经病入膏肓，唯一能够下咽的食物就是母乳。传言说，有一种灵丹妙药能够延长他的寿命，这是一种肮脏的药剂，含有从奴隶市场买来的三个十岁男孩的鲜血。没有人知道他是否喝下了这种邪药，7 月 25 日，这位教皇死了，枢机主教们为争夺他的职位展开了激烈的政治角逐。

克里斯托弗·希伯特（Christopher Hibbert）在《教皇往事：波吉亚家族》（*The Borgias and Their Emmies*）一书中写道，在英诺森八世软弱无力的领导下，罗马的法律和秩序"故态复萌，回到了一个世纪前那种混乱无序的光景。武装暴徒又一次在夜幕下游荡在城市街头，清晨，被刺穿的尸体散落在街头巷尾；朝圣者，甚至带有护卫的使节在城门外屡屡遭劫；主教们的宅邸则变成了戒备森严的要塞，雉堞墙头和窗台上部署着十字弩手与弩炮以资护卫。在这个堕落的城市里，正义如同任何其他事物一般，待价而沽"。英诺森死后，局势进一步恶化；8 月 6 日，枢机主教们聚集在梵蒂冈选举继任者，在此之前的几个星期里，发生了近 200 起暗杀事件。显然，需要一个足够强大的人来整顿这种无政府状态。

一连四天，枢机主教们把自己关在西斯廷教堂里，与此同时，阴谋四起，候选人们纷纷拿出黄金和职位来作为筹码。几个教皇国为他们选择的候选人提供了巨额资金，法国国王的出价更高。但是，枢机主教罗德里戈·波吉亚胜券在握。有一个真假难辨的故事说，一天晚上，四辆骡车满载着黄金和白银进入枢机主教阿斯卡尼奥·斯福尔扎（Ascanio Sforza）的府邸，此后不久，这位最强大的候选人之一便退出了竞选，转而支持波吉亚。斯福尔扎将得到副秘书长的肥差——一旦波吉亚将这个职位空出来，真正的回报远远超过这几车金银。其他枢机主教将从富裕的城镇、庞大的庄园和其他有利可图的职位获得收入。关于贿赂和勒索的谣言满天飞。有一种说法是："（23 位）枢机主教中只有 5 位什么也不要……他们拒绝接受这种献金，他们说，选举教皇的选票应该是免费的，不应该用礼物来购买。"

　　8 月 11 日，公告发布了：文件从窗口飘下来，上面写着一个名字，巴伦西亚的罗德里戈·波吉亚。据说，他无法抑制胜利的喜悦，向人群高举双手，一遍又一遍地喊道："我是教皇！我是教皇！"胜利庆典和加冕仪式是真正波吉亚式的，极尽奢华。教皇的骑兵队引领着一支由高级教士、枢机主教和位高权重的使节组成的盛大的游行队伍；街道两旁挂满了鲜花和旗帜，"700 名神父、枢机主教和他们的随从在举着长枪和盾牌的骑兵的引领下"，穿过罗马的大街小巷。新教皇亚历山大六世骑着一匹白色的种马，神态自信而安详。一位目击者写道："他那平静的仪态多么美妙，他的面容多么高贵、多么坦率。看到他高贵的举止，我们感到多么荣幸……他向人们展示自己，为他们送上祝福……他的目光落在他们身上，使每个人心中充满了喜悦。"为庆典特意修建的凯旋门上装饰着波吉亚家族的家徽——一头站在金色原野上的黑色公牛。

　　新教皇时年 61 岁。虽然近年来他的身材开始发福，但是他的口才、魅力和权力的光环不减当年。他还保持着他的冷酷、恶毒和出人头地的欲望。新教皇在他的职责上是非常高效和称职的，他对欧洲的政治和岌岌可危的联盟了如指掌。用雅各布·盖拉尔迪·达·沃尔泰拉的话说，他"在处理国家事务方面技艺高超"。

就在罗德里戈·波吉亚当选教皇的同时，哥伦布开始了他第一次横渡大西洋的划时代航行。哥伦布这次航行回来后，甚至在他回到西班牙觐见他的王室赞助人之前，若奥二世就已经威胁要为葡萄牙夺取这片新大陆。没能资助哥伦布的计划令若奥二世既遗憾又懊恼，而且，他肯定不会忘记在托罗战役中输给斐迪南的耻辱，那时候他们两人都还年轻。我们无法知道他的确切感受，但是可以有把握地假设，卡斯蒂利亚和葡萄牙的君主相互憎恶。像若奥二世这样狡诈、无情、注重自己的形象和荣誉的人，不太可能仅仅因为这些事情发生在他年轻时，就原谅他认为是背叛和欺骗的行为。

不久，斐迪南和伊莎贝拉就派了一名大使到里斯本，警告若奥二世应当尊重他们在大西洋彼岸的发现。但是葡萄牙国王不会被这些技术细节阻止，他继续进行准备工作，装备了一支舰队，准备从西班牙手中夺取新发现的岛屿。斐迪南和伊莎贝拉在葡萄牙的大使请求若奥不要急于派出他的舰队，容许双方先就新大陆的法定权利进行讨论。葡萄牙国王向伊莎贝拉和斐迪南提出了一个非正式的建议，将世界一分为二，加那利群岛以南所有的土地归葡萄牙，以北所有的土地归西班牙。接下来的一个月，若奥二世又派出一位大使，隐晦地威胁斐迪南和伊莎贝拉，1479 年的《阿尔卡苏瓦什条约》明确规定南方所有的土地都属于葡萄牙，哥伦布在航行中非法入侵了"葡萄牙的"海域。这一条约是得到教皇支持的，并在 1481 年的教皇诏书《永恒国王》中得到了正式批准。若奥对新大陆的法律和道德要求基于对 1479 年条约的选择性解释。根据《阿尔卡苏瓦什条约》，西班牙同意除加那利群岛外，大西洋上发现的任何新领土或岛屿都属于葡萄牙。当然，只有在基本事实没有发生根本性的变化时，条约才具有约束力。斐迪南和伊莎贝拉虽然签署了条约，但是充分意识到这些新大陆，或者通往印度的新航线，意味着预料之外的、完全不同的东西——这些东西不在条约的约束范围之内。

葡萄牙的航海实力可能让西班牙相形见绌，但西班牙的军队更强大。由于这种不平衡，如果让两国自行解决争端，进一步发展海军是不可避免的。这两个强大的欧洲国家都是军事强国，如果它们为了争夺哥伦布开辟的通往亚洲最东端的新航线而全面开战，将对欧洲的统一造成毁灭性的打击，而且很容易演变成一场旷日持久、两败俱伤的冲突。所以，1493 年 4 月，哥伦布返回西班牙刚刚几个星期，在与若奥二世谈判的过程中，斐迪南和伊莎贝拉派出一名特使去向亚历山大六世陈情。新大陆属于若奥二世和葡萄牙，还是斐迪南、伊莎贝拉和西班牙？亚历山大六世虽然腐败、堕落，但他拥有敏锐的政治头脑。西班牙君主还有其他理由希望得到有利于他们的裁决。

教皇有权为基督教国家之间的争端进行仲裁，其权威由来已久，被普遍接受；他还有权决定尚未被基督教君主占领或统治的世俗领土的主权，控制基督徒与异教徒之间的关系。最重要的是，基督教世界欧洲世袭君主的权力，远远超出了任何形式的现代自由民主国家的想象。君主是国家大部分土地的实际所有者，绝大多数公民只是仆人或臣民。从理论上讲，君主的权力是由上帝而不是人民赋予的。因此，作为上帝在人世间的代表，从最低贱的农民到最高贵的国王，教皇对所有人的世俗和精神生活有着相当大的影响力。在一个笃信宗教的时代，教皇是最高的精神权威，他的法令具有强大的说服力和实际约束力：逐出教会是将冲突的国家和个人带到谈判桌前、维护和平的巨大动力。

罗德里戈·波吉亚早在斐迪南和伊莎贝拉结婚前就认识他们了，当时他还是枢机主教；在这对夫妇年少时，他就喜欢和尊重他们。1468 年，他甚至不惜为他们伪造文件，让他们的婚姻在教会眼中合法化。作为回报，他们也没有忘记他的帮助。波吉亚成为教皇之前，斐迪南就向他赠送土地。罗德里戈的一个私生子乔瓦尼（Giovanni）在与格拉纳达的战争中崭露头角，斐迪南封他为甘迪亚（Gandia）公爵，让他成为阿拉贡的贵族。斐迪南还册封了枢机主教波吉亚的另一个私生子，臭名昭著的塞萨雷。罗德里戈当选教皇后，17 岁的塞萨雷就当上了巴伦西亚大主教。相反，罗德里戈·波吉亚在葡萄牙没有任何财产，与葡萄牙贵族也没有任何联系。

1493 年 4 月，斐迪南和伊莎贝拉的第一位特使抵达罗马，开始公开宣传哥伦布（和西班牙）的重大发现。为了把事情讲清楚，他随身携带了几封哥伦布的官方信件，其中详细地描述了这次冒险，并进行了翻译以便分发。特使要求在西班牙拥有的"西对跖地"与之前教皇授予葡萄牙的"南对跖地"之间划清界限。若奥声称，《阿尔卡苏瓦什条约》将加那利群岛以南所有土地的主权授予了葡萄牙，并据此向斐迪南和伊莎贝拉提出建议，将世界从南到北一分为二。西班牙特使的要求就是为了反驳若奥二世的主张。过去几十年中，葡萄牙请求教皇批准其垄断在非洲的海上发现，波吉亚研究了这些先例。从马丁五世（Martin V）到塞克图斯四世，几位教皇都将葡萄牙航海家在非洲发现的所有土地的专属权授予葡萄牙，其他国家不得在这些土地上从事贸易或奴役非基督徒。以这些先例为理论和法律基础，亚历山大六世颁布了一系列对西班牙有利的诏书，其中第一道是 1493 年颁布的。休·托马斯在《黄金之河》中挖苦地写道："教皇的声明来得如此迅速，可能得益于西班牙赠送的一点点黄金，其中一些是哥伦布带回来、送给巴塞罗那的君主的。"

毫无疑问，1493 年 5 月 3 日和 5 月 4 日，亚历山大六世颁布的三道诏书（很有可能是在接下来的一个月里才制定的，然后倒填日期）是有史以来最重要的教皇诏书，对整个世界产生了历史性的影响。这些诏书是欧洲对西班牙和葡萄牙国王委派的探险家"发现"的新大陆拥有合法权利的唯一依据。它们为征服美洲原住民提供了理由，欧洲国家要么为了捍卫本国领土主张的合法性，要么为了挑战其他国家领土主张的合法性，被拖入了延宕数百年的战争。

1493 年 5 月 3 日颁布的第一份《划界通谕》，授予斐迪南和伊莎贝拉以及他们的继承人对所有新大陆"充分任意的权力和所有形式的司法权"，包括"我们挚爱的儿子克里斯托弗·哥伦布用你们配备的船只和人员，历尽艰险、耗费巨资"，所发现的"所有领土、城市、营地和村庄"。这份文件规定，"以全能的上帝通过圣彼得赐予我的权威，作为耶稣基督在世间的代理人"，西班牙获得了在哥伦布发现的新大陆上旅行、贸易或殖民的专属权，"只要此前这些土地未被其他基督教国王占据"。重要的是，诏书将同样的权利扩展到所有其他尚未发现的领土。诏书还规定，"所有人，无论其阶级、身份、地位、官职或勋位如何，未经特别许可，不得为贸易或其他原因前往你们的特使或船长发现的岛屿和陆地"，否则将被逐出教会。

亚历山大六世的女儿卢克雷齐娅要在 6 月 12 日举行婚礼，颁布这项法令后，他便忙于处理婚礼的诸多细节问题，罗马没完没了的政治斗争也让他无暇分身。但是，斐迪南和伊莎贝拉对诏书含糊的措辞并不满足，又派出一位特使来到罗马。为了确保教皇继续支持他们，他们指示他们的大使，包括托莱多的枢机主教和哈罗伯爵，在罗马做出挑衅的姿态。6 月 19 日，哈罗伯爵没有卑躬屈膝地向教皇求情，而是斥责他不支持自己的祖国，而祖国西班牙一向善待他和他的儿子们，为他们提供了丰厚的世袭地租和收入。他还尖锐地指出新教皇臭名昭著的腐败问题，指责他为犹太难民和其他逃离西班牙宗教裁判所的异端提供庇护，以及他在法国与阿拉贡的边境争端中支持法国国王。哈罗伯爵暗示，由于这些冒犯之举，斐迪南可能在向罗马教廷提供军事援助时犹豫不决。这种态度无疑引起了亚历山大六世的重视。

15 世纪，我们现在所知的意大利领土是由众多没有共同语言、文化或传统的公国和小国家拼凑而成的。战争就像流行病。在这方面，它与斐迪南和伊莎贝拉在长期统治期间试图统一的伊比利亚半岛相似，也与法国和德国这样的现代国家相似。几个较大的政治实体，如米兰公国和威尼斯共和国，占据统治地位；罗马教廷的领土管辖权比今天大得多，但是也经常受到军事入侵，威胁到其独立。15 世纪 90 年代，意大利和平的主要威胁不是来自不断扩张的奥斯曼帝国的海盗袭击，而是来自法国。年轻气盛的法国国王查理八世（Charles VIII）宣称对那不勒斯拥有主权，并准备入侵那不勒斯领土，夺取他的政治战利品。要到达那不勒斯，查理八世的军队必须向南穿越教皇国。不出所料，教皇亚历山大六世寻求与阿拉贡的斐迪南结盟——斐迪南是附近的独立王国西西里的国王，也是那不勒斯国王的亲戚——请他帮助维护那不勒斯的独立，防止意大利陷入进一步的动荡。

亚历山大六世忙着准备女儿的婚礼，但是他也担心法国入侵的威胁，并将斐迪南视为可能捍卫那不勒斯独立的救星。这不是杞人忧天：1494 年 12 月，查理八世率领两万两千名法国将士南下，占领了罗马，并于几个月后进军那不勒斯。斐迪南向亚历山大六世伸出援手，他组织了一个对抗法国的联盟，"以维护意大利的和平与安宁"，并派遣西班牙军队加入联盟，于 1496 年将法国军队赶出意大利。战斗一直持续到 1504 年，斐迪南最终获得了胜利，并宣称对整个那不勒斯拥有主权。

这些政治压力无疑要求亚历山大六世对西班牙给予优待，保护其在大西洋对岸的新发现。在斐迪南和伊莎贝拉的威逼利诱之下，他又颁布了两道新诏书，为了从形式上看起来像是对原来诏书的补充，日期分别写成 5 月 3 日和 5 月 4 日，而实际内容直到 6 月底或 7 月初才拟好。亚历山大的第二道诏书《特别祈祷》（*Eximiae Devotionis*）官方日期为 1493 年 5 月 3 日，澄清和重申了第一道诏书的内容，强调了之前几年里授予葡萄牙的权利，并宣布，如同承认葡萄牙有权占有在"非洲、黄金矿脉和其他地方"发现的土地一样，西班牙对新大陆也享有同样的权利。

亚历山大的第三道诏书官方日期为 1493 年 5 月 4 日，在某种程度上是对第一道《划界通谕》的重述，但是包含一个对西班牙非常有利的变化。诏书用精确的描述取代了之前诏书中含糊其词的语言，具体指明了哪些土地属于西班牙，也就是说，在大西洋中央画出了一条著名的分界线。这份文件声明，"在北极和南极之间划定一条子午线，该线距离一般所称的亚速尔群岛和佛得角应有 100 里格（1 里格等于 3 海里）。在该子午线以西和以南已发现和未发现的所有岛屿与大陆，无论是印度还是其他地区"，都属于西班牙。

第三道诏书对西班牙是最有利的，因为它删除了参考之前授予葡萄牙的权利的内容，实际上根本没有提到葡萄牙。诏书规定，只有在 1492 年圣诞节之前处于基督教君主统治下的土地才不受该法令的约束，也就是说，所有新的岛屿和大陆，或许只有祭司王约翰的神秘国度除外。此外，它否定了依据 1481 年的诏书《永恒国王》葡萄牙对南大西洋的所有权。分界线以东所有的土地，无论南北，属于葡萄牙，分界线以西的一切则属于西班牙，未经西班牙或葡萄牙的事先特别许可，其他国家的船只不得在世界的任何一半航行。违反教皇法令的惩罚是逐出教会。

将分界线划定在大西洋中央可能是哥伦布的主意，建立在他自己的伪科学观察的基础上。哥伦布说，从亚速尔群岛向西航行约 100 里格时，他注意到风向和洋流的变化，以及罗盘的偏差，似乎标志着某种看不见的（可能是神圣的）边界。从西班牙出航的水手和旅客都注意到，这里的海上长满了海草，"一直到加那利群岛以外 100 里格的地方，或者说亚速尔群岛一带，虱子到处滋生。但是从那以后，它们开始纷纷死去，到达（加勒比海上的）第一座岛屿时，再也没有人见过一只虱子"。在回程中，虱子又从同一个地点开始出现，"数量之多令人不安"。毫无疑问，这是一个征兆，表明世界应该从这里一分为二。

1493 年的夏天来了。8 月初，亚历山大诏书的副本被送到巴塞罗那，含义表达得再清楚不过。哥伦布正忙着准备第二次横渡大西洋的航行，这次远航的规模更大，船队由 17 艘船组成，除了进行探险，还打算在伊斯帕尼奥拉岛上建立西班牙的第一个永久定居点。若奥二世和他的大使们感觉被愚弄了，怒不可遏，但是他威胁要派遣的葡萄牙影子舰队终究没有出发。葡萄牙国王不敢动摇优先发现原则的基础——这一原则，连同早先教皇的授权，是葡萄牙垄断非洲海岸贸易和探险的法律基础。

与此同时，亚历山大六世艰难地度过了他教皇生涯剩余的岁月。他死于 1503 年，享年 72 岁，比伊莎贝拉早一年，比哥伦布早三年。有人说他是误服给其他人准备的毒药而死的，但他也有可能死于疟疾，在当时的罗马，这是一种常见病。无论如何，他的死亡是一个漫长而痛苦的过程，由于高烧不退，他的医生们给他放了很多血。他的尸体残破肿胀，被描述为人们见过的最可怕、最不成人形的东西。主持仪式的约翰·布尔查德记录了他对罗德里戈·波吉亚尸体的印象："他的脸涨成了桑葚的颜色，像一块肮脏的破布，上面满是淤青的痕迹。鼻子浮肿不堪，舌头完全变形，嘴唇也膨胀了起来。他张着嘴，样子非常可怕，看见尸体的人都说他们从来没有见过这样的东西。"波吉亚死后，他的尸体似乎成了他尘世行为的一面镜子。1503 年继位的教皇庇护三世（Pius III）不允许在他的葬礼上举行传统的弥撒，宣称："为被诅咒的人祈祷是亵渎神明的。"

　　教皇诏书的一个核心观点是传播信仰，让新"发现"的人民皈依基督教，所有的诏书都强调了这一点。亚历山大六世的最后一道诏书明确规定："在我们所处的时代，天主教和基督教尤其受到颂扬，到处繁荣和传播，人类的健康得到照顾，野蛮的国家被推翻，并被信仰开化。"将全世界的世俗权力一分为二，分别授予西班牙和葡萄牙，部分原因是要它们担负起传教的义务，从而扩大基督教的领土。正如亚历山大六世的传记作者奥雷斯特斯·费拉拉（Orestes Ferrara）在《波吉亚教皇》（*The Borgia Pope*）一书中所说的："在梵蒂冈的精神中，赢得灵魂是至高无上的目标。天主教的扩张注定要让成千上万的人走上救赎之路，在 15 世纪末没有人会质疑这一点。"亚历山大六世认为，如果不能强制推行传播信仰的精神需求，他就不能在新大陆上行使世俗的权力。费拉拉接着写道："教皇显然意识到，他不能将教会秩序强加于随便一个国家，除非教会能够在这个国家持续地、不受干扰地行使权威。"因此，让异教徒皈依基督教，成为授予西班牙和葡萄牙垄断权的正当理由。世界被一分为二，西班牙和葡萄牙这两个世俗强国都将承担起各自的义务，只有在它们拥有无可争议的权威的前提下，才有可能履行这一职责。

应该记住，这些文件不仅是天主教会和教皇的产物，更重要的是，它们是 15 世纪的产物。它们反映了 15 世纪的价值观、意识形态、习俗、取向和世界观。那些在现代认知中显得如此背信弃义和沙文主义的主张、假设与术语，在文艺复兴顶峰时期是完全正常的，必须放在那个时代背景中去评判。亚历山大六世是文艺复兴时期的教皇，自然是他那个时代的产物，浸淫在那个时代的偏见、假设和社会规范当中。教皇诏书体现出极度的傲慢，以及道德和精神上的优越感，现在看来荒谬可笑，但在当时，教皇这样做是非常正常的，至少是合理的。今天我们自己认为理所当然的许多东西，也有可能被后世以怀疑的眼光看待。

但是，并不能因为这样就说，为了传播信仰而将世界一分为二是正当合理或毫无争议的。亚历山大六世的宣言对世界广大地区的土著文化造成了一种隐性的破坏，因为它将旅行和贸易的专属权与征服和改变宗教信仰的要求联系在一起。16 世纪初，斐迪南国王写给泰诺人的信就是将征服与皈依联系起来的典型例子。这封信要向美洲土著人大声朗读，宣布西班牙拥有征服、奴役和统治他们的神圣权利，因为教皇亚历山大六世将这种责任和义务赋予了他的国家。

正如前面提到的，哥伦布是 15 世纪热那亚文化遗产的忠实继承者，是一个大奴隶贩子，在他的第一次航行中带回了几十个俘虏，在第二次和随后的航行中带回了更多。事实上，奴隶是早期从新大陆带回的最有利可图的"货物"之一。那个时代，在地中海盆地的基督徒和穆斯林之间，奴隶制十分普遍，阿拉伯商队和葡萄牙航船都从非洲带回奴隶。卡斯蒂利亚的伊莎贝拉女王本人

坚决反对这种行为。对"印第安人"的骇人听闻的奴役和暴行，
也让天主教会越来越难以容忍。1537 年，教皇约翰二世（John
II）推翻了 15 世纪中叶的教皇法令，宣布"印第安人是真正的
人……无论是否有过相反的说法，这些印第安人和以后可能被基
督徒发现的其他民族，即使不信仰耶稣基督，也绝不能被剥夺自
由或其拥有的财产；他们应该自由、合法地享有自由和拥有财产；
他们不应该以任何方式被奴役；与此相反的条款均宣告无效"。尽
管如此，贩卖和使用奴隶是不可能停止的——抛开道德和造成的
痛苦不谈，还有什么比免费劳动力更好的赚钱方式呢？1519 年，
赫尔南·科尔特斯（Hernán Cortés）开始历史性地征服墨西哥之
前曾经说过一句名言："我到这里来是为了发财，而不是为了像农
民一样耕种土地。"

　　亚历山大六世在西班牙和葡萄牙之间瓜分世界的决定，在一
定程度上是政治考虑的结果，一定程度上是明智的决定，同时也
为以后的灾难埋下了隐患。他要考虑自己对祖国的文化归属和他
欠斐迪南和伊莎贝拉的人情，同时又要避免基督教世界最强大的
两个十字军国家之间爆发毁灭性的战争。如果他有更多的时间来
研究这个问题，或者不受文化归属和政治义务的影响，他可能会
预见到在两个强权国家之间瓜分世界潜在的长期危险。无论他的
生活方式多么放荡，他都是一位富有远见卓识的政治家和领导人。
他的宣言解决了西班牙和葡萄牙可能爆发战争的最直接的问题，
但是他的决定在未来的外交和政治领域埋下了一系列炸弹，这些
炸弹将在未来的某个时刻引爆，让人措手不及，或者被机会主义

者挖出来，作为战争、海盗或奴役行为的道德和精神借口。

　　对于亚历山大六世和当时的其他人来说，这一切并不是显而易见的。但如果不是当时的政治形势已如箭在弦上，他们本来有可能考虑得更加周全：如果哥伦布没有在回到西班牙之前就迫不及待地向里斯本的若奥吹嘘自己的成就；如果若奥没有头脑发热，在斐迪南和伊莎贝拉读到哥伦布的报告之前就威胁他们，促使他们立即向梵蒂冈寻求支持。所有这些行动、反击和教皇宣言都发生得如此迅速——在哥伦布首次横渡大西洋归来后的几个月内。那是一个没有高速现代通信的时代，重要信息由抄写员手工抄写，装在皮筒中，由骑手通过陆路或者由航船通过水路运输。在那个时代，这一切以闪电般的速度发生，几乎没有时间考虑这些事件的长期影响。

　　当然，教皇的决定不能上诉。无论如何，若奥二世立即表示反对。他对这个可能严重打击葡萄牙海洋事业的决定并不满意，当时葡萄牙经过几十年的准备和经验积累，是最有机会抓住新机遇的海上力量。但是他不敢派出他的影子舰队，因为这无疑会招致教皇的怒火，将他逐出教会。相反，他指示他的两位特使前往巴塞罗那，请求西班牙君主同意将他们的航行限制在北方海域，将加那利群岛以南的一切留给葡萄牙。实际上，这意味着将南方和西方新发现的土地留给葡萄牙，让西班牙垄断北方和西方所有新发现的土地。

　　这些谈判发生在哥伦布开始第二次横渡大西洋的那个月，亚历山大六世刚刚授予西班牙对新大陆的权利，葡萄牙代表就想让他们吐出来，斐迪南和伊莎贝拉感受到了压力。他们没有卷入冗长的争论，而是秘密派遣另一名特使，去罗马向教皇寻求帮助。
1493年9月26日，亚历山大六世又颁布了一道诏书《不久之前》
（*Dudum Siquidem*），再次确认了5月4日的《划界通谕》，并且
更进一步。这份新诏书将西方和南方的所有土地授予西班牙，连
印度也被标记为向西班牙船只开放的大陆。诏书重申，未经书面
许可，其他国家的船只不得在这些水域航行、探险，甚至捕鱼，
"即使是出于慈善或信仰的动机"，西班牙和葡萄牙的君主将"永
久拥有这些土地，抵抗任何反对者"。卡斯蒂利亚在里斯本的大使
建议若奥，可以将他的不满提请罗马仲裁。若奥怒不可遏，有一
天，他假装事出偶然地将这两个人带到一处庭院里，让他们从一
列全副武装的骑兵卫队前走过。这是一种隐晦的威胁，但是并没
有兑现。若奥二世承受不起与西班牙的另一场战争。

外交争端平息后，两个大国继续谈判。这时候，西班牙无疑
掌握了大部分的主动权。几十年来，葡萄牙一直依靠教皇的权威，
来证明和维护其对在非洲"发现的"土地的垄断，以及奴役非基
督徒的权利。因此，这个国家很难在维护自己对"远至印度"的
非洲的垄断地位的同时，否认教皇有权批准西班牙在哥伦布发现
的新大陆上建立同样的垄断。若奥二世意识到他的威吓没有取得
积极的效果，他决定谈判，事已至此，能够挽回多少算多少。
1493年11月，一群西班牙高官（包括西班牙驻罗马大使的兄弟
在内）造访葡萄牙宫廷，但是没能成功推进这件事。五个月后，
即1494年3月，另一个包括行政首长在内的葡萄牙官员组成的代
表团访问了西班牙。

他们又展开了辩论，但还是无法让双方都感到满意。托德西

利亚斯是一个西班牙小镇，坐落于靠近葡萄牙边境的巴利亚多利德市附近。那年春天晚些时候，最后一个由西班牙和葡萄牙高级专员组成的代表团在这里举行了一系列谈判，最终达成了协议。讨论拖了好几个月，葡萄牙谈判代表等待着哥伦布第二次远航归来，以便更好地了解新区域的地理情况，并由不受哥伦布直接指挥的独立官员评估其价值。

6月7日，葡萄牙和西班牙的谈判代表达成了历史性的协议，即《托德西利亚斯条约》。这项条约在签订后的几个世纪里对全世界造成了极为有害的影响。条约开头以极尽轻描淡写的语气写道，"虽然所述统治者之间存在一定争议"，但尝试解决这些困难。在大多数方面，条约都支持教皇诏书的条款。值得一提的新条款并不多，其中之一是在条约签订后的十个月内，西班牙和葡萄牙各自派遣同样数量的海事专家，如占星家、领航员和航海家，在佛得角群岛会面。然后，他们将继续西行，共同确定边界线在海上的位置；在边界线与陆地相交处修建联合边界塔。但是，当时还没有精确测定经度的方法，这个问题几十年来一直没有解决，所以条约的这些条款从未得到履行。

与亚历山大六世的宣言最重要的差别是官方分界线的位置。若奥二世意识到亚历山大已经将合法权利授予了西班牙，但是他试图将官方分界线向西移动一点。他提出，葡萄牙船只经常在这些水域航行，现在的边界太窄了。对西班牙代表团来说，这是可以接受的。新的分界线将落在佛得角群岛以西370里格（近1 200英里）处，而不是佛得角群岛以西100里格，即约46度经线处。这将产生一种对葡萄牙有利的意想不到的后果，这种后果在未来

十年里还不会显现出来。若奥二世怀疑，在比哥伦布登陆地点更
靠南的大西洋上一定有陆地，事实证明他是对的。

改变条约中分界线的位置，是若奥二世最后的伟大成就。不
到一年后，在一段时间的虚弱、昏睡、头痛、恶心、食欲不振和
精神错乱之后，他便痛苦地死去了，享年 40 岁。若奥可能死于尿
毒症或肾衰竭，但是他在葡萄牙贵族中有许多敌人，毒杀的可能
性从未被排除。他生前没能让他的私生子若热（Jorge）成为合法
的继承人，他的堂弟曼努埃尔（Manuel）继承了王位。事实证
明，新国王也是一位雄心勃勃的领袖，举全国之力沿非洲海岸进
一步向南探索，不过他也犯下了和若奥一样的错误。

欧洲宗教领袖妄自尊大地发布影响整个世界的宣言，这的确
是傲慢而且荒谬的，但是应该记住，亚历山大的诏书是为了约束
基督教国家的海外扩张行为，而不是为了约束非欧洲人或非基督
徒的行为。但是，诏书肆无忌惮地将葡萄牙和西班牙以外所有的
欧洲国家排除在远洋航行之外，这种做法不可避免地会带来麻烦。
不过在 15 世纪 90 年代，其他国家都没有前往新大陆所需的造船
技术、航海技术和地理位置，因此对《托德西利亚斯条约》并不
十分关注。在伊莎贝拉和斐迪南的一生中，无论他们对新大陆的
领土范围和生活在那里的人民所知多么有限，都把它看作自己帝
国的一部分，相信他们已经拥有了它。

当然，当时没有人真正知道被瓜分的是什么。世界的真实大
小还不清楚，人们以为的世界比实际上小得多。北美洲仍然被认
为是亚洲或日本列岛的东端。接下来若干年里，随着越来越多的
人横渡大西洋向西航行，人们隐约感觉到那里存在着某些不一样

的东西。特别是西班牙和葡萄牙的航行，开始向欧洲人揭示一个更大的世界。英国和法国也派出水手冒险横渡大西洋，尽管教皇禁止它们这样做。1497 年，亨利七世（Henry VII）资助了约翰·卡博托［John Cabot，即乔瓦尼·卡博托（Giovanni Caboto）］的第一次航行，他也是一位热那亚水手，登陆过现在的纽芬兰，但是在随后的一次航行中消失在历史中。同年，法国的弗朗索瓦一世（Francis I）委托乔瓦尼·达·韦拉扎诺（Giovanni da Verrazzano，也是热那亚人）前往北美大陆中东部，进行一次类似的考察探险。英国和法国都没有从这些航行中获得多少利益，一旦它们意识到新大陆不是亚洲的东端，因此不是容易获得的财富来源，它们对新大陆的兴趣就减弱了。

哥伦布的第三次和第四次航行，以及随后西班牙和葡萄牙派遣的亚美利哥·韦斯普奇等人指挥下的其他航行，对加勒比地区错综复杂的岛屿和沿岸的地理情况给出了更准确的描述，包括墨西哥、佛罗里达、中美洲和南美洲大陆。最重要的是，这些航行显示，陆地、岛屿和航道向南北两个方向一直延伸，谁知道这片土地的纵深有多深，或者西方更远处有什么？最终会有一条道路通往东方，但是在这条道路中途发现的东西，其规模之大远远超出了任何人的想象。

葡萄牙的水手们致力于在非洲海岸活动时，也有一些有趣的发现。1498 年，瓦斯科·达·伽马绕过好望角，到达印度的卡利卡特（Calicut），实现了葡萄牙人半个多世纪前开始的梦想，奠定了葡萄牙海外商业帝国的基础。虽然一些历史学家推测若奥二世知道巴西的存在，坚持移动分界线就是为了保护这一发现，但是巴西的正式"发现"发生在条约签署六年后、达·伽马远航两年后。佩德罗·阿尔瓦雷斯·卡布拉尔（Pedro Álvares Cabral）率领一支葡萄牙舰队沿着达·伽马的路线前往印度，途中被吹离了航线。卡布拉尔看到地平线上有一座山，于 1500 年 4 月 22 日登陆。卡布拉尔以为这片新大陆是一个岛屿，位于分界线以东，因此属于葡萄牙的半球。他派一艘船回欧洲报告这个激动人心的消息，自己继续前往印度。卡布拉尔不知道的是，西班牙水手刚刚在几个月前造访过巴西。他们抓了一些人作为奴隶出售，并在离开前正式宣布这片土地归西班牙所有。

直到这些航行之后，两国之间的紧张局势有可能升级，《托德西利亚斯条约》才得到教皇诏书的确认。应葡萄牙国王曼努埃尔一世（Manuel I）的请求，教皇朱利安二世（Julius II）颁布了诏书《内容说明》（Ea Quae），确认并批准了《托德西利亚斯条约》的条款及其至关重要的分界线。大约同一时期，葡萄牙水手加斯帕尔·科尔特-雷亚尔（Gaspar Côrte-Real）发现了南美洲的大凸起——即巴西——和我们今天所知的纽芬兰岛。根据《托德西利亚斯条约》划定的分界线，而不是亚历山大六世原来的分界线，它们现在落在属于葡萄牙的半球。对葡萄牙来说，根据《托德西利亚斯条约》划定的这条分界线突然有了巨大的价值：葡萄牙能够据此否定竞争对手西班牙的主张。16 世纪初，随着印度洋航线的发现，印度的财富开始源源不断地流入里斯本。

事情至此告一段落。亚历山大六世利用他的世俗和精神力量阻止了战争。他的诏书起到了预期的效果，将西班牙和葡萄牙的活动范围分开，使它们远离彼此，并鼓励它们与非基督徒作战。

只要潜在的基础没有改变，这一策略在理论上是成功的，在实践中也行之有效。但是，当人们发现世界比原来想象的要大得多时，这个基础改变了，而且变化相当惊人。哥伦布从"印度"进口的"香料"很快被发现是毫无价值的赝品。它们与胡椒、肉豆蔻和丁香看起来相似，本质上却与这些珍稀商品不同。除了少量金矿，新大陆对西班牙没有太大的价值。后来，西班牙雇佣兵征服了墨西哥的阿兹特克帝国和秘鲁的印加帝国，黄金和白银才开始源源不断地流入西班牙的王室金库。在这个过程中，西班牙人将天花病毒和其他疾病带到墨西哥，在一个世纪之内消灭了90％的土著人口。但是在此之前，葡萄牙似乎是《托德西利亚斯条约》最大的受益者。香料群岛承载着当时世界的财富，而这些岛屿似乎都落入了葡萄牙的垄断之下。

　　但是，如果这条分界线从大西洋中央将世界一分为二，那么在地球的另一边，它究竟落在哪里？根据分界线，葡萄牙从香料贸易中获得的是葡萄牙人的合法财富，还是部分甚至全部香料群岛都应该属于西班牙？这是一个纯粹的学术问题，可能出现在学者的争论中，或者供商人和政治家在晚宴上礼貌地探讨。但是，一个胆大妄为、复仇心切的葡萄牙水手出于自己的理由，将他掌握的关于葡萄牙商业帝国的大量情报出卖给了它的死敌。他的决定促成了航海史上最具传奇色彩的一次航行，并将永远改变世界另一头的力量平衡。

第七章

世界的另一头

在王宫的大殿里，葡萄牙国王曼努埃尔一世轻蔑地低头看着跪在他面前的这个人：他无疑是个贵族，但是看上去一点也不像。这个人胡须斑白，衣衫褴褛，他为葡萄牙王室效力，在印度和非洲打了几十年仗；因为几年前在一场与摩尔人的战斗中被长矛刺穿了膝盖，走起路来一瘸一拐的。他身材矮小但是肌肉发达，浑身散发出钢铁般的坚韧，这是一个不会退缩的人。

几十年来，曼努埃尔一直不喜欢这个费迪南德·麦哲伦，毕竟，他是曼努埃尔的前任和堂兄若奥二世的门客。从 1495 年若奥二世去世到现在，已经过去了 21 年。然而，他来自一个受人尊敬的家族，有着杰出的军事生涯。这个人曾经多次出现在曼努埃尔面前，他以前所有的要求都遭到了拒绝。现在，这位年岁渐长的冒险家又大胆地向国王请愿，希望担任一支前往印度群岛的船队的指挥官。

51 岁的国王正忙于自己的婚事，新娘是西班牙新国王、18 岁的查理一世（Charles I）的姐姐，芳龄二十的蕾奥诺尔（Leonor）。不久之前，蕾奥诺尔还是曼努埃尔一世的儿子若奥的未婚妻。即便是国王打算自己娶她为妻时，她仍然与年轻的王子保持着不光彩的关系。

曼努埃尔是个多疑、阴郁的人，很少给人奖赏，尤其是对他不喜欢的人。他冷漠地告诉麦哲伦，他既不会增加他作为朝臣的津贴，也不会让他指挥一艘卡拉维尔帆船去印度群岛寻求财富，更不用说一支船队了。麦哲伦没有站起来，相反，他仍然跪在地上，谦卑地向他的君主祈求最后的恩惠：允许他为另外一位国王效力。看到麦哲伦还不肯走，曼努埃尔一世被激怒了，他挥手让他离开，声称他不在乎他要做什么，或者要到哪里去。麦哲伦接受了国王的命令，鞠躬亲吻国王的手指。曼努埃尔抽回手，背在身后，这是他对麦哲伦最后的侮辱。

被他的君主当着朝臣们的面这样对待，简直是奇耻大辱，但是 36 岁的麦哲伦仍然雄心勃勃、意志坚定。他没有被击垮，相反，骄傲和复仇的欲望在他心中熊熊燃烧。几个月之内，他结束了在里斯本的事务，动身前往卡斯蒂利亚。1517 年 10 月，马丁·路德发起了一场社会革命，将他著名的《九十五条论纲》（Ninety-Five Theses）钉在维滕贝格（Wittenberg）教堂的大门上，向腐败的天主教会发起挑战。这时候，麦哲伦来到了卡斯蒂利亚最大的城市之一塞维利亚。不久，他生意上的合作伙伴鲁伊·法莱罗（Ruy Faleiro）也来了。法莱罗是一位数学家、宇宙学家和大学教师，曾为麦哲伦的一项大胆的航海计划提供技术方面的支持。麦哲伦抵达这个繁荣的港口后不久，正式签署文件，放弃了葡萄牙公民的身份，成为卡斯蒂利亚国王的臣民。对于像葡萄牙这样对其海事活动严格保密的国家来说，让一个像麦哲伦这样经验丰富的航海家为敌对国家服务，是一个重大的疏忽。不过可以理解，国王沉浸在刚刚失去爱妻的悲痛之中，正为家庭事务所困扰。麦哲伦不仅是一位经验丰富的航海和作战指挥官，年轻时还在葡萄牙宫廷接受过数学、地理、制图和航海方面的教育。

麦哲伦出生于1480年，即卡斯蒂利亚通过《阿尔卡苏瓦什条约》结束内战并与葡萄牙达成和平的第二年。1494年，麦哲伦从西北方的故乡来到葡萄牙宫廷，正赶上哥伦布完成划时代的航行归来。他怀着对航海的浓厚兴趣继续学业，随后跟随弗朗西斯科·德·阿尔梅达的舰队，作为葡萄牙全球扩张的先锋前往印度，参与了征服和保卫非洲与印度海岸前哨的活动。在征服马六甲（Malacca）的战役中，他在海军上将阿方索·德·阿尔布开克（Afonso de Albuquerque）手下服役。麦哲伦花了八年时间，为葡萄牙在印度航行和作战，非常了解这个国家的计划和行动，也熟知其地理发现和详细海图。但是，他得罪了几位高级军官，被指控出售在摩洛哥战斗中捕获的牛羊谋取私利（这项指控后来被判无罪）。这些事情使曼努埃尔一世对这位航海家更加没有什么好感了。

1511年，麦哲伦的一位密友兼表亲弗朗西斯科·塞拉诺（Francisco Serrano）甚至向东航行到更远的地方，在摩鹿加群岛

（Moluccas，即香料群岛，现称马鲁古群岛）的特尔纳特（Ternate）做了一名贸易商。塞拉诺娶了一个当地女子，过上了幸福、富裕的生活，并一再怂恿麦哲伦来跟他合伙做生意，运输丁香、肉桂和肉豆蔻。塞拉诺在一封信中写道："我在这里发现了一个新世界，它比瓦斯科·达·伽马发现的新大陆更加富饶和辽阔。我邀请你到我这里来，亲身体验我所感受到的欢乐。"在被曼努埃尔一世羞辱和冷落之后，麦哲伦开始梦想通过另一条路线去拜访他在特尔纳特的朋友。值得注意的是，塞拉诺在描述他所居住的岛屿的位置时，把香料群岛放在了比实际位置偏东很多的地方。因此，在麦哲伦和他的宇宙学家朋友鲁伊·法莱罗看来，香料群岛完全落在属于西班牙的半球。麦哲伦给他的朋友回信说："如果上帝允许，我很快就会到你那里去，无论取道葡萄牙还是卡斯蒂利亚。"

在塞维利亚，麦哲伦和法莱罗融入了葡萄牙移民社区，并继续完善他们的计划。特别值得一提的是，麦哲伦与一位商人迭戈·巴博萨（Diego Barbosa）成了朋友，这位杰出公民已经在塞维利亚生活了十四年，这个计划深深吸引了他。不到一年后，传统上联姻所需的时间刚到，他就娶了巴博萨的女儿比阿特丽斯（Beatriz）为妻。西印度贸易厅（Casa de Contratación de las Indias）是控制和管理西班牙所有海外商业与探险航行的国家机构，借助新加入的大家庭的影响力，麦哲伦准备说服这个强势的机构批准他的航行。哥伦布也与西印度贸易厅打过交道，与哥伦布的强硬态度不同，麦哲伦根据国家官员的兴趣修改了自己的建议：在他看来，根据《托德西利亚斯条约》，印度群岛的财富——多年来葡萄牙带回欧洲的价值连城的香料——是从属于西班牙的半球获得的。历史学家殉道者彼得（Peter Martyr）充满热情地写道："如果这件事情能够取得好结果，我们将从东方人和葡萄牙国王手里夺取香料和宝石贸易。"麦哲伦与贸易厅的一位官员私下达成秘密交易，许诺分给他五分之一的利润。有了贸易厅的支持，他很快就到巴利亚多利德去觐见国王，向朝廷陈述了他的计划。这件事情的政治影响太大了，只有国王才能决定。

　　在觐见西班牙新国王和他的亲密顾问们时，麦哲伦呈交了他的朋友塞拉诺的信件，告诉他们香料群岛比原本以为的靠东得多，而且该地区相当文明，由渴望贸易的领导人统治。他断言，根据逻辑，如果大西洋的分界线绕地球一周，那么无疑会将香料群岛的大部分置于属于西班牙的半球。然后，麦哲伦阐述了他计划的航行路线：他将向西横渡大西洋，到达南美洲［马丁·瓦尔德塞弥勒（Martin Waldseemüller）在他1507年的著名地图上命名了这块大陆］海岸，然后沿着海岸向南航行，直到遇到向西的海峡或大陆的缺口，从那里进入南太平洋，再前往摩鹿加群岛。瓦斯科·努涅斯·德·巴尔沃亚（Vasco Nuñez de Balboa）最近证明了美洲大陆的远端是有水的，1513年，他穿过巴拿马地峡（Isthmus of Panama），看到了一望无际的浩瀚大洋。根据传教士和历史学家巴托洛梅·德·拉斯·卡萨斯的记载，麦哲伦展示了"一个精美的地球仪，上面描绘着整个世界。他在地球仪上标出了他打算走的路线"。麦哲伦还回忆说，他曾经在葡萄牙国王的图书馆中收藏的海图上看到过这道海峡。无论这道海峡是基于一厢情愿的想象，还是某次被遗忘的航行的发现，麦哲伦都是在拿祖国的国家机密做交易。查理国王的一位顾问提出质疑时，他宣称，他有信心这道海峡一定存在，但是如果不能很快找到它，他"会走葡萄牙人走过的路线"——他用磕磕绊绊的西班牙语提醒他们，他对这条路线非常熟悉。

麦哲伦赶上了好时机。与二十多年前的哥伦布不同，他几乎不需要等待。1516 年斐迪南去世后，年轻的查理一世国王刚刚从荷兰来到西班牙。他的母亲胡安娜是斐迪南和伊莎贝拉的二女儿，他的父亲"英俊的"腓力一世（Philip I, "the Handsome"）是哈布斯堡王朝（Hapsburg）皇帝马克西米利安一世（Maximilian I）的儿子。然而，高贵的血脉和贪婪的野心也给查理一世带来了责任和代价。查理最近被"选举"为罗马皇帝，这使他成为神圣罗马帝国（Holy Roman Empire）皇帝查理五世（Charles V）。当然，他的当选花费了一大笔钱，他还需要向他的支持者偿还债务。他认真倾听了麦哲伦的计划，看出了其中可能蕴含的荣耀和财富——只要可以在不损害国际关系或违反《托德西利亚斯条约》的前提下完成这个计划。

政治总是与家庭事务相互交织（可能起到稳定局势的作用，也可能相反，视情况而定），查理一世还在设法将自己年轻的姐姐嫁给年迈的葡萄牙国王曼努埃尔一世，延续卡斯蒂利亚和葡萄牙王室之间联姻的传统。曼努埃尔也是查理的两位姨妈的丈夫：先是斐迪南和伊莎贝拉的长女伊莎贝拉，然后是他们的三女儿玛丽亚（Maria）。1517 年，玛丽亚死后，曼努埃尔准备自己迎娶他的儿子若奥王子的未婚妻、查理一世的姐姐蕾奥诺尔。批准麦哲伦的计划虽然可能引起家庭纠纷，但是查理一世个人将从中获益。这样一个大胆的策略既遏制了竞争对手葡萄牙，又能通过香料贸

易为查理和西班牙创造巨额财富，如果他能成为这项计划的负责
人，将巩固他的统治。而如果这项任务成功了，他的许多问题都
能迎刃而解。

几十年前，西班牙费尽心机向教皇施压，请求他支持《托德
西利亚斯条约》，结果并没从中获得多少好处。相反，葡萄牙却作
为欧洲的香料供应者迅速崛起。在教皇亚历山大六世和朱利安二
世的法令所授予的垄断之下，葡萄牙在印度和印度尼西亚的商业
帝国得到了巩固，变得更加富裕和强大。相比之下，16世纪初，
西班牙的伊斯帕尼奥拉岛人口还不到一千人。对加勒比群岛的征
服最初进展迅速，但很快就变得危险而缓慢。亨利·卡门在《西
班牙帝国之路》中指出："伊斯帕尼奥拉岛成为各种活动的中心，
这些活动几乎都是掠夺性的，比如袭击其他岛屿、抓捕印第安劳
工。"许多来自西班牙的新移民对他们作为地主和农民的新生活并
不满意，即使雇用奴隶来开垦土地，这种生活也是非常艰苦的。
河流里没有足够的黄金，轻松发大财的前景越来越渺茫，人们开
始纷纷向其他岛屿移民。

几乎在麦哲伦离开西班牙的同时，残暴的征服者赫尔南·科
尔特斯离开了伊斯帕尼奥拉岛。后来，他征服了墨西哥中部富裕
而强大的阿兹特克帝国，这项功绩将永远地改变西班牙的命运。
在此之前，从大西洋彼岸流向西班牙的最大的财富来源是巴西木
或原木，这些木材在红色、蓝色和黑色纺织品染料的生产中很有
价值，以前要花大价钱从印度进口到欧洲。生产这些染料的树木
生长在整个加勒比沿岸地区，在巴西海岸生长得尤为茂盛。对西
班牙来说，不幸的是，根据《托德西利亚斯条约》划定的分界线，

巴西的大凸起主要落在属于葡萄牙的半球。16 世纪初，伐木业刚刚起步，法国水手已经开始违反条约收集巴西木，这也预示了这一地区的未来。

　　麦哲伦的提议虽然计划周密、富于新意，但这并非西班牙第一次尝试寻找将美洲大陆相连的海峡，开辟前往香料群岛的通道。早在 1506 年，斐迪南就曾考虑派出一支探险队，以确定分界线穿越南美洲的确切位置，并寻找一道自东向西、通往东方的海峡。两年后，他派水手胡安·迪亚斯·德·索利斯（Juan Díaz de Solís）去实现这些目标。索利斯是一个叛逃的葡萄牙人，杀死自己的妻子后逃到了西班牙。1512 年，斐迪南曾考虑派索利斯再去一次，不过最后放弃了，只是命令伊斯帕尼奥拉岛的圣多明各（Santo Domingo）的西班牙官员逮捕加勒比海上非法入侵的葡萄牙船只，并且一有时间就去寻找海峡。

　　1514 年，听说巴尔沃亚穿越巴拿马地峡看到了太平洋后，斐迪南又一次派索利斯去寻找通往太平洋的海峡。据历史学家殉道者彼得所述，索利斯沿着南美洲海岸航行，进入拉普拉塔河（Rio de la Plata）河口，带领一些人登陆，与当地人进行了交涉。当地人并不像他想象的那么友好，"突然，一大群土著扑向他们，当着船队其他人的面用棍棒打死了这几名船员，没人能幸免于难。土著的怒气并没有平息，他们又把船员的尸体砍成碎块。这一切都发生在海边，船上的其他人也许亲眼看到了这可怕的景象，但由于吓得胆战心惊，他们不敢下船，也没去想如何为枉死的船长和同伴报仇"。麦哲伦在制订自己雄心勃勃的计划时，可能听说了这些水手寻找通往未知海洋的海峡的经历。

1519 年春天，麦哲伦与西班牙国王签订了一份协议，罗列了他的雇佣条款：未来十年的独家探险权，作为远征队队长进行即决审判的权利，需要向王室支付的税赋，以及其他一般事务。协议开头写道："兹责成你们在我国国界线内的大洋中进行探索。"协议也规定了哪些事情是麦哲伦不能做的："你们的探险之旅可以前往未被发现的区域，但不得侵犯葡萄牙国王、朕挚爱的姨丈和姐夫的国界线与边境。"查理一世缺乏探险所需要的资金，于是求助于德国的银行业和金融业家族富格尔家族（House of Fugger），从这时候起，西班牙与著名的欧洲大陆放贷者之间形成了长期的负债关系。显然，查理一世担心触犯《托德西利亚斯条约》的政治影响，但是不管怎样，曼努埃尔一世还是从他在西班牙首都的密探那里得知了麦哲伦的计划。

曼努埃尔一世显然意识到，当他赶走麦哲伦并公开允许他为其他国家服务时，他犯了一个错误，就像他已故的堂兄、前任葡萄牙国王若奥二世让哥伦布从他手中溜走去了西班牙一样。改变世界的航海家被葡萄牙拒绝，却在卡斯蒂利亚受到欢迎，似乎成了一种传统。休·托马斯在《黄金之河》中含蓄地写道，麦哲伦接受委任的消息传到里斯本后不久，曼努埃尔"继续尽其所能地给麦哲伦制造障碍"。对于他们的同胞竟然愿意为西班牙国王服务，葡萄牙的朝臣们和曼努埃尔本人都表示困惑。葡萄牙历史学家若昂·德·巴罗斯写道："恶魔善于蛊惑人心，让人们做出一些邪恶的事情。它故意为费迪南德·麦哲伦设下此局，让他疏远自己的国王和祖国，误入歧途。"

显然，曼努埃尔和葡萄牙宫廷的其他人已经忘记了，就在不久之前，国王拒绝了麦哲伦的效力，事实上，国王还公开羞辱了他。无论如何，那时候的人和现代人一样，总是相信自己愿意相信的东西。曼努埃尔很快给他在卡斯蒂利亚的密探写了一封信，要求麦哲伦和法莱罗这两个流亡者回国。事实上，国王已经意识到把他们赶走是一个草率的决定。麦哲伦正在塞维利亚的一座仓库里为这次航行做准备，曼努埃尔的密探找到了他。密探先是试图贿赂麦哲伦，劝他返回葡萄牙，发现这一招并不奏效，便威胁对他的家人实施报复，并将他描绘成一个叛徒。

　　麦哲伦仍然坚定地效忠于他的新赞助人查理一世。他告诉这名密探，为了荣誉，他现在不能做查理一世不同意的事。麦哲伦称，他已经放弃了对曼努埃尔的忠诚，以自己的名誉向查理宣誓效忠，而且由于被葡萄牙驱逐，他不得不到西班牙寻求财富。麦哲伦并不愚蠢，他估计如果自己回到葡萄牙，要么会无声无息地消失，要么会被以叛国罪判处绞刑。无论怎样，他都没有回头路可走了。他把一切都押在了他那言之凿凿却未经检验的理论上——他可以为西班牙开辟一条通往香料群岛的航线。他的理论无懈可击，只是他对真正的太平洋有多大完全没有概念。

　　但是，曼努埃尔没有轻易放弃。他指示驻巴利亚多利德大使向西班牙宫廷高层施加压力。大使的策略是诉诸查理国王的王室归属感和责任感。他告诉查理："一个国王违背他朋友的意愿，接受另一个国王的封臣，是不合适和不正常的——即使在骑士阶层中，这种事情也是不常见的。"但是查理的顾问们敦促他坚持立场：他完全有权利开始这次航行，这不会违反《托德西利亚斯条约》。事实上，在当时看来，违反条约的可能是葡萄牙人。

　　《托德西利亚斯条约》签订之后，西班牙和葡萄牙的关系似乎总是亦敌亦友——婚姻、家族将它们联结在一起，现在，条约正在开始产生回报，共同利益要求它们保护条约的神圣不可侵犯，并对其条款做出调整。事实上，很快，在其他欧洲国家拥有海外殖民地之前，这份教皇批准的条约将使它们成为有史以来最伟大的海外商业帝国。西班牙和葡萄牙都尝试用变通的办法绕过条约，甚至偷偷违反其含糊不清的条款，但是如果真的可能威胁到其合法性或强制力，这两个竞争对手都不敢轻举妄动。因为条约虽然让它们在伊比利亚相持不下，却又将它们联合起来，对抗欧洲其他国家，并且为它们海外帝国的无节制扩张提供了法律基础。就像现代知识产权中的专利权一样，条约的强力程度取决于其受益人捍卫和执行条约的能力与意愿。

　　1518 年 7 月，麦哲伦的船队离港前，两位君主敲定了查理的姐姐蕾奥诺尔与曼努埃尔的外交婚姻的条款。查理和他最亲密的顾问们因为能向曼努埃尔在欧洲香料贸易中的垄断地位发起挑战而暗自高兴。举行婚礼的几天后，查理命令贸易厅为麦哲伦的航行提供资金，在塞维利亚开始进行准备工作。他还采取了预防措施，来保护他的新封臣的生命安全：传说曼努埃尔的一位顾问瓦斯康塞洛斯（Vasconcellos）主教怂恿心怀怨愤的葡萄牙国王考虑刺杀麦哲伦。查理担心自己的计划被打乱，派了保镖保护麦哲伦和法莱罗，还让他们加入圣地亚哥骑士团（Order of Santiago），并公开宣布王室对他们的支持。现在，如果麦哲伦在蹊跷的情况下突然死亡，将被视为对国王个人封臣的攻击，这是一种严重的背叛行为。

　　葡萄牙人极力想要阻挠麦哲伦的远征，为了劝说查理放弃这位航海家，曼努埃尔摆出了一大套外交辞令，但是查理丝毫不为所动。事实上，这恰恰证明了这个计划是可靠的。不然，几艘驶向未知水域的船为什么会让曼努埃尔如此慌乱呢？不过，《托德西利亚斯条约》始终在查理的思想中占据着重要地位。他给曼努埃尔写了一封信，试图打消他的新姐夫的疑虑。"我从你身边的人那里得知，你担心我们派往印度群岛、由费迪南德·麦哲伦和鲁伊·法莱罗指挥的船队可能损害印度群岛中属于你的那部分。"查理写道，"为了平息你的焦虑，我觉得有必要写信告诉你，我的愿望是始终如一的，那就是尊重我的外祖父母、天主教双王确定下来的分界线，以及与之相关的一切。"然后，他进一步明确承诺："我们向指挥官下达的第一项命令就是尊重分界线，不得以任何方式侵犯属于你们的陆地和海洋，否则将受到严厉惩处。"但是，正如葡萄牙和西班牙的科学顾问们明确告诉他们各自的国王的那样，当时还没有一种精确计算经度的方法，因此，要在地球的另一边确定分界线的位置是不可能的。查理知道，这方面的含糊不清对西班牙有利：如果不能证明香料群岛落在属于西班牙的半球，那么也不可能证明它不在。

　　1519 年 9 月 20 日，在经历了令人沮丧的拖延、花了近 18 个月装备他的小船队之后，麦哲伦下令出航。几艘老旧的帆船起锚，从大西洋南部海岸上西班牙的桑卢卡尔-德巴拉梅达（Sanlúcar de Barrameda）出发，滑出瓜达尔基维尔河（Guadalquivir River）河口，顺风向西南方驶去。他指挥着五艘小船：100 吨的旗舰特立尼达号（*Trinidad*）、第二大的圣安东尼奥号（*San Antonio*），然后从大到小，依次是康塞普西翁号（*Concepción*）、维多利亚号（*Victoria*）和圣地亚哥号（*Santiago*）。事实证明，很难为这次航行雇用到水手——这次冒险要一头扎入广阔的大洋，许多人担心船只会在未知的海域沉没，水手们会死于饥饿、坏血病或食人族之手，或者像任何远离家乡在未知海域航行的水手一样死于非命。最后，麦哲伦出发时，他的船员中有葡萄牙人、法国人、佛兰德斯人、摩尔人和非洲黑人，还有一些西班牙人。众所周知，此行的目标是一项前所未有的航海壮举，事实上，在哥伦布的航行推翻托勒密的宇宙观之前，这是从未有人设想过的。麦哲伦的船上有一位年轻的威尼斯贵族，名叫安东尼奥·皮加费塔（Antonio Pigafetta），这位年轻的旅行者想要看看"总是被狂风暴雨笼罩的海洋中那些伟大而骇人的东西"。

几天后，船队停泊在加那利群岛，在横渡大西洋之前装载咸鱼、木材、淡水和新鲜物产。正当这支小船队即将从特内里费岛安全出港时，一条轻快帆船赶上了麦哲伦的旗舰，给船长带来了令人不安的消息：他的岳父迭戈·巴博萨匆匆写了一张便条，告诉他，他的三个西班牙船长打算杀死他。麦哲伦还从特内里费岛得到了其他消息：葡萄牙国王派了两支武装舰队在附近水域搜寻，想要俘虏他的船队。麦哲伦一如既往地镇定自若，只是改变了航线，没有像通常那样直接前往巴西，而是沿着非洲海岸向南航行。他阴郁地思考着关于船长们密谋叛变的警告。

两个星期后，五艘小船在塞拉利昂海岸经历了暴风雨的洗礼，又受困于赤道附近无风的平静海域，麦哲伦的船长们第一次企图哗变。几艘船保持彼此能够呼叫的距离航行，麦哲伦要求他们按照礼节称呼自己和彼此称呼。在忍受了几天的羞辱之后，他怀疑有人阴谋叛变，便把所有的船长召集到特立尼达号上开会。在他的船舱里，其中一位船长胡安·德·卡塔赫纳（Juan de Cartagena）对麦哲伦恶语相向。顽强的麦哲伦当机立断，在其他人拔出匕首之前命令手下的士兵逮捕这位船长，把他关押起来。船队脱离了危险，终于漂过低潮，穿越大西洋到达巴西海岸。这支小船队向南航行时，经过了大河的河口和海岸边一片植被茂密的土地，这里长满了欧洲人不熟悉的奇花异草，栖息着无数毛色鲜艳的鸟，空气中弥漫着新鲜的气味。早期的水手将这片海岸称为"鹦鹉之地"。

第二次哗变发生在里约热内卢（Rio de Janeiro）。水手们在岸上与土著妇女寻欢作乐，交换新鲜水果、鸡肉和淡水，享受了两个星期的纵欲时光。这时候，另一位船长释放了卡塔赫纳，并试图夺取圣安东尼奥号。麦哲伦再一次依靠忠诚的士兵迅速镇压了起义。除了这次计划不周、被迅速扑灭的叛乱之外，这段远离海上生活的短暂休息时光是令人愉快的。1月初，船队继续向南航行了近两周，麦哲伦开始寻找海峡的入口，他确信这道海峡就在拉普拉塔附近。然而，沿着拉普拉塔河逆流而上之后，麦哲伦知道这条河不会通往南方的海洋。虽然失望，但他仍然保持乐观。2月初，他命令船队继续南下，直到南半球的冬季和暴风雪来临，才结束历时数月的搜寻工作。

3月底，南半球的夏天接近尾声，白天越来越短，风暴也越来越频繁。在寒风凛冽的阿根廷南部海岸，一个叫作圣胡利安港

(Port St. Julian）的地方，麦哲伦命令船队为漫长的冬季做好准备。他不想在天气变幻莫测、船只状况不佳的情况下驶入未经探索的水域。港口有一个狭窄的入口，为了提防再次叛变，麦哲伦将特立尼达号停泊在入口处，这样就能阻止其他船只离开避风的港湾。如果一艘船决定逃跑，特立尼达号至少能够在它逃走之前狠狠地打上几炮。

几个月来，人们过着沉闷的生活，挤作一团抵御狂风和寒冷。他们做着单调乏味的工作，比如擦洗污水桶、修理损坏的船木和缝补破损的船帆。这次航行的记录者安东尼奥·皮加费塔写道："有一天，我们突然看到一个赤身裸体的巨人站在岸边，他又唱又跳，还把尘土撒在自己的头上。当巨人来到船长和我们面前时，他感到非常惊奇，竖起一根手指指着天空，相信我们是从天上来的。他的个子非常高，但是身材匀称，我们只到他的腰部。"这个男人是当地的美洲驼游牧者。他穿着塞满草的拖鞋，使他的脚看起来非常大。麦哲伦称这些人为"巴塔哥尼亚人"（patagon，*pata* 在西班牙语中是"脚"的意思）。这个地区后来被称为巴塔哥尼亚（Patagonia）。麦哲伦和他的船员在船上款待了许多巴塔哥尼亚人，后来用诡计俘虏了其中两个人。

在圣胡利安港，麦哲伦遭遇了最严重的一次叛变威胁。麦哲伦将手下人的口粮减半，并且拒绝了他们想回西班牙的请求，使这些人非常不满。他们害怕会饿死在巴塔哥尼亚荒凉的平原上。他们私下抱怨，在航行了将近六个月后什么也没发现，显然，最好是趁着还能回头的时候赶紧返航。麦哲伦发表了演讲，赞扬这些人的坚韧和荣誉，并向他们承诺，海峡将带领他们向北折返，进入温暖和富饶的地带。大多数人得到了安抚，但是有几个军官仍然有怨言，并密谋叛变。

包括诡计多端的卡塔赫纳在内的两位船长合谋占领了圣安东尼奥号，随后召集了一些支持者，继续控制了另外两条船。他们袭击了一些船员，并通知麦哲伦他已经被免职了。但是，面对压力，麦哲伦一如既往地保持冷静，他命令这些犯下罪行的船长投降。他们拒绝了。麦哲伦派出他的一个军官，带领六个硬汉，到维多利亚号上与路易斯·德·门多萨（Luis de Mendoza）船长谈判。他们给门多萨捎去一封信，要求他放下武器。门多萨对他们嗤之以鼻，六个勇士便一跃而起，用匕首刺穿了他的喉咙。那天晚上，麦哲伦在维多利亚号旁边秘密安置了一船全副武装的水手，在这些人的帮助下，忠于麦哲伦的士兵重新夺回了维多利亚号的指挥权，并开到麦哲伦的旗舰旁边，封锁了入口。

水手们并不像发起叛乱的军官们想象的那样渴望哗变。叛军船长克萨达（Quesada）准备驾驶康塞普西翁号冲出海湾时，一个忠诚的水手偷偷割断了缆绳，使这条船向特立尼达号漂去。麦哲伦将舷侧对准康塞普西翁号，命令手下人向索具和甲板开火射击，自己则乘小船登上了康塞普西翁号。克萨达徒劳地鼓动船员们战斗到底，并要求麦哲伦投降。由于忠于麦哲伦的几条船封锁了通往海湾的航道，眼看大势已去，逃跑已经不可能了，哗变的主犯卡塔赫纳交出了圣安东尼奥号，麦哲伦重新控制了全部五条船。

第二天早上，数百名水手聚集在小港口嶙峋的灰色岩石上，见证了令人胆寒的一幕。麦哲伦刚刚挫败了一场最严重的叛变。过去他对叛变者很宽大，但是既然宽容的政策不管用，现在，他下定决心，不会让同样的事情再次重演。叛军船长门多萨的尸体被拖上岸，丢到面色阴沉的人群面前，对他的背叛行为进行了公开宣判。麦哲伦凭借官方赋予他的"生杀大权"，命令将叛军船长加斯帕·克萨达（Gaspar Quesada）五花大绑，带到岸上。克萨达被当众绞死，然后切成四块。其他军官被判处苦役，整个冬天劈柴和抽水。春天，船队启航时，卡塔赫纳和一名神父又一次企图煽动对麦哲伦的怨恨，被捕后，他们面临着更加可怕的命运：他们被留在荒无人烟的海岸上等死。现在，没有人怀疑麦哲伦坚定不移的决心，也没有人敢于挑战他的权威。也许有人会说他的计划太鲁莽了，但是无论如何，他都会在余下的航程中将它坚持到底。

在一次侦察中，圣地亚哥号在一场突如其来的暴风雨中失事，但船员们幸存了下来。8 月底，麦哲伦决定把剩下的四条船带到更南边的一个新港口，直到 10 月 18 日，他们都在那里抵御巴塔哥尼亚的寒风。南半球的春天终于来了。四艘船又向南航行了大约 100 英里，然后进入了一个向西的宽阔港湾。1521 年 11 月 1 日，预言应验了，领头的两艘船回到旗舰旁边，宣布它们发现了一个没有淡水的深水湾：他们找到了寻觅已久的海峡。圣徒海峡（Estrecho de Todos los Santos）是一座危险的迷宫，宽度从 2 英里到 20 英里不等，潮汐和风向变幻莫测，不时吹起一阵阵强风。这条曲折的水道长达 375 英里，蜿蜒穿过浓雾和积雪覆盖的山脉。航道中布满了小岛和锯齿状的海岸，还有许多真假难辨的通道。宽阔的冰河流入大海，春天，像冻原一样的草地上点缀着野花。

麦哲伦将海峡经过的地方命名为火地岛（Tierra del Fuego），因为遥远南方的土著居民点燃的篝火会发出点点光芒。20 世纪 70

年代，塞缪尔·艾略特·莫里森（Samuel Eliot Morison）穿越了
这道如今已经被遗弃的海峡，看到了令人叹为观止的景色，他写
道："连这里的鸟类都与众不同，不祥的灰鸟啄食遇难水手的眼
珠，汽船鸭的翅膀是旋转的，像早期的蒸汽船上的螺旋桨轮一样，
能够在水面上以八节的速度前进。"在对海峡进行侦察时，麦哲伦
的一艘船圣安东尼奥号失踪了。据皮加费塔记载，他们后来了解
到，名叫埃斯特万·戈麦斯（Esteban Gómez）的领航员"极其痛
恨麦哲伦"，他推翻了船长，夺取了这条船的指挥权，秘密返回西
班牙，并且带走了船队的大部分粮食。麦哲伦花了将近三个星期
的时间寻找这艘失踪的船，最终无果之后，才终于意识到发生了
什么。剩下的三艘船继续驶过海峡，穿过高耸入云、令人敬畏的
岬角。皮加费塔说，尽管历尽磨难，但"他们认为世界上再也没
有比这道海峡更美丽、更完美的海峡了"。

　　根据皮加费塔的记载："1520 年 11 月 28 日，星期三，我们驶
出海峡，进入太平洋海域。"当他们驶入这片世界上最广袤的平静
水域时，船员们"喜极而泣"，他们还不知道将要面临此次航行中
最大的挑战，三艘船中只有一艘和为数不多的船员能够活着回到
欧洲。太平洋并不像当时所有的地图显示的那样狭窄；它浩瀚无
际，狂风肆虐，少数岛屿分布稀疏，集中在遥远的西部。由于无
法计算经度，航海家们不知道太平洋到底有多宽。巴尔沃亚曾经
在巴拿马看到过它的东岸，葡萄牙的船只在探索摩鹿加群岛时，
也曾绕行过它的西部边缘，但是在这两端之间，完全是一个谜。
当时对太平洋面积的最准确的估计只是它真实面积的四分之一。
无论如何，在 1520 年的那个春天，征服海峡感觉是一项伟大的成

就。麦哲伦在平静的夜晚召集了所有的船只，对他的军官们说：
"先生们，我们现在正驶向从来没有船只航行过的水域。愿我们发
现它永远像今天早晨一样平静。怀着这个希望，我将这片海洋命
名为太平洋。"

向西进入未知海域是不可避免的，不过麦哲伦尽量拖延西行
的时间，他命令船队向北，沿着今天的智利海岸航行。气候越来
越温暖，风和日丽，海面平静，这使麦哲伦相信他给太平洋取的
名字是正确的。12月初，船队转向西北，做出了向西驶入未知海
域的重大决定。经过几个月的航行，在简陋的圣胡利安港过冬之
后，漫长的航程造成的危害开始露出端倪：麦哲伦的船只需要修
理，储存的食物和其他补给迅速耗尽，船员们筋疲力尽、人心惶
惶。但是麦哲伦相信，距离香料群岛已经不远了。

几个世纪以来，波利尼西亚（Polynesian）航海家乘着他们小
小的舷外支架独木舟探索了这片广阔的水域。太平洋中布满了小
型的环礁和岛屿，但是都在更远的西方，那里岛屿的密度要高得
多。1520年12月和1521年1月，麦哲伦和他的船队经过的太平
洋海域只有少数环礁和小岛——只是一些细碎的岩石，几乎消失
在杳无人迹的东太平洋中。更让他们害怕的是，南半球的星座与
北半球不同，使计算纬度变得困难。几个星期过去了，缺少食品
储备成为更紧迫的问题。不过，随着三艘船顺风向北驶去，星座
渐渐熟悉起来，天气越来越温暖，白天也变长了，船员们还可以
捕鱼。

但是，水手们面前是一片覆盖了地表三分之一的海洋，他们

无从得知，麦哲伦选择的西行航线几乎避开了所有他们可能遇到的岛屿。船队向西航行了近两个月后，1 月 24 日，瞭望员发现了一个无人居住的环礁，如释重负地呼喊起来。几个星期以来，他们只能靠船上日渐减少的口粮过活，只有饼干和一点点别的东西。奶酪、豆子和咸肉等其他食物要么已经吃光了，要么腐烂了，要么被虫子蛀食了。皮加费塔写道："我们吃的饼干不能称之为饼干，而是爬满蠕虫的饼干屑，因为它们把好的饼干都吃完了。这些饼干屑闻起来有一股老鼠尿的气味，臭气熏天。我们喝了好几天变质的饮用水，水已经发黄了。主帆桁顶端包裹着一层牛皮，我们把那层牛皮也剥开吃了……我们先把它放入海里浸泡四五天，然后放在余火未烬的木块上烤一会儿，再吃下肚子。我们还经常吃一些木屑。"连船舱里出没的老鼠也被饥饿的水手们抓去烤了。

　　不久，另一种可怕的疾病在船员中传播开来。皮加费塔惊恐地注意到，"有些船员的上下牙龈都肿胀了，根本吃不了东西，就这样死去了"。几十个人躺在下层甲板昏暗、浑浊的空气中，虚弱、忧郁、无精打采，身上布满了可怕的紫色瘀斑。他们痛苦地呻吟着，几乎站不起来，目光涣散，丑陋的脸上只剩下黑眼袋。这是坏血病，几个世纪以来水手中常见的致命疾病。由于饮食中缺乏维生素 C，这种疾病迅速导致船上 19 人死亡，数十人丧失行动能力。出人意料地，或许是出于对那些一直陪伴他的人的忠诚，平时沉默寡言的麦哲伦每天都去看望病人，安慰那些将死之人，鼓励其他人相信他们一定能够得救。或许他预料到了整个船队的损失，或许是困在同一条船上时，每个人的生命都依赖于所有人，这种认识带来了一种命运相连的同伴情谊。皮加费塔说，麦哲伦

"从不抱怨，从不陷入绝望"。他们在环礁附近抛锚，享用海龟蛋、烤海鸟和椰子，船员们的痛苦终于得以缓解。

直到 3 月 4 日，三艘船继续在这片广阔的海域航行。在太平洋上航行了 97 天后，瞭望员再一次发现了陆地，船队驶向位于新几内亚以北、菲律宾以东，今天被称为关岛（Guam）的岛屿。饥饿的水手们饥渴地望着椰树林和高高耸立的翠绿山峰。港口里漂着许多小渔船，麦哲伦的旗舰进港时，它们便簇拥在旗舰周围。波利尼西亚人爬上船，在甲板上横冲直撞，抢走一切没有固定住的工具和器皿。当他们将目标转向拴在船尾的大划艇时，麦哲伦命令他的士兵发射十字弓，但是没有用。当天晚上，他命令一些船员上岸去购买水果和大米，并袭击村庄，夺回被抢走的划艇。毫不奇怪，麦哲伦将关岛和附近的岛屿命名为盗贼之岛（Islas de los Ladrones）。

第二天，麦哲伦命令他的小船队扬帆转向西南，向菲律宾和香料群岛驶去。1521 年 3 月中旬，他们遇到了更多的渔船，能够交易到香蕉、椰子、大米和棕榈酒。新鲜食物使饱受坏血病折磨的水手们恢复了健康——他们的疮口愈合了，松动的牙齿重新结实起来，萎缩的牙龈恢复了正常的颜色。这一地区向饥饿的水手们展示了丰富的动植物品种，其富饶程度令皮加费塔感到惊讶："这里有肉桂、生姜、樱桃李、橙子、柠檬、波罗蜜、西瓜、黄瓜、葫芦、芜菁、卷心菜、葱、奶牛、水牛、猪、山羊、鸡、鹅、鹿、大象、马和其他物种。"香料群岛，实际上是整个印度尼西亚，密集地居住着高度繁荣的民族，他们已经习惯了与外国商人打交道，无论这些人是来自印度、中国还是葡萄牙——这些新来的欧洲人频繁造访这一地区已经六年了。

虽然这个群岛以珍珠和黄金首饰而不是香料闻名，但是麦哲伦知道，他离环球旅行的目标一定不远了。麦哲伦有一个名叫恩里克（Enrique）的马来西亚奴隶，从 1511 年他为葡萄牙效力时就跟随他了。恩里克用他的母语马来语向附近一艘渔船上的男人呼喊，惊讶地发现，对方听懂了他的话，划船向他们靠拢过来。这是一个蕴含着重大历史意义的时刻：麦哲伦的船队向西航行，成功到达了香料群岛——或者说几乎成功了，因为香料群岛位于只需要向南航行几天的地方。

但是，事情并非一帆风顺。在这里，麦哲伦陷入了宗教狂热，决定推迟南下前往摩鹿加群岛的最后的旅程。相反，他让他的船队向西航行到宿务岛（Cebu），在一处避风的港湾，他下令在海岸边建造一座圣坛，并开始向好奇的围观者布道，劝说他们皈依基督教。皮加费塔写道："船长告诉他们，他们不应该因为害怕或者想取悦他而成为基督徒，而应该是自愿的。"麦哲伦和随船神父瓦尔德拉马（Valderrama）向土著人宣讲宗教的好处，敦促岛民皈依基督教，恩里克向人群忠实地翻译了他们的话。他们的劝说显然非常成功，几十名高级酋长和大约 800 名岛民接受基督教并受了洗。麦哲伦被这巨大的成功冲昏了头脑。邻近的麦克坦岛（Mactan）上的酋长达图·拉普-拉普（Datu Lapu-Lapu）拒绝了麦哲伦的布道，宿务王公胡马邦（Humabon）便趁机劝说麦哲伦向他的敌人拉普-拉普发起进攻，麦哲伦同意了。

4 月 27 日，麦哲伦抛弃了他一贯的冷静和判断力，发起了一次鲁莽的行动。他让三艘船载着 50 名全副武装的志愿者——大约是他幸存船员的三分之一——在麦克坦岛海滩登陆。士兵们从船上跳进水中，蹚着深及大腿的海水朝岸边走去，数百名勇猛的土著战士埋伏在路障和壕沟后面，给了他们迎头一击。麦哲伦可能指望士兵们的钢铁盔甲、强力的十字弓和骇人的火绳枪能够吓住对手。但是战斗没有按照他预期的方式进行。皮加费塔回忆道，土著人发出战斗的呼号，"除了用火硬化过的尖木桩、石头和泥巴之外，他们还不断地朝我们这边射箭、投掷竹矛（有些竹矛带有铁质矛头），我们几乎毫无招架之力"。停泊在岸边的船上的火炮毫无用处，因为它们离战场不够近——这一疏忽使麦哲伦的先进武器派不上用场。

麦哲伦的队伍寡不敌众，他的腿被毒箭射中，头盔也被打掉了，但是他"像一名优秀的骑士那样屹立不倒"。麦哲伦的士兵被包围起来，他们拼死作战，伤亡惨重。这时候，麦哲伦的手臂被一支长矛刺中。他想伸手拔剑，但是因为受伤，没能从剑鞘中把剑拔出来。"土著人看到这一幕，立刻一哄而上，其中一人用一把很大的弯刀砍伤了他的左腿。总指挥面朝下倒了下去，土著人立刻向他猛扑过去，用铁器、竹矛和弯刀朝他身上猛戳猛砍。总指挥是我们的明镜和指路明灯，更是在我们痛苦时给予我们安慰的导师，但他就这样被杀死了。"麦哲伦的同胞看到他们的指挥官阵亡，纷纷逃回船上，驶离海岸。麦哲伦被非凡的航海壮举和不合时宜的传教冲昏了头脑，他的骄傲最终导致了他的死亡。

对剩下的水手来说，这是一个毁灭性的打击。幸存的军官们选择了杜阿尔特·巴博萨（Duarte Barbosa）为新的指挥官，但是没有了麦哲伦，船队失去了主心骨。麦哲伦在遗嘱中答应放他的奴隶恩里克自由，但是当恩里克提出要求时，军官们拒绝尊重麦哲伦的遗愿，要求他继续工作，还威胁要鞭笞他。恩里克决心要报复这种背叛他主人遗愿的行为，他从船上逃走了，去找胡马邦。他对胡马邦撒谎说，西班牙人计划偷袭并绑架他。胡马邦被这种背信弃义的行为激怒了，他制订了自己的计划，准备向这些两面三刀的西班牙水手发起反击。他为军官们举办了一场丰盛的宴会，然后秘密下令，趁这些人狼吞虎咽时杀死他们。

巴博萨和其他 26 人当场被杀。从塞维利亚出发的近 250 名船员中，现在只剩下 114 人，而且大部分领袖都被杀了。由于缺乏驾驶三条船的人力，在离开宿务岛之前，他们清空了康塞普西翁号上的物资并将这条船付之一炬，把船员分别安置到维多利亚号和特立尼达号上。他们没有为同伴的死报仇。由于缺乏强有力的领导，两艘船在苏禄海（Sulu Sea）和西里伯斯海（Celebes Sea）上、西至婆罗洲（Borneo）的文莱（Brunei）的岛屿间漫无目的地逡巡。在将近六个月的时间里，他们向南和向东航行，一路上袭击和劫掠当地船只。在绑架来的当地领航员的帮助下，他们缓慢地朝香料群岛驶去。离开西班牙近 27 个月后，两艘船抵达了摩鹿加群岛的蒂多雷岛（Tidore）。幸存者欣喜若狂地往船上装满肉桂和肉豆蔻等珍贵的香料。不过，贪婪让他们走向了灭亡。

随着两艘船向西航行，他们意识到，自己已经越过分界线，进入属于葡萄牙的半球。在历尽艰苦的旅程之后，特立尼达号受损严重，需要修理，由于装满了香料，船只的接缝处开始裂开。特立尼达号承受不了这么大的载重量，维多利亚号决定把它抛在身后。特立尼达号的船员留在蒂多雷岛，对船只进行维修。他们计划横渡太平洋，原路返回西班牙，或者在巴拿马卸下香料，再通过陆路运到加勒比地区。在蒂多雷岛又待了三个月后，在贡萨洛·戈麦斯·德·埃斯皮诺萨（Gonzalo Gomez de Espinosa）的指挥下，特立尼达号仍然满载着珍贵的香料，向东北驶往菲律宾，然后进入广阔的太平洋。

这艘船冒着暴雨和逆风艰难前行。船员们最终放弃了计划，试图返回蒂多雷岛。当他们到达一个离岛时，已经有超过一半的人冻死或死于坏血病，剩下的人也无力再驾船航行。与此同时，一支由安东尼奥·德·布里托（Antonio de Brito）指挥的葡萄牙舰队正在香料群岛巡逻，搜捕麦哲伦。布里托听说这群落魄的西班牙水手的消息后，立刻派了一艘船到岛上去，不是为了提供援助，而是要没收他们的货物，以非法入侵葡萄牙领土的罪名审问他们。更重要的是，他还夺取了船上的航海日志和海图。葡萄牙船长下令摧毁特立尼达号，将船员关进岸上的监狱。大多数人病死了，只有少数人回到了西班牙。

与此同时，维多利亚号在船长胡安·塞巴斯蒂安·德·埃尔卡诺（Juan Sebastián de Elcano）的指挥下，正准备穿越印度洋返航。埃尔卡诺参与了圣胡利安港哗变，被麦哲伦赦免。根据教皇对世界的划分，这片海域明确属于葡萄牙。1522年头几个月里，埃尔卡诺雇用了一名当地领航员，成功地驾驶维多利亚号向东南方穿越迷宫般的印度尼西亚岛屿。船上有60名船员，其中包括13名新雇用的印度尼西亚人。埃尔卡诺决定直接横渡印度洋，以避免遇到葡萄牙船只。不幸的是，船员们在帝汶岛（Timor）购买的食物盐渍不够充分，桶里的肉和鱼已经腐烂，不能食用。船员们又一次受到饥饿和坏血病的折磨。

与逆风和暴风雨搏斗了好几个星期后，他们终于在 5 月 8 日到达非洲南部海岸。由于找不到可以购买食物的人，饥饿的水手们艰难地绕过海角，"朝北连续航行了两个月，在此期间没有补充过任何新鲜食物或淡水"。6 月初，这群饱受折磨、半死不活的可怜人经过赤道。每隔几天，就会有更多的尸体被抛入大海。他们到达佛得角群岛时，已经失去了 25 名船员。厄运还没有结束，他们上岸时，葡萄牙当局又逮捕了 13 名水手，以越界入侵葡萄牙领土的罪名将他们监禁起来。维多利亚号上剩下的水手看到同伴被俘，便匆忙起锚，向北驶去。1522 年 9 月 6 日，他们到达桑卢卡尔-德巴拉梅达时，只有 18 个人还活着，"而且大多数人都患病在身"。他们的航程总共持续了三年零一个月。

皮加费塔言简意赅地总结了这次航行："离开港湾至今，我们一共航行了 14 460 里格，而且，我们完成了从东方到西方的环球航行。"这些人如释重负地流下了眼泪，"他们赤裸双脚，每人捧着一支蜡烛，前往维多利亚（Victoria）和安提瓜（Antigua）的圣母祭坛"。经过计算，人们惊讶地发现，尽管失去了三艘船，经历了令人难以置信的漫长航行，维多利亚号也残破不堪，但是仅仅这一艘船带回的丁香，就足以支付全部五艘船的航行成本，还绰绰有余。

不过，最重要的是这次航行对欧洲人，尤其是伊比利亚人心理上的影响。这次航行改变了他们对世界地理的概念。现在，欧洲人从实际经验中得知了世界的真实大小——地球比人们想象的要大得多，而且环球航行是完全有可能的。或许，通过制订更周密的计划或者改进路线，还能以更安全、更可靠的方式完成。麦哲伦的航行毫无疑问地证明了美洲大陆是被海水包围的，永久性地粉碎了托勒密的世界观。关于这一壮举的详细记录，让人们看到了它是如何完成的，并且可以再次完成，彻底改变了人们对地球的概念，为商业和征服创造了全新的可能。麦哲伦和他的船员们为一种新的世界观奠定了知识基础，这种世界观需要整整一代人的时间才能被其他国家和民族接受。

查理一世现在不仅是西班牙的国王，也是神圣罗马帝国的新皇帝。遗憾的是，他并没有慷慨地奖励这次不可思议的航行的幸存者。大多数水手没有领到拖欠的薪水，更不用说承诺的养老金了。麦哲伦凭借他的远见卓识和钢铁般的决心，带领探险队穿越了世界上最神秘的未知区域，但是他也没有得到好下场。他自己死在远离家乡的地方，他的妻儿也在他远征期间离开了人世，他的继承人不能向西班牙政府索要他的薪水或其他任何承诺的福利。在葡萄牙，麦哲伦非但没有被奉为英雄，反而被视为叛徒。在西班牙，他受到叛徒们的诋毁，这些人甚至在穿过麦哲伦海峡（Strait of Magellan）之前就放弃了远征，掉头回国了。

然而，他的探险也的确揭露了一些严酷的现实。正如幸存者的证词所证实的，麦哲伦的航行是如此艰难和危险，以至于这条航线几乎没有什么实际价值。连皮加费塔也怀疑这次航行是否可以重复，他写道："事实上，我相信这样的航行永远无法重复。"尽管如此，仍然有许多冒险家跃跃欲试，因为这意味着潜在的利润。查理一世虽然对幸存者和麦哲伦的继承人十分苛刻，却有兴趣派出更多的舰队。

但是，摩鹿加群岛的主权问题还悬而未决。1521 年，曼努埃尔一世死于瘟疫，他的儿子若奥三世（João III）继承了王位。这位 19 岁的葡萄牙新国王宣布，维多利亚号带回的香料属于他，并要求幸存的水手为越界行为受到惩罚——他声称，他们是违反教皇法令擅自闯入的。

显然，两位针锋相对的君主需要谈判。查理一世同意在谈判之前不派遣更多的西班牙船只通过麦哲伦海峡。双方计划在 1524 年春天举行会议，讨论形势。一个由海事、宇宙学和法律专家组成的代表团将就双方的法律主张进行讨论，解决这个从技术上到观念上都异常棘手的问题。摩鹿加群岛位于世界的什么位置？谁有权垄断迄今为止发现的最有价值的贸易路线？

{ 第八章 }

海洋的统治权

1519 年，麦哲伦从西班牙出发，开始他改变世界的悲壮航程的同一年，另一位探险家从古巴出发，前往尤卡坦半岛（Yucatán Peninsula），进一步探索属于西班牙的半个世界。赫尔南·科尔特斯的名字成为传说中残暴无情的征服者的代名词，他将在若干年内，为西班牙的海外帝国奠定基础。

科尔特斯是卡斯蒂利亚的一个小贵族，在萨拉曼卡大学（University of Salamanca）学习了两年法律之后，加入了一支前往伊斯帕尼奥拉岛殖民的远征队。1504 年，18 岁的科尔特斯抵达圣多明各港。像大多数新发现岛屿的殖民者一样，他是一个自由不羁的年轻人，渴望冒险和机会，对这个眼见着正在变得越来越大的世界充满了好奇。在伊斯帕尼奥拉岛，他得到了一块土地建设农场，并且依照当时流行的做法，有一批土著劳工为他辛勤劳作。伊斯帕尼奥拉岛上有数千名西班牙殖民者，他们已经在那里生活了十年，从事砂金开采和种植园式农业，雇用或奴役土著劳工。整个岛屿的人口都在西班牙的控制之下，几十年来，为了满足越来越多的移民的劳动力需求，其他许多加勒比岛屿的人口都减少了。

最早的西班牙殖民者住在简陋的草屋或泥棚里，食物和药品短缺，饱受未知疾病的折磨。被奴役的土著泰诺人的境遇更糟。到 1503 年，西班牙商人开始从西非海岸的葡萄牙贸易站进口黑人奴隶，以代替被西班牙人残酷杀害和死于疾病的泰诺人。到 1530 年，大安的列斯群岛（Greater Antilles，古巴、伊斯帕尼奥拉和波多黎各）已经几乎没有土著居民了。

西班牙殖民者带来了他们熟悉的欧洲农作物，但是发现橄榄、葡萄和小麦不适合加勒比地区的热带气候。不过，水稻、柑橘、柠檬和无花果生长得很旺盛，几年之内便开始在野外生长。持续的湿热气候非常适合甘蔗的生长，早在 1508 年，第一座糖厂就开始运行。到 16 世纪 20 年代，加勒比岛屿上的甘蔗种植园繁荣发展，开启了制糖和用甘蔗生产朗姆酒的悠久传统。香蕉也是由西班牙殖民者带到岛上的，很好地适应了新的气候。事实上，今天我们所知的许多西印度群岛的农作物都起源于西班牙南部。

种植园依靠奴隶劳动繁荣发展，然而，许多殖民者并不满意。为了继续寻找黄金，他们从伊斯帕尼奥拉岛迁移到古巴。古巴同样适合农业生产，而且那里的溪流和河床中蕴藏着更多的黄金。他们可能是受到了科尔特斯那句名言的启发："我到这里来是为了发财，而不是为了像农民一样耕种土地。"毫无疑问，他们同意这种说法。

1511 年，迭戈·贝拉斯克斯（Diego Velázquez）率领一支远征军离开伊斯帕尼奥拉，前往征服古巴岛，科尔特斯也是其中一员。征服了那里"头脑简单、性格温顺"的民族之后，科尔特斯的个人能力和法律素养给新总督贝拉斯克斯留下了深刻的印象。科尔特斯现在二十五六岁，拥有一个大庄园、大量奴隶和一个砂金矿，他在殖民地创建者中享有尊重和权威。但是他并不满足，他的野心和冒险的渴望从来没有熄灭。在岛上生活了几年之后，他变得暴躁易怒，并且与昔日好友贝拉斯克斯闹翻了，特别是因为他与总督的嫂子陷入了不伦的关系。

西班牙船只继续探索大安的列斯群岛以西的土地，有时候会俘虏毫无防备的当地人。1518 年，一支探险队在搜索尤卡坦半岛海岸时，在图斯潘（Tuxpan）附近遇到了一队友好的当地人，他们向欧洲人赠送了黄金作为礼物。对当地人来说，黄金是一种柔软、容易加工的金属，但是对西班牙人来说，黄金却是财富和权力的源泉。船队满载着工艺精湛、图案复杂的黄金首饰回到古巴，贝拉斯克斯对战利品的数量"很满意"。几个月后，他组织了第二次对墨西哥的远征。1519 年 2 月，他任命跃跃欲试的科尔特斯为远征队的队长。科尔特斯的队伍包括大约 500 名士兵和 13 匹马，由 11 艘轻武装船只运输。

接下来两年里发生的事情成为传说，可以说是载入史册的胜利，也可以说是史无前例的灾难——几乎造成了一个大陆的种族灭绝、文化毁灭和无节制的财富掠夺，以及另一个大陆的王朝更迭和相互残杀。

1519 年 3 月，科尔特斯抵达墨西哥东海岸，在图斯潘以南建立了维拉克鲁斯（Vera Cruz）的里卡镇（Villa Rica）。这个定居点成为西班牙一窥阿兹特克帝国蕴藏的巨大财富的窗口。可以说，阿兹特克文明比欧洲文明更先进，其辉煌可以与古埃及文明相媲美。阿兹特克帝国是一个位于墨西哥中部的民族国家，拥有 2 500 万人口（相比之下，西班牙只有 800 万人口），各个被征服的城邦以一种行之有效的等级制度组织在一起。这个帝国深谙战争的艺术。然而，经过与摩尔人几个世纪的冲突，西班牙征服者在这方面更加炉火纯青。他们有优良的船只用于运输，有坚固的托莱多钢铁用于制造武器、盔甲和枪械，还有体系完备的军事文化。为了改善生活，住在西班牙贫民窟里疾病缠身的穷人愿意冒任何风险。

科尔特斯率领这支人数有限的部队，运用灵活的战术，攻入了美洲最伟大帝国的心脏地带——墨西哥中部山谷中的特诺奇蒂特兰（Tenochtitlán）。阿兹特克帝国的势力从这座湖泊环绕的首都出发，向周边地区辐射。科尔特斯运用外交、恐吓和欺骗的手段，洗劫了这座城市，将皇帝蒙特祖玛（Montezuma）掳为人质。蒙特祖玛先是尝试绥靖政策，希望付钱让西班牙人离开。一名士兵说，他们得到了梦寐以求的财富，包括"一顶盛满金粉的头盔，好像是刚从矿里开采出来的一样"。但是，这些财宝不仅没有安抚征服者，反而刺激了他们的贪婪。这位征服者继续说道："对我们来说，头盔里的金子远比这一点黄金本身更有价值，因为它表明这里有着丰富的矿藏。"

O. H. K. 斯派特（O. H. K. Spate）在《西班牙之湖》（*Spanish Lake*）一书中写道："许多因素促成了这一惊人的胜利。盔甲、马匹、十字弓、火器、战术、纪律和勇气，这些都很重要，但是光靠这些还不够。"阿兹特克帝国的侵略扩张和残暴统治招致了许多氏族、部落和城市的仇恨，引起了许多朝贡国的反叛。阿兹特克人会将俘虏的战士和奴隶用铁链捆绑着，带到大金字塔顶端的神殿，把他们仍然跳动着的心脏挖出来。对于任何挑战这个残酷政权的行为，这些被征服的城邦都渴望以直接或间接的方式提供帮助。关于科尔特斯是如何完成他的军事和外交壮举的，有着丰富而翔实的记载，并且有着各种各样的解释。对科尔特斯本人的评价也是两极分化的，有人把他奉为英雄，也有人说他是个罪大恶极的混蛋。但是，对阿兹特克人来说，疾病远比科尔特斯的军队更有毁灭性。

美洲人对欧洲的疾病几乎没有免疫力。死于天花、流感、麻疹、黑死病、黄热病、霍乱和疟疾的人数太多，以至于幸存者无法将尸体从护城河和街巷中移走。尸体太多了，在特诺奇蒂特兰，到处都是腐烂的尸体。火葬堆发出令人作呕的恶臭，夹杂着腐烂肉体的甜香。大市集上，曾经畅通无阻的林荫道旁，尸体堆积如山。一位西班牙评论家悲伤地写道："印第安人像草芥一样死去，甚至看到或闻到一个西班牙人都能让他们丧命。"诺贝尔·大卫·库克（Noble David Cook）在《难逃一死》（*Born to Die*）一书中写道，在某些地区，疾病消灭了高达 90％ 的人口，这是"人类历史上最大的灾难，远远超过了中世纪欧洲的黑死病"。

现在，美洲财富的闸门打开了。从佛罗里达到秘鲁，由私人资助的冒险家在美洲各地游荡，寻找其他容易获得的宝藏。1523年，佩德罗·德·阿尔瓦拉多（Pedro de Alvarado）征服了尤卡坦半岛和危地马拉的玛雅城邦。1531年，弗朗西斯科·皮萨罗（Francisco Pizarro）率领他的私掠船队南下秘鲁。1533年，皮萨罗击败了印加帝国，背信弃义地俘虏了皇帝阿塔帕尔瓦（Atahualpa），占领了库斯科城（Cuzco）。1539年，埃尔南多·德·索托（Hernando de Soto）率领一支探险队在佛罗里达寻找不老泉（Fountain of Youth）和锡沃拉七城（Seven Cities of Cibola）。在所有这些行动中，美洲的土著人民饱受奴役、饥饿、疾病和流离失所之苦。许多人失去了生命，其他人在锁链和皮鞭的胁迫下，在秘鲁和墨西哥的银矿里做苦役。

为了安抚他们的良心，证明自己行为的正当性，征服者们高声宣读了《要求书》（Requermiento），这份文件最初是在斐迪南统治期间设计的，旨在以宗教之名为征服行为辩护。但是，即便是已经习惯了宗教上的极端思想，并且在与摩尔人长达七个世纪的冲突中变得铁石心肠的西班牙神职人员，也无法宽恕征服者和殖民地当局对土著人民犯下的残暴罪行。16世纪晚期，迭戈·德·兰达（Diego de Landa）修道士和巴托洛梅·德·拉斯·卡萨斯的著作在全欧洲出版，揭露了征服者的残忍，让西班牙在新大陆的暴行成为著名的"黑暗传说"。现代学者估计，征服、奴役和疾病在整个美洲总共造成了数千万人死亡。

科尔特斯为西班牙帝国奠定了基础。在接下来的几十年里，西班牙征服的速度和规模彻底改变了世界历史。西班牙没有遇到葡萄牙或任何其他欧洲海上强国的抵抗，巩固了自己的帝国，掠夺了整个中美洲和南美洲的资源，从大西洋彼岸运回大量的黄金和白银。西班牙帝国不仅成为世界上最富有的国家，而且拥有了自成吉思汗以来最广阔的疆域。

不过，这次征服过去几年以后，一位意想不到的访客来到特诺奇蒂特兰（这座城市被其征服者重新命名为墨西哥城）。令人惊讶的是，这位名叫胡安·德·阿雷萨加（Juan de Aréizaga）的神父来自西方，是从太平洋方向过来的。他对科尔特斯提出了一个不同寻常的请求。

16世纪20年代，墨西哥和秘鲁被征服之前，人们相信世界的财富就在香料群岛。西班牙和葡萄牙的君主——查理一世和若奥三世——正在为麦哲伦环游世界期间是否违反了《托德西利亚斯条约》而争论不休。查理一世正在计划下一次航行，沿着麦哲伦的路线绕过南美洲并横渡太平洋。为了避免双方在摩鹿加群岛相互攻击对方的船只，进而动摇将非基督教世界一分为二的条约的基础，两国君主同意举行一次会议，由两国最伟大的宇宙学家、航海家、制图学家和其他科学、法律与宗教界的名流讨论划分世界的问题——一个令人头疼的政治和外交难题。

1524年4月和5月，专家们在两国边境瓜迪亚纳河上的一座桥上召开了会议。双方决定，就条约划定的分界线在世界另一头究竟落在哪里达成一个可接受的妥协方案。谈判或许只是为了拖延时间，因为两国都向香料群岛派出了探险队。这次会议被称为巴达霍斯会议（Badajoz Conference），因为这座桥虽然是象征意义上的中立地带，但事实证明，它并不适合举行国际外交会议，代表们轮流撤退到边境城市埃尔瓦什（Elvas）和巴达霍斯来开会。许多著名人士出席了这次会议，包括制图学家迭戈·里贝拉（Diego Ribera，他后来制作了一幅海图，图中清楚地显示了葡萄牙和西班牙的主权冲突，在双方之间划出一片明确的无人区作为缓冲）、塞巴斯蒂安·卡博托（Sebastian Cabot）、胡安·塞巴斯蒂安·德·埃尔卡诺（麦哲伦死后，正是他作为船长带领维多利亚号返航），以及著名航海家亚美利哥的兄弟乔瓦尼·韦斯普奇（Giovanni Vespucci）。

　　会议还没开始，进程就差一点被打乱。尊贵的葡萄牙代表团走上大桥，准备去会见西班牙代表团时，一个正和母亲一起晾衣服的小男孩向他们提出了一个问题："你们真的要瓜分世界吗？"德高望重的前任葡属印度总督迪奥戈·洛佩斯·德·塞凯拉（Diogo Lopes de Sequeira）庄严地给出了肯定的答复。男孩哈哈大笑，撩起衣服，转身用屁股对着他们，说："在这里画线吧！"

　　这场骚动平息后，葡萄牙代表放弃了鞭打这个男孩的要求，会议终于开始了。这件事造成了近两个月的延误。所有的政要都出席了会议，陈述了自己的观点，捍卫自己的立场。毫不奇怪，专家们的观点因国籍而异。双方甚至不能就 1 度经度的标准长度达成一致（《托德西利亚斯条约》原来划定的分界线位于佛得角群岛以西 370 里格处）。实际上，会议在很大程度上只是一种缓兵之计。不仅专家们未能就 1 度经度的长度达成一致，而且太平洋的真正大小仍然未知。当时，距离是用航位推算法来记录的，估算的结果非常模糊，有时候还相互矛盾。

　　虽然西班牙代表对分界线位置的估计不尽相同，但是都将摩鹿加群岛的一半或全部划在归属于西班牙的半球，因此，他们希望双方尽快达成妥协。葡萄牙人则希望依赖尚未完善的天文学计算，尽量拖延做出决定的时间，在此之前，两国的活动都要受到限制。今天看来，葡萄牙人的说法更加准确，不过当时没有人知道这一点。他们主张，几乎整个摩鹿加群岛地区都位于属于葡萄牙人的半球，只有少数几个小岛——马里亚纳（Marianas）、帕劳（Palaus）和密克罗尼西亚（Micronesia）——除外。他们肯定觉得横渡太平洋是不值得的。

代表们不仅缺少计算经度的可靠方法，还必须应付几十种严重歪曲、极不准确的地图和地球仪。有些地图最初是为了维护不同的政治观点而设计的，比如通过夸大距离来打消其他人通过葡萄牙航线前往印度的念头——为了达到这个目的，这种地图让半个地球看起来更大，现在正好为西班牙人所利用。即使这两个国家真心实意地试图建立一个不受政治和商业利益影响的全球经线网络，凭借当时的技术和知识也做不到。整个 16 世纪，经度测定的准确性在欧洲以外循序渐进地缓慢发展，主要是耶稣会传教士在墨西哥城、印度的卡利卡特和中国等地观测记录日食的结果。

在巴达霍斯会议上，经过几个月的争论，双方都拒绝做出任何让步，而且都声称自己应该拥有整个印度尼西亚。这件事实在有些荒谬可笑：两个欧洲小国最近发现了一种方法，可以航行很远的距离，到达世界上他们从未到达过的地方；两国的代表基于错误的参数和不准确的信息（当然，他们很清楚这些所谓的事实并不可靠），为数百万人的统治权问题争论不休，而这些人根本不知道正在举行这样一场会议，即使他们知道了，也只会付之一笑，然后去做他们自己的事。

无论如何，巴达霍斯会议没有达成任何双方都同意的协议，这意味着西班牙和葡萄牙的君主需要采取次优方案来获得他们想要的东西：占领香料群岛，必要时使用武力。当代表们在巴达霍斯高谈阔论，进行虚无缥缈的辩论时，查理一世已经在计划沿麦哲伦航线再组织一次远征。他任命一位颇有人脉的军人加西亚·霍夫雷·德·洛艾萨（Garcia Jofre de Loaisa）为指挥官，埃尔卡诺为他的副手。查理一世将这支小舰队称为第二摩鹿加舰队（Second Armada de Molucca），命令他们在香料群岛建立一个西班牙的永久贸易站，打破葡萄牙的垄断。这即使不是从规则上，也是从精神上与巴达霍斯会议背道而驰的。他不了解这样一次环球航行所蕴含的巨大风险，也没有意识到葡萄牙人的势力在该地区有多么根深蒂固。

第二摩鹿加舰队从塞维利亚出发，沿麦哲伦的航线航行，但是从一开始就遭遇了厄运。其中几艘船在进入麦哲伦海峡之前就遭遇了猛烈的暴风雨，掉队并沉没了。一艘船沿墨西哥海岸向北航行，但是由于缺乏补给，没有试图横渡太平洋。船长派胡安·德·阿雷萨加神父上岸，向当地人购买物资。最后，这位神父从陆路抵达墨西哥城（特诺奇蒂特兰），见到了科尔特斯。此时距离科尔特斯征服阿兹特克帝国，开始巩固西班牙的统治刚刚过去几年。科尔特斯同意建造几条船，帮助他们从墨西哥返回第二摩鹿加舰队。

从塞维利亚出发的五艘船中，有两艘真正试图横渡太平洋，但只有维多利亚·圣玛利亚号（*Santa Maria de la Victoria*）到达了香料群岛。在浩瀚的太平洋上，包括船长加西亚·霍夫雷·

德·洛艾萨在内的数十名船员死于坏血病。安德烈亚斯·德·乌
达内塔（Andrés de Urdaneta）记载道："由于繁重的抽水工作、
大海的暴虐、食物的缺乏和疾病的折磨，人们疲惫不堪，每天都
有人死亡。"意志顽强的埃尔卡诺一定觉得，第一次环球航行中最
糟糕的时刻正在重演，他自己也被这种可怕的疾病折磨得衰弱不
堪。事实上，他接管曾经意气风发的第二摩鹿加舰队仅存的这最
后一条船刚刚几天，就草草写下了自己的正式遗嘱，并于 1526 年
8 月 4 日离世。

这艘船和幸存的船员抵达蒂多雷岛时，迎接他们的是一片死
寂。为了报复当地人几年前为埃尔卡诺提供帮助，葡萄牙人刚刚
袭击了这座岛屿。不久，从附近的特尔纳特岛传来消息，葡萄牙
人已经在那里建立了一个带防御工事的前哨，要求维多利亚·圣
玛利亚号立即离开属于葡萄牙的半球。最后，葡萄牙人集结起一
支小舰队，向西班牙船只发起进攻。双方交火了好几天，葡萄牙
舰队落败离开。但是对西班牙人来说，这是一场得不偿失的胜利：
维多利亚·圣玛利亚号严重受损，葡萄牙舰队回来时俘虏了这艘
船，将它洗劫一空并付之一炬。西班牙水手们逃到了岛屿的内陆。

于是，西班牙和葡萄牙在香料群岛开始了一场非官方的战争，
双方都认为，分界线将贸易和旅行的专属权授予了自己，因此它
们有权进攻和杀死入侵者——至少双方嘴上都是这样说的。两国
都为自己争取到了当地盟友：葡萄牙人与特尔纳特岛上的苏丹结
盟，西班牙人与附近的蒂多雷岛和哈马黑拉岛（Halmahera）的
统治者结盟，双方的战争持续了一年多。科尔特斯派出的增援远
征队也以灾难收场。尽管他派出的三艘船中有一艘最终穿越太平

洋到达了香料群岛，但是很快就被葡萄牙人俘虏了。船员们被投入监狱，船上的货物被没收了。

　　查理一世毫不气馁，又派出了第三摩鹿加舰队（Third Arma-da de Molucca）。这次远征的指挥官是阴谋家塞巴斯蒂安·卡博托，他是传奇人物约翰·卡博托的儿子，当时是塞维利亚的首席领航员。不过，塞巴斯蒂安很快就回来了，他沿巴西海岸向南航行到拉普拉塔河之后就承认失败了。此后，一支又一支耗费巨资的舰队相继遭遇灭顶之灾，让西班牙王室付出了巨大的代价。查理一世拒绝承认失败，因为无论从商业利益还是个人尊严的角度，这个赌注都太高了：他不想让葡萄牙新国王若奥三世获得胜利或优越感。查理一世又计划了一次远征，打算派出八艘武装战船，将葡萄牙人赶出摩鹿加群岛。但是，这次远征未能成行。他的债主富格尔家族拒绝向他提供资金，而他自己已经负债累累，无法从王室岁入中拿出这笔钱。

　　为了治理西班牙和管理其他领土的主权事务，查理一世的国库消耗一空。其中，与法国国王弗朗索瓦一世的战争和失败的远征舰队尤为昂贵。这十年中的大部分时间里，查理一世一共派出15艘船前往摩鹿加群岛，只有一艘——麦哲伦死后由埃尔卡诺担任船长的维多利亚号——回到了西班牙。那时候，还没有船只自西向东穿越太平洋。因为还没有人发现从太平洋返航的方法，所以没有香料能够只通过西班牙的半球到达西班牙。直到1565年，安德烈亚斯·德·乌达内塔才开辟了从马尼拉到阿卡普尔科（Acapulco）的太平洋航线。

　　从查理一世的角度来看，墨西哥和后来的秘鲁被征服的领土开始显示出越来越高的价值。事实上，如果对所有的流血和痛苦视而不见的话，他在这些地方获得的回报远远超过了任何一次前往香料群岛的失败尝试的代价。在世界的另一头取得胜利的代价是如此高昂，以至于会耗尽所有利润。对于这位从小就相信自己无所不能的皇帝来说，被迫面对财力有限的现实一定是个沉重的打击。他不得不问自己这样一个问题：当他能够毫无争议地从美洲的土地上获得更多的财富时，为什么还要去管香料群岛呢？

16 世纪 20 年代中期，查理一世也在准备他即将到来的婚礼。根据伊比利亚的悠久传统，他要迎娶若奥三世的妹妹伊莎贝拉，在这两个纷争不断的国家的王室之间建立进一步的联系。西班牙国王一边派遣舰队前往香料群岛与葡萄牙人作战，一边迎娶葡萄牙国王的妹妹，这似乎不太合适。他早就想结束冲突，专注于他的欧洲问题了，显然，现在他觉得是时候做个了断了。或许外交手段能够取得军事手段不能取得的胜利。婚后，查理向他的新姐夫若奥提议召开另一次会议，他们可以再次提出香料群岛的主权应该属于谁的问题，由教皇的代表进行仲裁。

1529 年 4 月，两位君主通过《萨拉戈萨条约》（Treaty of Zaragoza）解决了香料群岛的主权问题。他们一致同意，分界线应该落在香料群岛以东，这实际上将香料群岛全部划归葡萄牙，卡斯蒂利亚人不得在那里进行贸易、旅行和探险。查理一世加入了一个条款，如果有了准确计算经度的方法，而且计算结果表明，香料群岛位于真实的分界线以东，那么条约无效，"西班牙将拥有与现在同样的权利和行动自由"。多年来的香料贸易带来了滚滚的利润，再加上查理一世不插手欧洲政治，若奥三世手头拥有充裕的现金，作为回报，他同意向查理一世支付 35 万金达克特（duc-ats）①，这笔钱很快就被用于资助查理与法国的战争。

奇怪的是，条约中没有提到后来被称为菲律宾的岛屿，但事实上，这些岛屿完全位于新分界线以西，即属于西班牙的半球。多年以后，16 世纪 40 年代，查理一世再次尝试前往菲律宾，但是直到 1565 年，他的儿子腓力二世（Philip II，菲律宾群岛就是以他的名字命名的）继位后，才在宿务建立了第一个贸易站，后来迁移到马尼拉。

从实际效果上，《萨拉戈萨条约》将世界一分为二，分别由两个海上强国控制，现在，葡萄牙的"半球"比西班牙的"半球"稍微大一些。这份历史性的协议结束了为争夺世界上最有价值的商品的控制权而展开的第一场大战，进一步完善了 1493 年由教皇亚历山大六世确立的法律和地理边界。在一个没有挑战者的时代，这两个受到偏袒的欧洲国家积累了财富，巩固了它们的垄断地位。虽然这个条约缓解了西班牙和葡萄牙之间的海上竞争，使两国关系恢复到麦哲伦带着他大胆的复仇计划去找查理一世之前的状态，但是它也导致了这两个国家与英国、荷兰和法国之间的紧张关系日益升级。

黄金，欧洲最有价值的商品，一个不断变化的世界中永恒的象征，唯一被普遍接受的一般等价物，已经这样使用了将近两千年。银会失去光泽，铁会生锈，铜会腐蚀，只有黄金能够永远保持光泽。在 16 世纪的欧洲，黄金就是力量：打造陆军和海军的力

---

① 中世纪后期至 20 世纪期间在多个欧洲国家通用的金币。——译者注

量；建造教堂的力量；促进商业和探险的力量；管理国家的力量。
哥伦布说："黄金是一件令人惊叹的东西！谁拥有了黄金，就能得
到他想要的一切。有了黄金，要把灵魂送到天堂，也是可以做到
的。"对于热爱冒险的人来说，新大陆是一场令人兴奋的赌博；对
于天主教神职人员来说，它提供了新的可以皈依的异教徒，也为
教会官僚机构的扩张提供了机会；对于商人来说，富饶的"东方"
大陆提供了新的贸易垄断；对于雄心勃勃的君主来说，它为王室
金库提供了新的黄金来源——这是一种新的力量来源。遗憾的是，
黄金很稀有。在欧洲，容易获得的黄金已经被罗马人从西班牙和
法国的山脉中开采殆尽，公元 500 年左右这些矿藏就已经枯竭了。
世界上最大的黄金产地也不在欧洲。在 16 世纪，它们位于墨西哥
和南美洲，被西班牙征服者占领的地区。

从美洲运往西班牙的黄金数量在整个 16 世纪稳步增长，从
1522 年的 52 700 比索（科尔特斯第一次装运的价值）增长到 1570
年的超过 80 万比索。到 1600 年，西班牙王室从美洲获得的财富
达到了天文数字，其中包括大量的白银——在与中国的贸易中极
具价值。1628 年，一位名叫安东尼奥·巴拉瓦斯克斯·德·埃斯
皮诺萨（Antonio Vázquez de Espinosa）的教士计算出，离开印度
群岛的财富价值 18 亿比索。到 17 世纪初，西班牙从美洲运出的
黄金数量是 1492 年哥伦布远航之前欧洲黄金总量的三倍多。西班
牙从美洲掠夺的还不止黄金、白银、宝石和珍珠。早在 16 世纪 50
年代，西班牙财宝船队的商船每年就会运回各种各样的商品，包
括胭脂虫、烟草、靛蓝、皮革、生姜、巴西木、葡萄木、香草豆、
洋菝契和许多珍稀的药物。

　　所有这些财富都由西班牙王室直接控制。1503 年，斐迪南和伊莎贝拉在塞维利亚建立了贸易厅，严格管理与新领土的所有贸易往来，就像之前针对地中海贸易所做的那样。贸易厅完美诠释了西班牙对西印度贸易的态度——不惜一切代价，由国王控制。任何违反协议的行为都不会被容忍，任何替代方案都不会被接受。贸易厅演变成了政府的一个分支，专门致力于保持政府对西班牙和印度群岛之间私人贸易的控制。由此，西班牙君主从一开始就控制了印度群岛贸易，将不受管制（因此也无法征税）的跨大西洋贸易和旅行消灭在萌芽状态。

　　整个 16 世纪和 17 世纪，从美洲流入的黄金数量不断增加，与贸易厅相关的法规、税收和官员人数也在同步增加。在此期间，西班牙与美洲的贸易可能是西欧历史上管制最严格的垄断贸易。然而，与拥有先进的电子转账和信用证的现代银行系统不同，对西班牙君主来说，在黄金真正运抵塞维利亚之前，从美洲掠夺的财富是毫无意义的。16 世纪以来，西班牙需要这些黄金——不是为了公共工程或社会发展，而是为了还债。为了给欧洲北部代价高昂的战争提供资金，以及供养日益膨胀的中央官僚机构，西班牙长期向富格尔家族等欧洲银行家举债。在没有工业或贸易网络的情况下，西班牙王室最重要的税基来自极其低效的印度贸易，为此雇用的监管者和官员比商人和水手还要多。到 16 世纪末，从美洲掠夺并跨越大西洋运回的黄金与大宗商品，直接贡献了西班牙 20％以上的财政收入。

　　早在 1520 年，从印度群岛返回西班牙的财宝船就受到在大西洋东部游弋的法国海盗的威胁（整个 16 世纪，法国和西班牙几乎

长期处于战争状态）。1521 年，法国私掠船（法国政府授权这些
私人船只可以在西班牙船只进入欧洲沿海地区时扣押它们）俘虏
了西班牙船队中的两艘财宝船。从墨西哥运回的大量白银、珍珠
和糖令法国国王弗朗索瓦一世感到惊讶，他惊呼："仅凭从西印度
群岛获得的财富，西班牙国王就能向我发动战争！"关于分界线，
这位法国国王也说过一句名言，虽然有可能是杜撰的："太阳照在
别人身上，同样也照在我身上；我希望看到亚当的遗嘱，他在遗
嘱中将地球划分给了西班牙和葡萄牙，将我排除在新世界之外。"
很快，海上就挤满了私掠船，伺机攻击那些在建造、指挥、组织
和防御方面效率低下的西班牙大帆船。为了抵御这种对国家安全
的新威胁，西班牙国王迅速通过法律，要求所有前往印度群岛的
船只都必须有护卫舰护航，并购买了一支全副武装的大帆船舰队
与护卫舰同行。为了支付新舰队的费用，贸易厅向商人征收一种
被称为"海损税"（averia）的特别税。到 1543 年，西班牙的财
宝船队由六艘全副武装的军舰护航。

　　有时候会有全副武装的船只，即所谓的"注册船"（Ships of
Register），在前往西印度群岛的航线上单独航行，而且所有的规
则都有例外，不过到 1566 年，每年会有两支财宝船队从塞维利亚
前往印度群岛。墨西哥船队（Flota）4 月或 5 月出发（或者更晚，
因为经常会遇到意外延误或者需要办理烦琐的手续），在维拉克鲁
斯登陆，途中还会派出分队前往洪都拉斯、古巴和伊斯帕尼奥拉
岛。巴拿马船队（Galleones）8 月出发，航行到巴拿马的波托贝
洛（Portobello），然后前往西属美洲的其他城市。在返回欧洲途
中，两支财宝船队在古巴的哈瓦那会合，补充给养和重新整编

（哈瓦那是一个坚不可摧的要塞，直到 1762 年，七年战争临近尾声才被征服，并被英国皇家海军洗劫一空）。事实证明，将黄金和白银从美洲运到欧洲既昂贵又危险，一方面受制于变幻莫测的大自然，另一方面极有可能受到私掠船和海盗的劫掠。

最后，西班牙官方开始严格控制船只的数量和类型、每艘船可以装载的货物和携带的枪支的数量，以及每次横渡大西洋所需要的官员的数量（法律要求西班牙商船上有数量庞大的随行官员，其中包括所谓的"视察员"，他们唯一的职责就是确保其他官员待在船上、遵守官方规则和填写官方报表）。所有这些官职都是从政府购买的，与培训、技能和知识没有任何关系。毋庸置疑，从长远来看，印度贸易对西班牙经济产生了不利的影响；最终，这个国家变得完全依赖于每年从美洲运回的黄金。当其他欧洲国家依靠健康的贸易和相应的税收来创造财富时，西班牙依靠的是从新西班牙开采的黄金。任何行业都不可能比使用奴隶劳动的金银矿创造更高的利润，最终，西班牙几乎所有的工业都衰落了。

大批的职员填写了无穷无尽的账簿，还有大批的收税员和算数员，低级官员向高级官员汇报，高级官员又向国王的代理人汇报。有船务代理人、监督员和他们的老板，有负责发放报表的人和检查报表是否填写的人，还有负责确保原来的官员没有弄虚作假的后备官员。如果殖民地官员被发现存在欺骗行为，他们面临的指控是叛国或腐败，而不是无能或疏忽；有时候，他们会被五花大绑送回西班牙，为自己辩护——即使能够证明自己是无辜的，这也不是一段愉快的旅程。官僚主义的摩擦和惰性创造了一种环境，在这种环境中，没有哪个殖民地官员会在没有事先获得西班牙上级当局书面许可的情况下做出决定，也没有哪个殖民地官员能够这样做，而在当时，通过帆船传递消息的过程可能需要一年多的时间。

这种制度衰败的根源就在于它自身。很快，西班牙和加勒比地区的大部分工业品都是在其他地方生产的。结果，西班牙成了欧洲其他地区黄金和白银的非正式分销商，除了美洲的金银矿开采和运输，西班牙几乎没有其他工业。当黄金船队被拦截或摧毁时，后果是灾难性的。而随着西班牙殖民地的发展和人口的增加，他们需要奢侈品和欧洲工业品，也需要用一种可靠的方式将当地产品运往市场。

1540 年后，西班牙的官方政策规定，外国人在《托德西利亚斯条约》规定的分界线以内的西印度群岛进行贸易是非法的，违者将被处以绞刑。因此，所有的印度贸易都必须与西班牙进行，并由西班牙政府管理。大多数工业品必须从其他欧洲国家进口到西班牙（支付进口税），然后运到塞维利亚，获得新大陆贸易认证（支付认证税）。这些货物从塞维利亚的港口装上隶属于墨西哥船队或巴拿马船队的官方印度贸易船（支付出口税，以及"海损税"，即保护费），然后在众多职员和官员的监督之下，冒着重重危险，以高昂的成本横渡大西洋。船队在维拉克鲁斯或波托贝洛卸货（支付新大陆的进口税），货物在大型公共市场上卖给商人（支付交易税），最后被运往其他更遥远的殖民地（在跨越殖民地边境时支付进口税和关税）。

在遥远的西班牙殖民地，几乎所有的奢侈品都是进口的：布匹、火药、武器、农具、烹饪用具、食用油、餐具。这些货物到达偏远的殖民地和城市时，已经经过了无数海关，缴纳了无数关税，殖民地商人的最终成本高出天际。例如，在南美洲太平洋沿岸的波托西（Potosi），商人为工业品支付的成本几乎是欧洲的 40 倍。比如，一头当地奶牛的价格为 2 比索，一包进口纸张的价格为 100 比索，相当于 50 头奶牛；一把剑的价格是 600 比索，相当于 300 头奶牛；一件做工精致的斗篷的价格是 500 比索，相当于 250 头奶牛。这是滋生不满情绪和黑市交易的温床。

在财富的诱惑之下，英国、法国和荷兰商人不再将货物运往西班牙，而是开始直接向加勒比海航行。西班牙殖民地的商人非常乐意参与非法贸易，许多人向外国人秘密走私黄金和其他货物，如皮革、胭脂红和靛蓝。这些非法闯入者只收取 25％ 的利润。虽然西班牙殖民地对工业品的需求不断增加，但由于价格飙升，对来自西班牙的货物的订单每年都在减少。到 17 世纪初，走私者不仅向西班牙殖民地提供几乎所有的工业品，还提供奴隶。由于西班牙税收过高，而且在货物转手过程中有太多中间商，为走私的廉价商品创造了市场。这个市场一旦存在，就很难消灭，即使受到暴力惩罚甚至死亡威胁，也几乎不可能阻止供应商从事这门生意。

西班牙政府非常清楚这些非法闯入者对国家商业的损害（以及税收收入的损失）。政府对无视贸易管制的殖民地商人施以严厉的惩罚：监禁、高昂的罚金和剥夺官衔都很常见。在加勒比海（属于西班牙的半球）航行的外国人被俘后，面临的惩罚要么是绞刑，要么是在银矿里终身服苦役。尽管如此，16 世纪末，英国、葡萄牙、荷兰和法国的水手与商人仍然无视西班牙国王的禁令，继续涌向西班牙在加勒比地区的殖民地——如果不能进行合法贸易，就进行非法贸易。正如 J. H. 帕里（J. H. Parry）在《西班牙海洋帝国史》（*The Spanish Seaborne Empire*）一书中所说的："在事实面前，西班牙坚持贸易垄断。西班牙人发现，为了实施这种垄断，必须从整体上控制加勒比地区的海上交通，界定善意的贸易商在其他欧洲国家与其各自殖民地之间应该遵循的航线，并拦截和搜捕偏离航线的外国船只。"

但是，这里涉及的已不仅仅是商业活动。法国、英国和荷兰走私者公然违反 1493 年的教皇宣言，冒险进入属于西班牙半球的南美洲和加勒比海，以及属于葡萄牙半球的非洲。教皇诏书中明确规定了对这种越界行为的惩罚：违者将被逐出天主教会。然而，逐出教会的震慑作用在减弱：大部分北欧人无意服从一个几代人以前的腐败教皇说过的话，事实上，他们当中许多人对任何时代的任何教皇所说的话都不再感兴趣了。

到了 16 世纪，无论是基于直接经验，还是因为从当时制图学家绘制的世界地图上观察到不断增长的海岸线，法国、英国和荷兰认识到，世界比他们想象的大得多，也富裕得多。但是，根据教皇诏书和《托德西利亚斯条约》，这些国家对来自美洲的财富和来自摩鹿加群岛的香料都没有合法权利。西班牙和葡萄牙则决心用武力捍卫它们由教会认可的垄断。非法闯入者面临着一个选择：要么成为海盗，要么挑战天主教会的权威，成为异端。他们的选择是照单全收。

{ 第九章 }

异　端

　　1655 年，西班牙人弗朗西斯·乌加特·德·埃尔莫萨（Francisco Ugarte de Hermosa）写道："自上帝创世以来，世界上还没有任何一个帝国像西班牙帝国这样辽阔，太阳无论何时都不会从它的领土上落下。"从 16 世纪中叶到 17 世纪中叶，在大约 100 年的时间里，西班牙毫无疑问是欧洲最强大的国家，正如埃尔莫萨骄傲地宣称的那样，其统治下的帝国向全球扩张。西班牙船只控制了西太平洋和东太平洋，西班牙军队控制了欧洲大部分地区。同一时期的大部分时间里，葡萄牙也是一个超级大国：葡萄牙船只控制着非洲海岸、印度洋和印度尼西亚。全世界的财富经由长达数千英里的海上贸易路线运输，可能需要航行数月甚至一年的时间，充实了西班牙和葡萄牙王室的金库。

经历了几代人的钩心斗角之后，1581 年，年轻的葡萄牙国王塞巴斯蒂安一世（Sebastian I）去世，没有留下继承人，最后，西班牙的腓力二世继承了王位，两个王室又一次联合起来。腓力是查理一世和葡萄牙的伊莎贝拉的儿子，由于他同时是西班牙和葡萄牙王位的继承人，根据教皇诏书、《托德西利亚斯条约》和《萨拉戈萨条约》，现在，非基督教世界的两个半球都在同一位君主的控制之下。在腓力二世和他的继任腓力三世（Philip III）的统治下，西班牙帝国达到了鼎盛，即弗朗西斯·乌加特·德·埃尔莫萨所称颂的黄金时代，其领土几乎遍布每一个大陆，势力范围覆盖欧洲大片地区。但是，也正是在西班牙和葡萄牙称霸的这个时期，欧洲的统一受到了最严重的威胁。

1517 年，在德国小城维滕贝格，一位中年神父和神学教授对天主教会内部的腐败越来越感到失望。最令他困扰的有两件事：一是出售赎罪券，这种东西可以赦免天主教徒，让他们不必再做忏悔；二是买卖圣职，现在这种行为几乎和一代人之前、教皇亚历山大六世在位的时候一样普遍。当时，教皇利奥十世（Leo X）正在为修建罗马的圣彼得大教堂（St. Peter's Basilica）筹集资金，并为此向德国派遣了代理人，以增加赎罪券的销售。据说，其中一位名叫台彻尔（Johann Tetzel）的代理人曾经说过："银钱叮当落银库，灵魂立即出炼狱。"

竟然有人厚颜无耻地认为自己可以代表上帝免除惩罚，这让路德感到震惊，他写下了《关于赎罪券效能的辩论》（"Disputation of Martin Luther on the Power and Efficacy of Indulgences"），并将这份现在被称为《九十五条论纲》的文件钉在教堂的大门上，

公之于众。其中提出了许多发人深省的问题，比如："教皇是当今
的富中之富，他的钱比古时最大的富豪克拉苏（Crassus）还多，
那他为什么要花费可怜的信徒们的钱，而不掏自己的腰包来建造
圣彼得教堂呢？"从本质上说，路德是在向教会中根深蒂固的腐败
发起挑战，这种腐败在教会官僚机构中一路延伸，直至教皇。

很快就有人将路德的《九十五条论纲》从拉丁文翻译成德语
和其他语言。在印刷机的帮助下，这些译本以廉价小册子的形式
传到法国、英国、意大利和其他地方。路德的思想很快被广泛接
受，这反映了当时的民意，人们普遍对教会的腐败感到愤怒，对
地方税和什一税被罗马抽走而不是留在当地感到失望。最后，教
皇利奥十世（亚历山大六世在位时，他是佛罗伦萨的一个年轻人）
和查理一世（西班牙的新国王和神圣罗马帝国皇帝，最近刚刚委
派麦哲伦去进行环球航行）命令路德撤回他的论纲。1521 年，路
德拒绝让步，教皇将他逐出教会，皇帝宣布他不受法律保护，支
持或庇护他是犯罪，杀死他却是完全合法的。路德没有被吓倒，
他对教会提出更多批评，并质疑教皇代表个体基督徒的合法性。
不久，各地发生了更多的叛乱和起义，越来越多的传教士开始信
奉类似的基督教精神独立的教义。在英国，亨利八世（Henry VI-
II）与阿拉贡的凯瑟琳（Catherine，斐迪南和伊莎贝拉的小女儿）
的离婚，掀起了一场轩然大波。

宗教改革的地区差异极大，并且经常与政治相互勾连，但是
到 16 世纪末，欧洲大部分地区都在为宗教而战。北方的新教国家
英国和尼德兰（Netherlands）联合起来对抗南方的天主教国家西
班牙和葡萄牙，既有天主教也有新教的法国在二者之间摇摆。

J. H. 帕里在《西班牙海洋帝国史》中对形势做出了精辟的总结：
"由于西北方的海洋国家咄咄逼人、海盗横行、信奉新教，在欧洲
和美洲都对西班牙构成威胁，天主教在西班牙和美洲变得更加强
硬，对欧洲的经验主义、理性主义和新科学更加怀疑，这也是理
所当然的。"

这种对教会权威和欧洲精神统一性的质疑当然会受到挑战。
1556 年至 1598 年，腓力二世在位期间，自诩为欧洲天主教最重
要的捍卫者。他没有支持新教在他的领土上发展，而是选择武力
镇压宗教异见，并热心支持以消灭所有新教徒为己任的法国天主
教联盟（Catholic League）。他认定，任何违背官方天主教信仰的
行为都是亵渎神明和异端邪说，应该处以死刑。腓力二世从美洲
获得了大量的黄金和白银，可以用来支持他的信念：西班牙和葡
萄牙通过垄断获得的财富是天文数字，这两个国家的经济状况令
其他欧洲国家相形见绌。腓力将这些财富用于捍卫罗马教会至高
无上的地位。他还资助了地中海的神圣联盟（Holy League），特
别是在 1571 年的勒班陀战役（Battle of Lepanto）之后，阻止了
奥斯曼帝国对欧洲的入侵。

宗教改革和反宗教改革导致了天主教会和众多独立的新教派
别之间无休止的宗教战争。哈布斯堡王朝是坚定的天主教徒，在
他们的领土上绝不容许宗教自由或宗教多样性。西班牙、葡萄牙
和中欧多地，如奥地利、尼德兰和德国大部的世袭统治者，包括
查理和腓力都属于这个家族。德国和荷兰有许多本地贵族是新教
徒，并从其他支持他们的地区，如丹麦、法国和瑞典获得财政和
军事援助。17 世纪中叶，冲突在所谓的"三十年战争"（Thirty

Years War, 1618—1648）中达到了高潮，这场战争造成了严重的破坏，导致中欧四分之一到三分之一的人口死亡。直到签订《威斯特伐利亚和约》（Peace of Westphalia），"三十年战争"才告一段落，各国同意，国王有权确定本国的官方宗教，但必须尊重不同信仰。这一协议实质上终结了教皇在欧洲的世俗和政治权力。

　　一个必然的结果是，西欧国家分成了两个阵营：《托德西利亚斯条约》的受益者和被排斥在外的国家。这种划分刚好与宗教信仰相吻合——这不完全是巧合。西班牙和葡萄牙仍然是坚定的天主教徒；从废除《托德西利亚斯条约》中获益最多的国家，包括尼德兰、英国和（略显摇摆的）法国，则强烈倾向于新教。1494年，教皇亚历山大六世公然指定受到偏袒的国家，破坏了欧洲各国的团结，削弱了各国精神上的联系。瓜分世界造成的不满，为16世纪各宗教派系的和解制造了障碍。接受教皇的权威意味着被世界贸易拒之门外，接受作为一个二等国家的地位。

　　宗教改革之前，很少有船只越过分界线。但是当英国和荷兰共和国这样的海洋国家与天主教会决裂，越来越多的人开始无视这条专横的分界线。整个16世纪，西班牙和葡萄牙努力保持对海上贸易路线的独占，为了争夺畅通无阻的世界航道的使用权，斗争不断升级。起初，北欧国家用持有执照的私掠船作为解决争端的武器，伺机劫掠返航途中的西班牙财宝船队和满载香料的葡萄牙卡拉维尔帆船。但是现在，它们抛弃了从前的精神领袖，经济上也有更充分的理由去挑战西班牙和葡萄牙，航行到世界上以前禁止它们进入的地区。为什么不在那些以前禁止它们进入的角落进行贸易和劫掠呢？它们可以在打击敌人的同时获得利润，发展自己的商船舰队。

　　第一个真正向西班牙在西印度群岛的垄断地位发起挑战的英国航海家是约翰·霍金斯（John Hawkins）爵士。霍金斯的父亲是英国西南部的一个水手，曾经参与过从非洲到巴西的奴隶贸易。霍金斯听说了印度群岛对商品和奴隶的需求，推测许多西班牙地主和商人愿意冒着违反西班牙法律的风险来获得他们需要的东西。1562 年，在布里斯托尔和伦敦富商组成的财团的支持下，霍金斯率领三艘船从英国出发了。

　　他的第一个目的地是塞拉利昂，他在那里俘虏或购买了 300 多名非洲奴隶。他把这些人塞进臭气熏天的船舱，向西穿越大西洋，抵达伊斯帕尼奥拉岛的圣多明各。进入港口后，霍金斯派一群武装人员登陆，要求获得贸易权。自 1540 年以来，西班牙殖民地官员就奉命不得与任何外国人进行贸易，非法贸易面临的惩罚是高昂的罚金、剥夺官职，甚至斩首。然而，岛上的商人和地主强迫官员们允许必要的秘密交易，因为他们需要贸易商提供的货物。为此，他们设计出一个掩人耳目的巧妙方案。

　　为了维护自己的声誉（以及官职），圣多明各总督洛伦佐·贝纳尔德斯（Lorenzo Bernáldez）假装对英国舰队进行武装抵抗。他在提交给西班牙王室的报告中说，霍金斯威胁说，除非允许英国舰队进行和平交易，否则就要摧毁殖民地。根据贝纳尔德斯与霍金斯达成的协议，英国商人将 104 名奴隶"交给"贝纳尔德斯，作为进入市场的报酬和名义上的"赎金"，用来交换在冲突中被"俘虏"的英国士兵。贝纳尔德斯接受了贿赂，后来想必是把这些奴隶卖掉了。霍金斯用超过三分之二的货物安抚了众多政府官员，然后用皮革、生姜、糖和珍珠装满了他所有的三条船。

　　霍金斯和他的船员们愉快地离开时，双方都对这个简单的计划感到满意。虽然在试图兜售西班牙的违禁品时犯了一个错误（一部分货物被疑心重的西班牙官员没收了），但是这个错误没有阻止霍金斯。1564 年 10 月，他再次从英国出发，这次带了四艘船。他沿着同样的路线航行，不过有一个变化：他让舰队在加那利群岛度过了一个短暂的假期，他的英国船员从未到过热带地区，他们在那里吃李子和甜葡萄，喝花蜜和葡萄酒，尽情享受了一番。船员们依依不舍地离开这个田园诗般的岛屿，向南航行到非洲海岸，在几内亚购买和俘虏了更多的奴隶，把他们装上船，准备横渡大西洋。对英国人来说，这是一次糟糕的航行，对非洲人来说则更糟，他们被锁在简陋的西班牙大帆船潮湿、恶臭的船舱里，没有干净的空气和水。奴隶贸易的残酷性超乎常人的想象。

　　连续十八天没有风，船只在赤道无风带停滞不前。饮水极度匮乏，食物变质，士气低落。小约翰·斯帕克（John Sparke the Younger）是这次航行唯一的记录者，据他说，幸运的是，"全能的上帝不会让祂的选民灭亡，2 月 16 日，祂给我们送来了和风，直到 3 月 9 日，我们抵达一个叫作多米尼加（Dominica）的岛屿，西北风从未离开我们"。由于急需淡水，霍金斯冒险进入加勒比人（Caribs）的土地，这些人被称为"印度群岛上最危险的战士"。加勒比人是一个凶暴的民族，严格拒绝陌生人进入他们的领土。加勒比人的存在是西班牙未能占领小安的列斯群岛的主要原因之一。西班牙对这些地方发起过多次远征，全都失败了，漂流到这些岛屿的失事船只的船员经常被杀害和吃掉。幸运的是，一场干旱迫使加勒比人离开了海岸，避免了一场流血冲突。

西班牙官员知道霍金斯已经到达了西印度群岛。他试图在玛格丽塔（Margarita）进行交易，但是未能达成协议——并不是所有的西班牙殖民地总督都愿意违反法律。在西属美洲的库马纳（Cumana）的西班牙士兵那里，霍金斯也没有交到好运，不过当地土著人与他交易了水果、马铃薯、玉米和菠萝。霍金斯沿着（委内瑞拉）大陆海岸航行，在一个小岛上遇到了更多的土著人，他们向他展示黄金饰品，想引诱他上岸。霍金斯拒绝了。后来他得知，这些人是加勒比人，他们知道欧洲人对黄金的渴望。几乎可以肯定，如果霍金斯上当了，他们会像以前那些西班牙船员一样被吃掉。

霍金斯继续沿着海岸向北航行，终于在 4 月 3 日抵达委内瑞拉海岸的博布拉塔（Borburata）。他有一封写给委内瑞拉总督阿隆佐·贝纳尔德斯（Alonzo Bernáldez）的信。信是阿隆佐的侄子洛伦佐·贝纳尔德斯写的，洛伦佐是伊斯帕尼奥拉岛的总督，霍金斯一年前与他做过交易。洛伦佐向他的叔父暗示，虽然违反西班牙法律，但是与英国人的贸易非常有利可图，而且很容易安排。阿隆佐拒绝了。霍金斯要求获得贸易权，并同意支付关税。然而，阿隆索要求的关税太高，以至于英国人拒绝支付（每名非洲奴隶 30 金达克特，即使在殖民地物价飞涨的情况下，也足以侵吞所有利润）。于是，霍金斯率领武装士兵向城镇进军，向市民发出威胁。面对凶残的英国"军队"，阿隆佐最终同意了霍金斯的条件。

官方的武力威胁虽然是一场闹剧，但是要保住总督的位子，

这番表面功夫却是必需的。这场精心设计的表演必须装模作样地
演完，只要价钱合适，双方都乐意参与。霍金斯赚了一大笔钱；
当地人买到了奴隶；总督则成了一位爱国者和谈判大师，成功地
"收买"了凶残的英国雇佣军，毫无疑问，如果不是他，这些士兵
一定会洗劫他们的城镇。这就是 16 世纪末西班牙美洲殖民地的商
业模式。博布拉塔无疑是一个很受欢迎的港口。霍金斯离开前，
一艘"非法的"法国船只抵达港口，这艘船在非洲海岸遭遇风暴，
受损严重。当天晚上，一支由近 200 名加勒比人组成的小队乘独
木舟悄悄地靠近，想要发动突然袭击。不过偷袭失败了，可能是
由于猖獗的非法贸易让岛民提高了警觉。加勒比人被击败，落荒
而逃，只有一个人被俘。据约翰·斯帕克所说，他被钉在城镇广
场上等死，一根锯齿状的尖木桩刺穿了他的身体，"从臀部刺入，
从喉咙穿出"。这艘法国船只是否进行了贸易就不得而知了。

　　霍金斯继续在加勒比各地进行贸易，先是里奥阿查（Rio de
la Hacha），然后是圣多明各。他精心策划的冲突又在里奥阿查上
演，他支付了更多的贿赂，随之而来的是更加热情的交易。霍金
斯始终保持警惕，挫败了一次背叛的阴谋：西班牙士兵企图在港
口入口处秘密架设火炮，炸毁他的船，夺取他的货物。霍金斯将
舰队迅速转移到港口的另一边。贸易仍然有利可图，到了 6 月，
他满载着货物，出发去探索加勒比海的岛屿和海岸线。舰队的四
艘船时而在猛烈的风暴中颠簸，时而在微风中停滞不前，时而被
奇怪的洋流搅得迷失方向，有两艘船差点在佛罗里达南部海岸的
浅滩上失事。最后，这支英国舰队抵达了佛罗里达西海岸一个简
陋的法国殖民地加罗林堡（Fort Caroline），靠岸休息并补充给

养。在与法国殖民者相处了一段时间后，霍金斯记录了这一地区特殊的天气和洋流模式，绘制了一些海岸的地图，最后向北前往纽芬兰，向那里的法国渔民购买了盐渍鳕鱼。9 月 20 日，全部四艘船胜利返回英国。作为一支贸易探险队，这次航行的利润是巨大的。霍金斯、他的船员和赞助人都对这次探险感到十分满意，很快又准备好再来一次。显然，西班牙垄断加勒比贸易的日子快要结束了。

1567 年 10 月 2 日，霍金斯率领第三支探险队从普利茅斯 (Plymouth) 出发，这次的舰队有六艘船，配备了防御和贸易所需的装备。他的表弟、一个名叫弗朗西斯·德雷克的年轻水手与他同行。德雷克后来被西班牙人称为 *El Draco*，意思是"恶龙"。1566 年，他就曾航行到加勒比地区。在约翰·洛弗尔（John Lovell）的指挥下，他尝试在里奥阿查进行奴隶贸易（协议已经在一年前由霍金斯安排好了），但是由于经验不足，没能完成计划。1567 年，德雷克准备再次冒险"越过分界线"。英国海盗航行到几内亚，去俘虏或购买更多的非洲奴隶，但是遇到了更多的困难。霍金斯的贸易伙伴是一个西非部落的首领，他没有奴隶可供交易，于是，他提议双方联手进攻一个内陆部落。霍金斯在袭击中俘虏了 450 多名部落成员，但是遇到激烈的抵抗，死了十名水手。霍金斯接受了这个损失（非洲人的遭遇显然不在他的考虑之内），离开非洲，横渡大西洋，在圣多明各登陆，用奴隶交换衣物、食品、玉米和铁。然后，舰队继续前往几年前成功进行过贸易的博布拉塔。

这一次，他们就没那么走运了。与西班牙殖民地的非法贸易以惊人的速度扩张。1567 年，有五支舰队到博布拉塔进行贸易。在霍金斯抵达之前，一支法国舰队和一支英国舰队（指挥官是德雷克前一年的合伙人约翰·洛弗尔）已经来做完生意离开了。市场上已经挤满了奴隶，霍金斯只好继续沿着海岸为他的货物寻找市场。在里奥阿查，市民拒绝交易后，霍金斯"袭击"了城镇。在进攻中，他的两名士兵被"火绳枪"射中身亡，但是当他占领城镇后，"西班牙人却毫发无伤，因为他们在一番齐射后全都逃走了"。

殖民地当局在向西班牙官员报告这一事件时，说英国军队有600 多人，为占领这座城市损失了 30 人，总督的兵力远远不及，只能接受对方的勒索。在这份报告中，总督"做出了巨大的贡献，所有人都惊讶于他的英勇，因为今天回顾起来，所有当时在场和后来听说这件事的人都充满了恐惧"。西班牙人战战兢兢地用黄金、白银和珍珠交换了奴隶和布匹。贸易蓬勃发展。

霍金斯的舰队继续沿着西属美洲的海岸航行，7 月 12 日到达了卡塔赫纳（Cartagena）附近。这里对英国商人的抵制是实实在在的。"卡塔赫纳是海岸线上能够看到的最后一座城市，我们认为，在这里不可能与任何西班牙人达成交易。总督的态度直截了当，而且我们刚刚在附近做完了生意，再花时间冒险登陆是不明智的，于是，我们在 7 月 24 日和平地离开了。"事实证明，这是唯一一个真正抵制英国商人的城市。舰队希望在飓风季之前离开加勒比地区，向佛罗里达海峡驶去。然而，在古巴的最西端，舰队遇到了"一场持续四天的猛烈暴风雨"。为了寻求庇护，他们"靠近佛罗里达海岸，因为海岸很浅，找不到船只可以停泊的地方"。舰队受损严重，求救无门，被强劲的洋流卷入墨西哥湾更深处。

维拉克鲁斯是这一地区唯一的避风港，位于新西班牙东海岸，这个名字是从前阿兹特克帝国的旧称。在前往维拉克鲁斯途中，野心勃勃的霍金斯俘虏了三艘西班牙商船和船上的一百多名乘客。他打算将这些"人质"作为讨价还价的手段，"好让我们能买到更多的食物，并找到一个安静的地方修理船只"。六艘英国武装战舰抵达维拉克鲁斯，震惊了港口当局。霍金斯注意到，海港里挤满了"12 艘船，据报告，船上有 20 万磅的黄金和白银"。他的舰队进港时，当年的财宝船队（墨西哥船队）正满载着一年来从新西班牙搜刮的黄金和白银，等待武装护航队来护送它们返回西班牙。

霍金斯既没有力量也没有意愿去进攻这支庞大的舰队。他用人质换安全，开始修理受损的船只。然后，西班牙战舰从塞维利亚驶来：13 艘装备精良的大型战舰，满载着士兵和大炮。霍金斯有两个选择：封锁港口，不让西班牙舰队进入，这意味着到了 9 月，他的舰队会在飓风中遭遇灭顶之灾；或者，允许西班牙舰队进港，一旦它们安全了，就有可能逮捕他。霍金斯在日记中写道："我面临着两种危险，不得不选择其中一种。"由于"担心女王陛下会对如此重大的事件感到震怒"（英国和西班牙处于名义上的和平状态），霍金斯选择了"不确定的风险，而不是确定性的灾难"。西班牙人承诺会让他完成修理工作并不受干扰地离开之后，他决定允许西班牙舰队进港。他把他的小舰队布置在岛屿低处的防波堤（如果他们的锚索被砍断，也是处在港口上风和上游的位置），并与西班牙官员交换了 10 名人质。

　　新西班牙的新任总督马丁·恩里克斯（Martin Enríquez）与舰队一同抵达，他欣然同意了霍金斯提出的条件，并说："我相信你们抵达这座港口是迫于生存需要……因此，我愿意接受你信中的提议……我完全相信，我的舰队成员能够手无寸铁地登陆该岛，完成自己的任务，绝不会受到任何形式的骚扰。我非常有信心，两支舰队都是纪律严明的，当我们见面时，双方能够建立更加深厚的友谊。"

　　霍金斯过去打过交道的殖民地官员与西班牙宫廷的关系都很疏远，这些人与他自己有着共同的利益——相互贸易。然而，新西班牙的总督有他自己的计划。他的职业生涯，或许还有他的整个人生，都取决于如何对待英国闯入者。根据西班牙法律，他们甚至无权进入属于西班牙的半球，更不用说进行贸易了；现在，竟然还要由他们批准西班牙帝国舰队和新西班牙总督进入维拉克鲁斯港。恩里克斯不打算让英国舰队离开。

　　总督的计划是秘密集结一支150人的军队，携带火绳枪、剑和盾牌，乘一艘900吨重的大船漂向英国舰队，一旦靠近，西班牙人就冲出来战斗。与此同时，海岸部队将向霍金斯的水手和炮手驻扎的小岛发起进攻。但是，霍金斯嗅到了阴谋的气息："有一些奇怪的迹象，比如将武器从一艘船运到另一艘船；将大炮对准岸上我们的船员休息的地方；水手们成群结队地忙碌着，他们本不应该有那么多事情可做。还有其他许多可疑的迹象，让我们产生了强烈的怀疑。"总督向他保证不用担心。然而，随着夜幕的降临，废船漂到了霍金斯的舰队附近。霍金斯担心西班牙人有阴谋，命令舰队尽快启航。这时候，西班牙的大船开火了。

　　总督俘虏了霍金斯的信使，发出了进攻的信号。霍金斯悲伤地回忆道："我们在海岸上休息的士兵吓得四散逃窜，想要回到船上去帮忙。西班牙人早有准备，他们成群结队地从海滩各处登陆，不用小艇，行动迅捷，毫不留情地把我们的人赶回岸上。少数人逃到了耶稣号（Jesus）上。据估计，敌人的大船上秘密部署了300人，立刻扑向宠臣号（Minion）。"随后发生了一场激烈的战斗，失控的西班牙军队洗劫了维拉克鲁斯。

　　对霍金斯来说，幸运的是，总督在大船与英国舰队短兵相接之前就发出了进攻的信号，这给了他们准备迎敌的时间。数百名西班牙士兵从大船上跳下来，奋力登上英国战舰。绝望中，轻装上阵的英国水手奋起反击，用小型火炮向西班牙人扫射，挥舞着刀剑劈砍，但是他们没有胜算。他们在人数和武器上都远远落后。第一次袭击中就有数百名英国人被杀，有人滑入港口的深水区溺死，还有人被俘，后来被拷打致死。

　　霍金斯舰队的六艘船中有三艘拼死逃出了停泊处，通过狭窄的海峡逃到海上，又遭到了海岸上西班牙大炮的无情打击。其中一艘船几乎被炸得支离破碎，索具完全损毁，无法修复，桅杆也被炮火击中。霍金斯用这条船做掩护，保护剩下的两艘船。这时候，一艘满载着沥青和石油的驳船，燃烧着熊熊烈火，穿过烟雾，向霍金斯被围困的三艘船缓缓驶来。大多数人在驳船撞上来之前逃走了，但也有一些人被困在船上，最后在燃烧的残骸中被俘。可能是由于黄昏将近，加上刺鼻的火药味和燃烧的船帆冒出的滚滚浓烟，霍金斯的船员才逃脱了全军覆没的命运。

　　夜里，弗朗西斯·德雷克指挥最小的一条船逃往英国。霍金斯和他的同胞们陷入了可怕的境地。他们身处一个充满敌意的地方，被困在一艘受损严重的船上，几乎没有补给，还有几十名伤员（总共约有 300 名幸存者）。幸运的是，另一场暴风雨阻止了西班牙舰队离开港口。击退英国舰队后，总督立即命令他的部队开始修理受损的财宝船和战舰，准备横渡大西洋。对他来说，将黄金运到塞维利亚远比追击敌人重要得多，仅存的两艘英国战舰已经元气大伤，无法对西班牙的利益构成严重威胁。霍金斯在附近的一个小岛躲过了两天的暴风雨，然后开始沿着海岸拼命寻找淡水和食物。两周后，他找到了一个合适的登陆点。他手下半数的水手选择留在岛上，比起西班牙巡逻队和传说中恐怖的佛罗里达印第安人，他们更害怕驾驶一艘补给不足而且受损严重的船横渡大西洋。

　　霍金斯和剩下的水手沿着佛罗里达海岸向北航行，等候顺风将他们吹向东边的英格兰。但是命运没有站在他们这边。霍金斯说：“天气越来越冷，不断有人饿死，剩下的人虚弱得几乎不能驾船，风向一直不利于我们返回英格兰，我们决定前往西班牙的加利西亚（Galicia），好让我们的船员喘口气。”

　　于是，这群饥肠辘辘、伤痕累累的船员转向东方，穿越狂暴的海洋。他们在西班牙海岸的水湾躲了三个星期，补充食物和淡水。最后的厄运还在等着他们，许多饥饿的水手因为短时间内暴饮暴食，腹痛而死。1 月初，少数幸存者灰头土脸地回到英国。霍金斯为返航途中船员的艰辛和自己的不幸深深叹息，写道：“如果要详细记述这趟悲伤的航程中所有的灾难和麻烦，描写所有那些幸存者和殉难者，那么需要一个痛苦的人拿起笔，花费很长很长的时间。"

弗朗西斯·德雷克比霍金斯早几天抵达英国，他立刻代表霍金斯和他自己向英国政府申请私掠许可证，准备向西班牙人发起报复。德雷克在维拉克鲁斯抛弃了霍金斯，霍金斯对这件事的感受我们只能猜测，不过无论如何，他没有让他的感受影响到他的复仇计划。德雷克是一位雄辩而充满激情的演说家，很可能为他的复仇之旅赢得支持。伊丽莎白女王（Queen Elizabeth）否决了他们两人的"官方"复仇计划，但是德雷克在得到女王的正式批准之前，已经至少两次前往西印度群岛。虽然伊丽莎白女王担心跨越分界线会激怒强大的西班牙，但是，她乐于看到英国商人在加勒比海进行贸易，因此，对私人资助的针对西班牙船只的报复性远征，她选择了睁一只眼闭一只眼。

随着西印度群岛对外贸易的增长，西班牙的反制也愈演愈烈。"非法"贸易商——同时也是异端——激怒了西班牙人，为了维护瓜分世界的秩序，1562年，西班牙海军进攻并摧毁了佛罗里达海岸上法国殖民地加罗林堡，屠杀了那里的定居者（就在霍金斯到访该殖民地的几个月后）。这场为了捍卫分界线的神圣不可侵犯而进行的战斗，导致西班牙与法国和英国之间陷入了非官方的战争状态，但是，为了维护教皇诏书授予的垄断地位，西班牙别无选择。

16世纪以来，教皇的权威在欧洲北部逐渐衰落。越来越多的北方国家拒绝天主教会的权威，转而支持"土生土长的"新教（有时候作为国教）。这种宗教信仰的转变在国际政治和宗教方面都有其基础。1569年之后，英国、法国和荷兰商人与海盗在加勒比海变得更有侵略性，手段更加暴力，政治动机更加强烈。一点点非法贸易就能让外国人满意的日子已经过去了，大肆掠夺成为英国私掠船的新产业。直到 1571 年，弗朗西斯·德雷克都在巴拿马海岸的查格雷斯河（Chagres River）附近袭击西班牙船只。德雷克与法国海盗组成联盟，开发了一种战术，这种战术后来又被该地区的其他海盗成功复制。德雷克将自己的旗舰藏在隐蔽的水湾里，用一艘划桨的小艇出去劫掠。小艇速度快，难以察觉，而且可以在大型船只无法安全行驶的靠近海岸的地方航行。用这种办法，德雷克和他的私掠船横扫了沿海城镇和近海航运。在不到三个月的时间里，他们俘虏了"12 或 13 艘查格雷斯河上的小帆船，每艘船上都满载着整包的布匹和商品，大约价值 15 万比索。他们发现收获实在太多了，便从中挑出两艘小帆船，装满布匹和箱子带走了"。夏天结束前，德雷克带着大批贵重货物回到英国。第二年，他又回到属于西班牙的半球，这次他有一个更加大胆的计划。

希马伦人（Cimarrons）是居住在巴拿马丛林中的逃亡黑奴，为了生存，也为了复仇，他们会围捕西班牙的骡车队。这些人非常凶残，经常将巴拿马和农布雷-德迪奥斯（Nombre de Dios）之间的整队旅行者屠杀殆尽。让西班牙官员庆幸的是，希马伦人对黄金和白银不感兴趣，这些又重又软的金属在丛林中毫无价值。他们会将受害者的衣服、武器、食物和酒洗劫一空，但很少拿走金银。1572 年后，情况发生了变化，因为他们遇到了弗朗西斯·德雷克。

德雷克从英国直接航行到伊斯帕尼奥拉岛，补充淡水和食物，然后前往加勒比地区巴拿马海岸的一个避风港"弗桑特堡"

("Fort Phesant")①。他在这里修建了 30 英尺高的巨型栅栏，包围了几乎所有的土地。两个星期后，德雷克率领他的私掠船从这个基地出发，直扑农布雷-德迪奥斯，准备洗劫这座城镇。英国入侵者在夜间偷偷登陆，突袭了当地民兵。他们来到城镇广场，用喇叭和鼓制造出刺耳的噪音，点燃巨大的火把，"与其说是为了给我们的人照明，倒不如说是为了震慑敌人。火光亮如白昼，将每一个角落都照得一清二楚，居民们呆若木鸡地望着眼前的景象，鼓声和号角声从四面八方传来，使他们以为我们的人数远比实际上多得多"。

西班牙民兵用他们的火枪进行了"一次猛烈的齐射"，打伤了几个英国人，杀死了一个乐师，在中央市场这番短暂的冲突之后，西班牙人逃跑了，他们以为德雷克的军队比实际上多得多。德雷克率领旗开得胜的部队沿着狭窄的街道前进，直奔总督的宅邸。德雷克后来回忆说，他们冲进大门，在他们面前，"靠墙堆放着堆积如山的白银……（根据我们的估计）有 70 英尺长、10 英尺宽、12 英尺高"。德雷克大受震撼，但是先把这些白银放到一边，率领一小队士兵向"靠近水边的"国王的金库走去。或许是为了诱惑他的手下继续奋勇前进，德雷克说，那里有"我们的四艘小艇都装不下的金银珠宝"。

然而，德雷克毫无征兆地向前扑倒，"他浑身无力，眼睛看不见了，也说不出话来，他开始因失血而昏厥，我们这才发现，他在第一次遭遇战中腿部受了伤，血沿着沙滩流了一路"。士兵们为指挥官的生命感到担忧（他们知道，如果他死了，他们就再也回

---

① phesant 意为"野鸡"，因德雷克在此地捕获了大量这种飞禽而得名。——译者注

不了家了),"他们认为,一个人流了这么多血不可能活下去",急
忙拖着受伤的德雷克回到港口,把他抬上一艘小艇,逃到附近的
一座岛屿上休养。虽然情势危急,但德雷克的士兵仍然保持着清
醒的头脑,他们早有先见之明,带来了一艘满载葡萄酒的西班牙
帆船,"好让我们的同胞过得舒服些"。

    德雷克对失败感到沮丧,又担心手下士气低落,打算迅速对
西班牙在新大陆的另一个重要城市卡塔赫纳发起进攻。他们沿着
西属美洲向南航行,得知他们入侵的消息已经传遍了整个地区。
德雷克注意到卡塔赫纳防卫森严,高度戒备,马上放弃了进攻这
座城市的计划。英国人转向用劫掠来满足他们对复仇的渴望和对
补给的需求。他们袭击了沿着海岸从卡塔赫纳向北的一个小镇
[位于马格达莱纳河(Magdalena River)上游],俘虏了六艘载有
牲畜、玉米和其他食品的小型护卫舰。现在他们有了充足的补给,
可以在西印度群岛逗留很长时间了。

    德雷克准备等到雨季结束,然后在第二年春天偷袭满载珍宝
的骡车队。西班牙的巴拿马船队抵达卡塔赫纳之前,满载金银的
车队不会离开巴拿马城(Panama City)。舰队抵达时,一年一度
的农布雷-德迪奥斯集市就开始了:这个集市以漫天要价、疾病滋
生、腐败、肮脏和不卫生的住宿条件而闻名。德雷克计划避开集
市,在陆路运输的半途中截获黄金。英国海盗在希马伦人的帮助
下,整个雨季都在忙着探索这一地区,为伏击制订计划。德雷克
造访了隐藏在巴拿马丛林深处的希马伦村落,村子的整洁有序给
他留下了深刻的印象。

    等待是漫长的。尽管补给充足,他的船员们还是饱经磨难,

不是由于饥饿或坏血病，而是由于黄热病。有十个海盗染上了这种疾病，包括德雷克的一个兄弟约瑟夫（Joseph），在泥泞的沼泽中悲惨地死去。为了弄清楚兄弟的死因，绝望的德雷克下令解剖约瑟夫肿胀的尸体。医生"发现他的肝脏肿大，像浸透了水一样，其他内脏却完全正常"。然而，这次粗糙的实验没有带来医学方面的进展，德雷克的计时员说："这是我们的船长在这次航行中做的第一次，也是最后一次解剖学实验。"第二年春天，德雷克和海盗们迫不及待地离开了他们的临时要塞。他们和希马伦盟友在一个隐蔽的地点会合。从这里开始，希马伦人组织了整个行动：旅行、食物、住宿，甚至鞋子（英国人没有合适的鞋子，而在崎岖不平的地带这是非常重要的）。只有2月进行的伏击是由德雷克和他的手下负责的。一支精锐部队由15名希马伦战士领头，18名英国士兵紧随其后，另外15名希马伦战士断后（以防英国人在丛林中迷路），"他们在凉爽宜人的森林中行进，树木高大浓密，在这个炎热的地区，走在树下要比英国大部分地区的夏季凉爽得多"。

德雷克从希马伦人那里听说过关于南海（South Sea）的传言，他爬上一座高山上最高的一棵树。透过浓密的树叶，可以看到太平洋，即传说中的"西班牙湖"。他是第一个看到这片禁止英国人进入的水域的英国人——实际上，任何西班牙人以外的旅行者都不允许进入这片水域。德雷克心中充满了在其中航行的渴望，默默地祈求"仁慈的、全能的上帝赐予他生命，允许他驾驶英国船只在这片海洋中航行"。从那天起，他的环球航行的梦想诞生了。

希马伦战士带领英国海盗来到巴拿马靠近太平洋海岸的丘陵平原，在那里等待他们的猎物。这一次，他们没有等待多久：第二天就有一队骡车从巴拿马过来。希马伦人做了充分的准备，在道路上巡逻并俘虏了一个西班牙哨兵，但计划还是被一个德雷克的人泄露了。这个名叫约翰·派克（John Pike）的水手"喝了太多不掺水的葡萄酒，得意忘形，叫上一个希马伦人，跌跌撞撞地冲到路上"，袭击了西班牙人的骡车。这是一次鲁莽的行为，西班牙人得到了警告，埋伏暴露了。

　　隐蔽着的希马伦人向西班牙人冲去，西班牙人用火枪射击，挥舞着其他的武器，但是无济于事。很多西班牙人被杀（这让希马伦人很高兴），留下了很多补给品（这也让希马伦人很高兴），但是那些满载着金银珠宝的西班牙骡车掉头逃跑了。骡车满载着沉重的货物，匆匆逃回了附近的城镇维拉克鲁斯。德雷克不是那么容易就被挫败的。他知道，"为已经过去的事情悲伤是徒劳无益的"，并决定去夺取那批西班牙财宝，"考虑到前一天和昨晚，我们刚刚经历过漫长而疲惫的行军，现在他打算走一条最近也最方便的路"。

　　手下人享用着刚刚抢到手的食物时，德雷克仔细观察了维拉克鲁斯，计算了它的防御能力。很快，在德雷克的敦促下，英国海盗和希马伦人开始向这个城镇进发。快到目的地时，他们遇到了一群西班牙士兵和修道士，西班牙人立刻开枪射击，杀死了一个德雷克的人。随后是血淋淋的肉搏战，一个西班牙士兵刺伤了一个希马伦人，后者用长矛将敌人开膛破肚，两人同归于尽。六名西班牙人阵亡，包括一名修道士。剩下的西班牙人逃走了。在城里，德雷克又一次失望了：他找不到财宝。希马伦人倒是搜罗到许多对他们来说非常有价值的实用物品。最后，心灰意冷、士气低落的船员们步履蹒跚地穿过丛林，回到大西洋海岸。这花了他们三个星期。如果说西班牙人既惊慌又懊恼，那么德雷克的人也一样。神出鬼没的西班牙财宝又从他们手中溜走了。德雷克继续鼓动他们，让他们相信如果坚持按照计划行事，不出一个月他们肯定会发财。德雷克知道，"再没有比拖延和无所事事更糟糕的了"，他让手下人忙着修理小艇，练习使用武器和四处探险。

在海岸边，他们遇到了法国私掠船，得知了 1572 年发生在法国的圣巴塞洛缪节（St. Bartholomew's Day）大屠杀，这一天有大批法国新教徒遭到杀害。听到这个消息，德雷克的人对西班牙人充满了仇恨，并开始计划一次新的袭击。法国人也加入了他们的计划，不过究竟是出于爱国主义还是贪婪，就很难说了。颇有价值的希马伦人也同意加入突袭的队伍。维拉克鲁斯附近的伏击失败两个月后，海盗们再次开拔。他们不想再一次在丛林中艰难跋涉三个星期，于是计划在财宝车队进入东海岸的农布雷-德迪奥斯之前进行拦截。

这一次，多国联军埋伏在路边的树丛中，静静等待着西班牙财宝的到来。第二天，希马伦侦察兵听到了骡车队接近的喧嚣声。这一次，袭击是成功的（或许是德雷克把葡萄酒稀释了）。"大约四十五名士兵……用火枪和弓箭射击了一番……不过最后，这些西班牙士兵认为最好的办法是把他们的骡车留给我们，回国去寻求帮助。"德雷克和他的船员花了几个小时的时间，将骡车上最值钱的东西，比如金锭和金条洗劫一空，将"大约 15 桶白银"埋在地下，然后逃离了现场，带着沉重的财宝蹒跚地穿过丛林。

他们发财了，而且很安全。疲惫的幸存者们在海边的要塞里休息，享受他们的成功，回想一年来的冒险经历：先是幻灭，继而是灾难，然后是绝望，最后是惊人的成功。法国和英国海盗瓜分了财宝，将"多余的"船只凿沉和烧毁，以便让希马伦人拿走铁器和钉子。在启程返回英国之前，德雷克对自己的成就非常满意，他把船上多余的布匹和其他各种商品送给了立下大功的希马伦盟友——或许是因为跟黄金比起来，这些货物又重又不值钱。德雷克写道，他们带着"美好的爱和友谊离开了那里的人民"。

从英国出发一年零三个月后，德雷克的私掠船队回来了。被西班牙人憎恨的德雷克成了英国的英雄。他从源头攫取了西班牙的黄金，直接威胁到西班牙对分界线以内领土的主权。德雷克开创了一个先例。他回国后，英国私掠船在加勒比地区的劫掠活动大幅增加。然而，西班牙和英国并没有正式交战。虽然双方在欧洲可以和平共处，但是同样的法律并不适用于《托德西利亚斯条约》的分界线以西。1577 年，德雷克又一次航行到西班牙的海域，这一次，他绕过合恩角（Cape Horn）进入太平洋，也就是1574 年在巴拿马袭击骡车队时他曾经瞥见的神秘的"西班牙湖"。从秘鲁到巴拿马，他一路洗劫西班牙船只和城镇，然后追随麦哲伦的足迹，向西横渡太平洋，环游了世界。经过三年的航行，他舰队的残部带着从太平洋上的西班牙船只那里掠夺来的大量战利品返回英国。由于他的贡献，德雷克被伊丽莎白女王册封为爵士。

16 世纪 70 年代和 80 年代，英国私掠船受到德雷克成功的鼓舞，加强了对西印度群岛的西班牙船只的劫掠。毫不奇怪，西班牙的报复也与日俱增。不过，至少在公开场合，欧洲的君主们都忽略了这回事。腓力二世正与苏格兰女王玛丽（Mary）和英国天主教会秘密勾结，伊丽莎白女王则公开谴责英国海盗，以避免全面战争。然而，在私下里，英国王室很少起诉或惩罚那些即使是最明目张胆的海盗，只要他们的目标限于西班牙船只。这种形势是很不稳定的，而且不会持续太久。伊丽莎白从理论上对分界线提出了挑战，她说："海洋和空气为全世界共同享有；海洋不归属于任何民族或任何个人。"她的顾问威廉·塞西尔（William Cecil）对西班牙驻伦敦大使说："教皇无权瓜分世界，也无权将王国赐予他喜欢的人。"

到了 16 世纪 80 年代，战争似乎不可避免了。1585 年，荷兰共和国反抗西班牙，为独立而战，伊丽莎白女王派出了英国援军。可能是为了报复，停泊在西班牙港口的英国船只连同货物被没收，船员被监禁。可以想见，这在英国引发了抗议：商人们要求赔偿。在两个月内，英国海军上将审查了商人们的要求，如果他们被认定为合法，就能拿到私掠许可证，合法地为船只装备武器，通过海盗行为补偿他们的损失。这不是正式的宣战：毕竟，这些行为都是私人的，而不是政治上的。1585 年，大批私掠船涌向西印度群岛。英国政府在颁发私掠许可证方面更加自由；只要支付一小笔费用和一部分利润，几乎任何人都能拿到想要的文件。

有一些商人的诉求是正当的，但是也有很多人为了获得文件，编造了最初的损失，还有一些船只没有手续，连合法性的外衣都不要，直接以海盗的身份航行。归根结底，这些区别只是理论上的，无论有没有许可证，西班牙官员对所有的海盗一视同仁：要么上绞架，要么以其他方式断送性命。德雷克没有被吓倒，1585 年 9 月，他再一次无所畏惧地航行到西印度群岛。这一次，他的舰队有 20 艘船、2 300 多名士兵和水手，准备进攻圣多明各和卡塔赫纳。但是，灾难发生了。700 名船员在途中感染了黄热病，舰队只得返航。

16 世纪余下的时间里，在德雷克史诗般的成就的鼓舞下，热情的商人和冒险家在加勒比地区对西班牙船只发起了数百次袭击。德雷克本人又在 1587 年、1589 年和 1595 年指挥了远征，最后在农布雷-德迪奥斯病逝。英国水手约翰·胡克（John Hooker）在 16 世纪 80 年代写道，德雷克的航行"点燃了整个国家海上探险的欲望，无数准备就绪的船只、水手和士兵怀着同样的成功渴望，去往任何可能有利可图的地方"。许多一无所有、无所畏惧的英国水手，甘愿冒巨大的风险来改善他们的生活。"掠食者"是对他们最准确的描述。

虽然敌对行动不断增加，但是直到 1587 年，英国和西班牙仍然没有宣战。腓力二世耐心地与英国天主教会密谋推翻伊丽莎白一世，让英格兰王位可能的继承人、苏格兰女王玛丽·斯图亚特（Mary Stuart）取而代之。在英格兰以及欧洲，罗马天主教徒都不承认伊丽莎白为女王，因为她是她父亲在第二次婚姻中生下的女儿，根据天主教教义，是一个私生女。根据他们的理论，如果伊丽莎白死了，玛丽将成为下一任英国女王。玛丽是一个虔诚的天主教徒，偏袒西班牙，她可能会阻止英国海盗对属于西班牙的半球的劫掠。但是，有一个新教徒坐在王位上，就几乎不可能承认教皇亚历山大对世界的划分，也不可能承认西班牙在大西洋海域垄断的合法性。

1586 年，针对伊丽莎白一世的暗杀阴谋被揭穿，1587 年 2

月，玛丽因叛国罪被处决。西班牙最终向英国宣战。第二年，"不可战胜的"西班牙无敌舰队向北航行到英格兰，结果遭遇了灭顶之灾。猛烈的暴风雨和机动灵活的英国海军歼灭了大部分西班牙舰队。两国之间的正式战争持续了 15 年，直到 1603 年，伊丽莎白一世去世，她的继承人詹姆斯一世（James I）才与西班牙达成休战协定。

西班牙和英国在分界线另一头的冲突以个人英雄主义著称，留下了许多名垂青史的冒险故事，不过，腓力二世在欧洲的对手不仅仅限于英国，双方的争端可以视为一场代理人战争，背后的推手是整个西欧更大的文化和宗教动荡。正如前面提到的，宗教改革和腓力二世的反宗教改革用战争撕裂了欧洲，对乡村的破坏可能需要数代人才能恢复。人们难免会得出这样的结论：腓力从美洲攫取的财富主要被用于欧洲的宗教战争，为这些冲突付费的财宝箱里装满了来自美洲的金银和葡萄牙香料的利润——这一切的源头都可以追溯到教皇亚历山大六世对世界的划分。

腓力二世的外交政策和战略深深根植于他对天主教的热情和对大一统的欧洲王朝的憧憬，但意识形态战争是一种昂贵的消遣。欧洲宗教冲突的精神、社会和行政基础涉及诸多方面的社会矛盾和国家之间的相互竞争，不过，来自美洲的财富对腓力二世咄咄逼人的外交政策至关重要。腓力从美洲被征服的土地上掠夺来的收入流入了两个用途：在东欧抗击奥斯曼帝国的伊斯兰入侵者；在西欧争取精神上的纯净和统一，消灭新教和异端邪说。

在大西洋上，英国私掠船以海盗行为的方式向世界的划分发起了挑战。在世界的另一端，另一个新崛起的海洋国家荷兰也在做同样的事，目标对准了葡萄牙而不是西班牙（不过这时候，腓力二世是这两个国家的君主）。荷兰水手为了从不断扩张的全球经济中分得一杯羹，怀着贸易和掠夺的双重目标，绕过非洲，进入属于葡萄牙的半球。不过，他们的进攻远比英国人更加有组织、有纪律。

{ 第十章 }

海洋自由

在 1608 年绘制的一幅正式肖像中，年轻的荷兰律师雨果·格劳秀斯望向一旁，好像在观察着什么东西，但是他没有屈尊转过头去，也没有把全部注意力都放在上面。这是一张睿智的面孔，瘦削的脸颊上长着一个鹰钩鼻，严肃的薄嘴唇上留着打蜡的胡须，下巴上还有一把精心修剪的范戴克（Vandyke）式的小胡子。他穿着正式而严肃的黑色长袍，头发精心梳理过，或许是出于对时尚的妥协，脖子上围着一圈奢华的白色拉夫领。他的表情骄傲、睿智，还有一点轻蔑，似乎对周围世界的浮华抱有一种超脱和不屑——在那些在商业或政治上取得非凡成功的人身上，这种态度并不罕见。他的手里拿着一本小书，仿佛它代表着世界上所有的力量。这幅肖像给人的印象是一只傲娇、挑剔、养尊处优的猫，对自己的处境感到非常满意。他后来的另一幅肖像则描绘了一个更谦逊、更和蔼的学者形象。

1583 年的复活节，格劳秀斯出生于代尔夫特（Delft），直到今天，他仍然被法律界视为"国际法之父"。他的父母社会地位一般，但学识渊博，他是家中的长子。他的大家族中有律师、商人、政府官员和大学教授。格劳秀斯的叔父是莱顿大学（Leiden University）的法学教授，他 11 岁那年便进入莱顿大学，学习文学、哲学、语言和修辞学。在他的家乡，格劳秀斯是一个著名的神童，用希腊语和拉丁语出版过诗集，还翻译并编辑过很多希腊语和拉丁语文本。格劳秀斯与许多著名的人文主义知识分子一起学习，1598 年便在法国奥尔良大学（University of Orléans）获得法学荣誉博士学位，当时年仅 15 岁。为了纪念这一非凡的成就，法国国王亨利四世（Henry IV）授予他一枚金质奖章，并称他为"荷兰的奇迹"。

1599 年，格劳秀斯获得了荷兰法庭和高级委员会的律师资格，这是他辉煌职业生涯的开始。两年后，他被任命为荷兰的官方拉丁历史学家，由于他与尼德兰联省共和国（United Netherlands）首相约翰·凡·奥尔登巴内费尔特（Johan van Oldenbarnevelt）的关系，1607 年，他当上了监察官。随后，他又担任过其他声名显赫的职位，包括荷兰、弗里斯兰（Friesland）和泽兰（Zeeland）的总检察长。30 岁之前，他是联省共和国收入最高、最受尊敬的律师之一，后来又成为高级公务员、议会议员和高级政治顾问。

他娶了有政治背景的玛丽·凡·赖格尔斯贝格（Marie van

Reigersbergh）为妻，进行的投资也很明智。他写过广受欢迎的诗歌、戏剧和法律小册子，其中几部在他有生之年就名噪一时，并对后来欧洲法律思想的发展和演变产生了巨大的影响。格劳秀斯是审慎和值得尊敬的加尔文教徒的典范。但是，他崛起得有多快，跌落得就有多快。1618 年，他卷入了一场新教教派之间关于教义分歧的争执，争执的一方是奥兰治王子（Prince of Orange）、拿骚的莫里斯（Maurice of Nassau），另一方是他的朋友和恩人约翰·凡·奥尔登巴内费尔特。1618 年，格劳秀斯和奥尔登巴内费尔特被捕。他们拒绝为所谓的阴谋道歉，约翰·凡·奥尔登巴内费尔特被斩首，格劳秀斯被终身监禁于卢夫斯泰因城堡（Loe-vestein Castle），他的财产也被没收了。监禁期间，他如饥似渴地阅读，并继续创作他名垂青史的著作之一《战争与和平法》（*On the Law of War and Peace*）。

两年后，他在妻子的帮助下逃出了监狱。他的妻子乔装成格劳秀斯，他本人则藏在一个书箱里逃出了城堡。他逃到了巴黎，他的妻儿随后也到了那里。他在巴黎出版了那部不朽的著作，希望它能够缓和或终止当时席卷欧洲的宗教战争。由于原则上拒绝皈依天主教，他没有资格在法国宫廷任职，不过当了很多年的瑞典驻法国大使。他多次尝试返回祖国，但是因为拒绝承认在 1618 年犯下的错误，均被驱逐出境，一直流亡在外。1645 年，在从瑞典出发的最后一次航行中，他乘坐的船只在暴风雨中失事。他奋力逃到岸上，但是体力不支，很快抱病而死，身后留下了妻子和四个孩子。格劳秀斯生前和身后都被誉为欧洲最重要的人文主义思想家之一。

格劳秀斯对哲学和法律的最大贡献是在他还不到 25 岁时做出的，那时他的政治生涯还没有达到顶峰。1604 年，他的朋友扬·赫罗滕休斯（Jan Grootenhuys）请他为新成立的荷兰东印度公司（Vereenigde Oost-Indische Compagnie，VOC）写一本法律论辩的小册子。1609 年，这部作品的一部分以《海洋自由论》的书名匿名出版。《海洋自由论》第一次向"基督教世界的统治者与自由独立的国家"提出法律上的论据，质疑葡萄牙和西班牙垄断世界航道的权力。这本书的创作初衷是为一艘荷兰私掠船在印度群岛袭击葡萄牙船只做辩护。大卫·阿米蒂奇（David Armitage）是该书早期英译本的再版编辑，他说："很少有如此简洁的著作能够引起如此广泛、如此持久的争论。虽然这场争论是地区性的，但其影响却是全球性的……它对沿海海域的影响不亚于对公海的影响，对西印度群岛的影响不亚于对东印度群岛的影响，对欧洲内部争端的影响不亚于对欧洲列强和欧洲以外的民族之间关系的影响。"格劳秀斯宣称，只要《托德西利亚斯条约》仍然具有合法性，世界上的海洋就会被封闭，并成为无休止的战争的源头。

瓦斯科·达·伽马绕过好望角，挺进印度洋，通过精明的外交和军事手段确保了葡萄牙在印度洋贸易中的主导地位，之后几代人的时间里，葡萄牙海洋帝国统治了印度洋。以实力雄厚的海军和军事技术为基础，通过残酷无情的海盗行为、敲诈和恐吓，葡萄牙沿着非洲大西洋和印度洋海岸，以及整个印度和印度尼西亚建立了一系列防御基地。在一代人的时间里，葡萄牙主导并控制了印度洋贸易网络的绝大部分，在《托德西利亚斯条约》提供的垄断的保护之下，成为欧洲最富有的国家之一。到 16 世纪中叶，葡萄牙的商业活动已经遍布全球。

但是，当时和现在一样，葡萄牙在地理和人口方面都是一个相对的小国。葡萄牙本土有大约 200 万人口，为了维持和保护垄断，需要建造和装备不计其数的商船与军舰，庞大的贸易网络对人力和自然资源都是一个沉重的负担。海难、疾病和海战消耗了男性人口。结果，到 16 世纪后半叶，葡萄牙的贸易企业雇用了很多外国人，尤其是荷兰人从事海事工作。1581 年，腓力二世继承葡萄牙王位时，远洋贸易的全球垄断似乎是自然而然的事。但是，宗教改革正在削弱教皇在商业方面的权威。

同样在 16 世纪中叶，欧洲的王朝政治导致了王国的合并。新任神圣罗马帝国皇帝查理五世（即西班牙的查理一世，正是这位统治者在三十多年前资助了费迪南德·麦哲伦的航行）成为西班牙国王，并继承了勃艮第和低地国家（Low Countries，大致为今天的比利时、荷兰和卢森堡）的公爵爵位。1549 年，在他的统治下，这几个省份成为一个独立国家，即尼德兰十七省联邦（Seventeen Provinces of the United Netherlands）。1555 年，查理五世退位，希望将余生用于祈祷和冥想。他认为自己的帝国太大，无法由一个统治者妥善治理，于是将其一分为二，分给了他的弟弟斐迪南一世（Ferdinand I）和他的儿子腓力二世。斐迪南一世继续统治古老的神圣罗马帝国，腓力二世则成为西班牙国王和新成立的尼德兰联省共和国的国王。腓力将从墨西哥和南美洲攫取的财富用于资助欧洲的王朝战争和反宗教改革运动。对西班牙王室来说，尼德兰联省共和国诸城市的繁荣富足几乎和来自新大陆的黄金白银同样重要。

英国和法国私掠船拒绝了在托德西利亚斯分界线以西旅行和贸易的机会，选择在加勒比海上劫掠西班牙船只；与此同时，欧洲的宗教战争变得更加残酷和教条主义。1568 年 2 月 16 日，宗教裁判所宣布强烈拥护加尔文教派的 300 万联省人都是异教徒，将所有人全部判处死刑。腓力二世命令西班牙军队在残暴的阿尔瓦（Alva）公爵的指挥下镇压当地起义，并对反抗者征收一系列新税。他还命令阿尔瓦公爵执行宗教裁判所的法令，杀死那些不愿意改变宗教信仰的异端。很快，整个地区开始公开反抗伊比利亚统治者。马丁内·朱利亚·凡·伊特叙（Martine Julia van Ittersum）在《利润与原则：格劳秀斯、自然权利与荷兰东印度公司的崛起》（*Profit and Principle：Hugo Grotius，Natural Rights Theories and the Rise of Dutch Power in the East Indies*）一书中写道："荷兰叛军相信，宗教裁判所的邪恶阴谋的目标是，让低地国家沦落到与西班牙在美洲征服的领土同样悲惨的地位上。"

阿尔瓦公爵对荷兰反抗军毫不留情。当时的一本小册子记载，阿尔瓦和西班牙军队践踏所有的当地法律和习俗，"肆意烧杀抢掠，用火刑、绞刑、斩首、轮刑等各种前所未闻的酷刑折磨和杀害荷兰臣民"。人们说，阿尔瓦被"疯狂和愤怒"驱使，几乎不像个正常人。

这场起义不会很快平息。许多年里，低地国家周边不断有军队调度，战事频仍，许多作为商业中心的城市和港口关闭了。安特卫普（Antwerp）曾经为葡萄牙提供了通往北欧大部分地区的商业通道，在混乱期间衰落了。由于西班牙军队及其后援主要集中于南部，荷兰商人和大批新教徒为了逃离西班牙和天主教统治逃往北方，成为经济和宗教难民。阿姆斯特丹获得了大量的人力和货币资本。来自阿姆斯特丹的商人开始装备船只，航行到里斯本，将葡萄牙的香料、布匹和其他东方奢侈品运往北欧。

1595 年，腓力二世禁止荷兰船只进入里斯本。阿姆斯特丹已经成为欧洲最大的商业中心之一，这种行为既损害了葡萄牙的经济，也为阿姆斯特丹的商人提供了经济和爱国主义两方面的理由，在全球范围内向葡萄牙的香料贸易路线发起商业入侵。现在，荷兰商人可以在打击政治和宗教上的敌人的经济和财政的同时，自己赚得盆满钵满。年轻的雨果·格劳秀斯正是在这样的环境下成长起来和进入莱顿大学的。

具有讽刺意味的是，葡萄牙人雇用的荷兰水手使得这种商业进攻成为可能。1596 年，荷兰水手和旅行家扬·许根·凡·林斯霍滕（Jan Huygen van Linschoten）提供了一份特别有价值的信息。他在印度洋和东印度群岛为葡萄牙人航行了近 11 年，他的游记《东印度行纪》（*Itinerario*）主要讲述了他的冒险经历，并站在爱国主义的立场上向荷兰商人和水手提出建议，教他们如何向葡萄牙的垄断地位发起挑战，进入印度洋和印度尼西亚的商业世界。他描述了葡萄牙的防御工事、船只、可能引起东方商人兴趣的货物，以及土著王国的风俗习惯。他还指出了葡萄牙力量最强和最弱的所在，并提供了有价值的建议，告诉他们荷兰船只可能在哪里受到欢迎，以及在哪里可以获得最有价值的肉豆蔻、丁香、肉桂和胡椒等商品。伯纳德·维勒吉（Bernard Vlekke）在《努山塔拉：印度尼西亚史》（*Nusantara：A History of Indonesia*）

一书中写道："林斯霍滕还宣称……葡萄牙的东方帝国已经开始衰败、腐朽、摇摇欲坠，只要轻轻一击，政权结构就会崩溃，打个比方来说，就像果实已经成熟，等待采摘。"

与由国王指挥和资助的葡萄牙商业冒险不同，荷兰的远航是由私人投资者资助的独立事业。九名荷兰商人组织了第一支本地探险队，无视葡萄牙的垄断和支持《托德西利亚斯条约》的教皇法令，取了一个浪漫的名字——"远方公司"（Company for Far Places），前往香料群岛。

这支探险队有四艘船，由科内利斯·德·豪特曼（Cornelis de Houtman）指挥。豪特曼是个商人，曾经航行到葡萄牙并在那里生活过，或许更重要的是，他是初始投资人之一的亲戚。豪特曼是一个无能的领导者，糟糕的决策使舰队陷入了灾难，249名船员中超过半数死亡，一艘船沉没，但是无论他走到哪里，都受到马来商人的热情欢迎。尽管他冒犯了许多客户，货物补给也不足，但是他受到了热情的接待，仅仅因为他提供了竞争的可能性。葡萄牙和西班牙商人不尊重当地风俗，特别是不尊重当地宗教是出了名的。豪特曼的航行虽然没有实现商业或外交方面的更多可能，但他带回阿姆斯特丹的少量香料的利润就足以支付这次探险的费用，这激起了投资者继续冒险的欲望。

这些投资者是精明的商人，不怕铤而走险，他们立刻意识到，如果能够弄回满满一船香料，就能大赚一笔。他们匆忙组建了一个新公司，选择了一位新指挥官雅各布·科内利松·凡·内克（Jacob Corneliszoon van Neck），交给他一支由七艘船组成的舰队。从这次航行开始，荷兰船只将全副武装，以抵御葡萄牙人的

进攻。在内克的外交政策下，荷兰人开始赢得诚信的声誉。在万
丹港（Banten）和整个香料群岛，内克的舰队所到之处都受到欢
迎。返回阿姆斯特丹时，船上装满了珍贵的香料，尤其是胡椒，
投入市场后为投资者带来了 400% 的惊人利润。在爱国主义和贪
婪的激励下，荷兰人组织了更多的航行，几年之内，至少有 5 家
贸易公司派出 22 艘船前往香料群岛。

在印度群岛，新来的荷兰商人宣称他们是葡萄牙人的敌人，
并受到了友好的接待。1601 年，多家公司从阿姆斯特丹派出 65
艘船前往属于葡萄牙的半球，不久，荷兰探险队就造访了该地区
几乎所有的海岸和港口，建立起坚实的贸易工厂和基地网络。这
些荷兰探险家或许成功过头了：当地市场上充斥着来自北欧的商
品，以至于他们开始抬高香料价格，压低自己货物的价格。

1602 年，为了限制荷兰企业之间的竞争，将矛头对准共同的
敌人葡萄牙和西班牙，在尼德兰联省共和国议会的压力下成立了
荷兰东印度公司。1603 年 12 月 18 日，第一支东印度公司的舰队
从阿姆斯特丹启航，此行的目的不仅是进行香料贸易，还包括攻
击葡萄牙的船只和要塞。正如菲利普·D. 柯廷（Philip D. Cur-
tin）在《世界历史上的跨文化贸易》(*Cross-Cultural Trade in
World History*) 一书中所说的："在起步阶段，荷兰东印度公司
的军事力量比货物贸易更加重要。与其说它是一家资本主义贸易公
司，不如说它是一个海盗集团，由政府利益主导，但是从投资者而
不是纳税人那里获得资金，目标是打击葡萄牙在亚洲的势力。"

正如加勒比海上的英国人一样，荷兰政府和主要的荷兰商人
都知道，如果他们想参与全球贸易，就必须杀出一条血路。在荷

兰东印度公司对葡萄牙采取半官方的侵略政策之前，对葡萄牙航
运的攻击（通常是为了报复葡萄牙对荷兰船只的攻击）是随意和
非官方的，由心血来潮的船长个人发起。在荷兰东印度公司之前
的时代，有一次航行在政治、哲学和法律上产生了特别深远的影
响——远远超出了其船长的预期。

在肖像画中，雅各布·凡·海姆斯凯克（Jacob van Heem-
skerck）是一个相貌凶狠的人，面容粗犷，头发剪得很短。他穿
着那个时代男性通常的装束，留着夸张的范戴克式的小胡子。他
的正式肖像显然耗费了大量的时间和不菲的金钱，或许是为了彰
显他的地位，又或许是为了追逐上流社会的时尚，他选择了不对
称的宫廷领饰；他还穿着一套金属板甲，因为在充满危险和暴力
的印度群岛贸易中当船长，战争和商业活动是同时进行的。

海姆斯凯克是一个经验丰富的商人，1601 年春，他率领七艘
船从阿姆斯特丹出发，1602 年 2 月抵达爪哇岛的班塔姆港（Ban-
tam）。途中，他的舰队在加那利群岛附近遭到一支由 12 艘西班牙
大帆船组成的舰队的攻击，一艘船受损，一些船员被杀。幸存者
对西班牙人和葡萄牙人的仇恨更深了。在香料群岛，他的五艘船
装满了丝绸和瓷器等异国商品，准备返回阿姆斯特丹。

在为剩下的两艘船寻找货物时，海姆斯凯克听说西班牙官员
在澳门处决了 17 名荷兰水手。他还了解到，葡萄牙最近袭击并封
锁了主要的香料贸易港口，阻止荷兰船只进入。事实证明，已经
很难找到一船贵重的香料。所以，当他听说葡萄牙商船可能在新
加坡附近通过海峡时，就带着他的舰队出发了。他相信，由于东

方海域没有统一的警察或法律，执法权就下放到个人手中。他必须亲自动手，向杀害荷兰水手和袭击荷兰船只的葡萄牙人讨回公道。他宣称："由于没有荷兰战舰来制止敌人，我们必须自己动手。"如果在这个过程中，让他自己和公司都赚到了钱，那将是额外的好处。2月23日清晨，他发现了一艘从澳门向马六甲缓慢行驶的武装商船，便冲上去发起进攻。经过几个小时的战斗，葡萄牙的圣卡塔琳娜号（Santa Catarina）的船员投降，他们保住了性命，但是船上的货物被没收了。货舱里有成捆的中国丝绸和其他贵重商品。这艘抢来的船和货物回到阿姆斯特丹，最终价值超过300万荷兰盾，这是一个惊人的数字。法院下令将这笔钱付给了海姆斯凯克、他的船员和联合阿姆斯特丹公司（United Amsterdam Company）的董事们。

并不是所有人都感到满意。自然，葡萄牙人要求归还他们的船只和船上的货物，他们声称，捕获船只与海盗行为无异，即使在战争期间，海盗行为仍然是非法的。更重要的是，联合阿姆斯特丹公司的一部分主要投资人也出人意料地表示强烈反对。这时候，该公司已经是荷兰东印度公司垄断的一部分。这些投资人是荷兰的门诺派（Mennonites）教徒，他们认为作为一个商贸公司，参与暴力袭击外国航运是不道德的。他们似乎没有考虑到这样一个事实：由于违反教皇授予的垄断，荷兰船只在印度群岛屡屡遭到攻击；为了从西班牙争取独立，尼德兰联省共和国自身也在进行一场旷日持久的血腥斗争。他们主张，该公司不是荷兰海军的延伸，因此不应该与西班牙和葡萄牙开战，并将掠夺来的货物据为己有。这一小群投资人公开谴责海姆斯凯克的行为，拒绝接受他们的分红，并威胁要建立一个与之竞争的贸易公司。由于荷兰东印度公司新近获得了垄断地位，新公司的总部将设在法国。荷兰东印度公司的股东们担心公司的根基可能受到威胁，而且接下来，年轻的共和国要如何继续为独立战争提供资金呢？他们找到了当时只有21岁的雨果·格劳秀斯，请他为这次袭击，以及未来对敌人的更多袭击做一番简短的辩护。荷兰东印度公司认为，现在是时候为它们的行动争取公众支持，以及法国和英国的国际认可了。

当然，在印度尼西亚，海盗行为不是什么新鲜事。事实上，那个时代的大多数商船都在某种程度上装备了武器。那些从欧洲出发，绕过非洲，穿越印度洋，最终到达印度尼西亚群岛的船只是最容易受到袭击的。袭击可能来自其他欧洲人，或者阿拉伯人、印度人、印度尼西亚人，甚至是中国的海盗。海盗行为已经成为这些国家有些人的生活方式。英国和法国私掠船经常在加勒比海上袭击和捕获西班牙、葡萄牙船只，同样的情况在印度尼西亚也时有发生。但是根据当时的惯例，这些袭击是有正当理由的，因为船长拥有官方的私掠许可证——他们可以指着一份官方文件说，他们有政府的授权，可以进攻那些正与他们的国家交战的国家的商船。海姆斯凯克的航行是一项私人商业活动，根据当时的合理预期，公司董事们只授权他在自卫时使用武力。如果没有合法的外衣，就可以认为海姆斯凯克超越了他的权限，伺机抢劫了一个无辜的欧洲商人的货物，因此是一个海盗。当然，尼德兰联省共和国的公众情绪和舆论是站在他这边的，特别是因为共和国仍然在与西班牙和葡萄牙交战，而且阿尔瓦公爵的血腥暴行仅仅是几年前的事。

1604 年 10 月到 1606 年 11 月间，格劳秀斯利用荷兰东印度公司给他提供的文件进行了论证。其中包括一组经过公证的报道，来自东印度群岛的荷兰旅行者，题为《葡萄牙人在东印度群岛的残忍、叛逆和敌对行为》。没有人期待他从中立的角度论证海上惯例应该如何应用于欧洲以外的水域。相反，格劳秀斯写了一篇激烈的檄文，直接向西班牙和葡萄牙对全球贸易与旅行的垄断发起挑战。事实证明，他的作品极富哲学性和思想性，远不止是单纯的论战。格劳秀斯以虏获圣卡塔琳娜号为例，在更广泛的意义上构建了他的论点。他写道，这次虏获是"所有此类虏获行动的代表"。

但是，在他写完这本书之前，情势已经发生了改变：在世界的另一头，荷兰东印度公司的船只继续袭击葡萄牙船只和基地，在商业上获得了更大的成功，政府和公众舆论强烈倾向于公司，辩论已经不是亟须的了。

尽管如此，格劳秀斯仍然对这些问题的复杂性和普遍性非常感兴趣，在之后几年里继续撰写他的论著。他关于这一主题的大部分著作直到几个世纪后才出版，但是在 1609 年，即荷兰与西班牙签订十二年休战协议的那一年，他匿名出版了其中的一章，对全球事务和思想产生了深远的影响。这一章在几年前就基本完成了，由于休战谈判推迟了出版。在双方讨论停火条件的同时，出版一本挑衅性的小册子，为荷兰私掠船在印度尼西亚袭击葡萄牙和西班牙船只辩护，显然是不明智的。

这本小册子即《海洋自由论》，英文名称为 *The Free Sea；or, A Discourse Concerning the Right Which the Hollanders Ought to*

Have to the Indian Merchandise for Trading（《论海洋自由或荷兰参与东印度贸易的权利》）。格劳秀斯在书中驳斥了源自《托德西利亚斯条约》、西班牙和葡萄牙对海洋拥有专属管辖权的主张，并基于他的"自然法"概念，提出了公海航行国际自由的崇高理念。这是一套管理个人与国家关系的常识性法则，建立在个人和国家的自治与权利不能被任意剥夺的基础上。《海洋自由论》的道德和法律基础是，海洋是交通的中心；海洋是取之不尽、用之不竭的，没有一个国家能够垄断海洋。格劳秀斯认为，如果某物不能被占有和转移，那么它就不能被拥有。他的很多论证并不是基于欧洲传统中严格的法律推理和原则，而是基于一系列不言自明、诙谐有趣的比喻和例子，比如"当一艘船在海上驶过以后，除了短暂地激起一串浪花以外，不会产生任何法律权利"，就是由古希腊和古罗马哲学家睿智的名言来支撑的。《海洋自由论》表述的是不言自明的一般性原则，而不是具体的法律论据。它提出了一种新的法律哲学，阐明了某些属于全人类的不可剥夺的权利的存在——比如利用海洋航行的权利——认为试图瓜分海洋违反了神圣的律法。

　　格劳秀斯的论点大致可以分为三类：领土的占有权、欧洲以外新航道的通航权和欧洲以外地区不受干涉的贸易权。格劳秀斯写道："我们和西班牙人在下列问题上存在争端：广阔无边的海洋只能是一个国家，况且还不是一个最强大的国家的领地吗？一个国家能够拥有阻止其他国家之间进行它们迫切需要的海上航行、以货易货的贸易和实际上的相互交流的权利吗？一个国家能够放弃它从来没有拥有的权利或者发现已经属于其他国家的地区吗？"

格劳秀斯用一系列短小精悍、推理缜密、令人信服的章节，罗列
了所有可能支持西班牙和葡萄牙有权垄断国际旅行与贸易的论点，
并干净利落地将其一一驳倒。他的目标是证明荷兰人，以及逻辑
上任何其他国家的人，都有环游世界，特别是前往印度群岛的权
利，"荷兰人航海至印度并与印度人进行贸易是合法的。我们将以
这条国际法原则为基础，其原因是清楚和恒定的：任何国家到任
何他国并与之贸易都是合法的"。

　　格劳秀斯所倡导的海洋不归任何国家所有并对任何国籍的船
只开放的理念，在今天看来是完全自然的，但在他的时代却是一
个激进的概念（同样的概念也适用于空中旅行：试想一下，西班
牙或葡萄牙宣布，伦敦与纽约之间的航班是非法的，因为它们事
先拥有垄断的权利）。然而，在16世纪中叶之前，在某种程度上，
这是一个有争议的问题，因为全球经济刚刚起步，长途远洋航行
一直由西班牙和葡萄牙主导。其他国家都不具备进行这种长期远
途航行所需要的航海技术和航海知识。

　　格劳秀斯特别澄清的一点是，西班牙和葡萄牙宣称对各自的
半球拥有主权没有法律或精神基础。他宣称，教皇亚历山大六世
对基督教世界以外的人民没有世俗的权力，事实上，西班牙和葡
萄牙殖民帝国的整个基础都没有合法性。他写道："除非教皇是整
个世俗世界之主（任何明智的人都不会承认这一点），否则，不能
说他在贸易方面拥有普遍的权利……另外，如果教皇希望在把这
种权利只给予葡萄牙人的同时剥夺所有其他人相同的权利，他的
做法就具有双重的非正义性。第一，他这样做对东印度群岛人是
非正义的，正如我们所说的那样，东印度群岛人处于基督教会之

外，他们对教皇没有任何服从义务……第二，他这样做对所有其他人，包括基督徒和非基督徒也是非正义的，因为他不能在不征求他们意见的情况下剥夺他们同样的权利。"

为了给荷兰人房获圣卡塔琳娜号辩护，格劳秀斯的措辞火药味十足："对于封锁道路并阻止商品出口的人，应当以实际方式予以抵制，甚至不需要等待任何公共权力机关的授权。"他主张，对那些干涉别人自由地使用世界公共航道和与其他民族进行贸易的人，任何荷兰船只都有权发起攻击。事实上，海盗就是试图干涉旅行和贸易这一自然权利的人。

法律史或国际法专业的学生可能更懂得从整体上欣赏格劳秀斯的精妙论述，在这里，我们仅从《海洋自由论》的几个段落一窥他逻辑推理的清晰性，特别是用于挑战《托德西利亚斯条约》的条款时。第三章题为"葡萄牙人无权以教皇赠予的名义取得对东印度群岛的主权"，其中写道："如果他们以教皇亚历山大六世的分配为理由，那么最重要的是考虑以下情况：教皇是否只能裁定葡萄牙人与西班牙人之间的争端，因为在仲裁争端的事情上，两国君主是订立了确定的盟约、选定教皇为仲裁者的。如果是的话，那么当事情牵涉到其他国家时，教皇的裁定就不适用于他国了。"

在第六章"葡萄牙人凭借教皇的赠予占有海洋或航海权并非正当"中，格劳秀斯敏锐地观察到，"葡萄牙人声称占有海洋或航海权的第二个理由是亚历山大教皇的赠予……这种赠予是在商业贸易的范围之外，对于事物没有任何效力。因此，鉴于海洋或航海权不专属于任何人，随之而来的结论是，它既不能被教皇赠予，也不能被葡萄牙人接受……由此可见，必须肯定的是，或者说这

种赠予的公告没有法律效力，或者说它只是教皇希望对西班牙和
葡萄牙之间的争端进行调停而采取的措施，而且他无意侵犯其他
国家的权利。"其他章节则讨论了诸如"葡萄牙人凭借教皇的赠予
占有与东印度群岛之间的贸易并非正当"和"根据国际法，所有
人都享有航行自由"等问题。

虽然格劳秀斯创作《海洋自由论》的目的实际上非常狭隘，
即增进荷兰的商业利益，特别是与国家政治密切相关的荷兰东印
度公司的垄断利益，但他的论点是崇高的，风格是高屋建瓴的，
因此这本书比作者原本以为的更加重要。戴维·阿米蒂奇（David
Armitage）在为理查德·哈克卢特（Richard Hakluyt）翻译的
《海洋自由论》撰写的引言中写道："他广泛的论证框架使得《海
洋自由论》被理解为对自由贸易和航行权利的一般性陈述。由此，
这部作品在国际关系的基础、国家主权的界限，以及主权与占有
之间的关系等问题上引发了更广泛、更持久的争论，并经久不
衰。"世界上的海洋属于国际领土，不受任何一个国家任意支配，
这一观点没有马上被普遍接受。自然，这一概念本身就触怒了许
多人，它不仅可以用来证明西班牙/葡萄牙海洋帝国理应解体，也
可以用于纯粹的地方航行和航运权。1610 年 1 月，《海洋自由论》
的拉丁语版本出版仅仅半年后，梵蒂冈就把这部作品，连同它对
教皇宣言的世俗和哲学消解列入了禁书目录。

格劳秀斯的著作很快就在"自由之海"与"封闭之海"这两
个对立的概念之间引发了一场激烈的辩论，即著名的"书籍战争"
（"the battle of the books"）。几代人以来，许多人声称教皇亚历山
大对世界的划分是不公正的，格劳秀斯驳倒了所有支持这种划分

的观点，并开启了一场辩论：任何国家是否有权将自己的规则强加于其他国家。封闭之海的概念可以追溯到罗马帝国时期，当时的政府试图通过巡逻、收取通行费和其他形式的税收，禁止某些国籍的船只进入他们认为属于本地领海的水域。对航海民族来说，控制本地水域的要求是很正常的。但是，在西班牙发现通往印度的海上航线和哥伦布横渡大西洋之后，情况发生了巨大的变化。

这些发现——不是发现具体的新大陆，而是发现一种往返新大陆的可靠方法——让世界航道向远航与探险敞开了大门。在此之前，大多数航海活动都是在沿海进行的，船只总是在海岸附近进行贸易。历时数月的远洋航行，远离陆地，进入更靠近外国而不是本国的水域，提出了一套完全不同的技术和法律问题。封闭之海的概念在 1493 年由教皇亚历山大六世确立下来，在整个 16 世纪被葡萄牙人和西班牙人支持并成功捍卫，终于，到 1609 年，格劳秀斯从哲学上对这一概念提出了质疑。不过，格劳秀斯的动机并不完全是大公无私的，他的立场很极端：无论离一个国家的海岸有多近，任何水域都不应以任何方式处于该国的控制之下。

最先对《海洋自由论》发起挑战的伊比利亚理论家是葡萄牙人泽拉菲姆·德·弗赖塔斯（Seraphim de Freitas）。他是巴拉多利德大学（University of Valladolid）的法学教授，撰写了《论葡萄牙帝国对亚洲的正义统治权》（*Imperio Lusitanorum Asiatico*）一书，对格劳秀斯予以反驳（尽管该书直到 1625 年才出版）。弗赖塔斯指出，格劳秀斯对古代名言的引用是选择性的，只挑选了那些支持海洋自由概念的言论，并指出了格劳秀斯法律推理中的某些弱点。他声称，绕过非洲岬角抵达印度的航线确实是由葡萄

牙人发现的，考虑到高昂的花销、成功的不确定性和耗费的时间，
这一开创性的发现难道不应该得到回报吗？他还指出，如果人们
想在葡萄牙的垄断范围内寻求例外，难道不能通过谈判与葡萄牙
达成协议吗？弗赖塔斯说的也是事实，但他的观点很难在葡萄牙
以外得到支持，因为他忽略了这样的事实：葡萄牙的垄断是由武
力威胁和恐吓强制推行的，建立在对葡萄牙垄断的道德权利不容
置疑的信仰，而不是商业事务自由协商的基础之上。西班牙作家
胡安·索洛萨诺·佩雷拉（Juan Solorzano Pereira）则在 1629 年
的《印度法律》（*De Indiarnum Jure*）一书中，继续为西班牙对
西大西洋和太平洋的垄断与控制辩护。

对《海洋自由论》的直接驳斥对国际法的思想演变产生了深
远的影响，其中最早的一次来自苏格兰。1613 年，圣安德鲁斯大
学（University of St. Andrews）的民法和数学教授威廉·威尔伍
德（William Welwood）出版了《海洋法概览》（*Abridgement of
All Sea-Lawes*）一书，直接向《海洋自由论》发起挑战。威尔伍
德同意"海洋或大洋"自由的概念，但是他主张，靠近陆地的航
道应该在国家的管辖权之内。他反诘道，如果一个人可以拥有一
个池塘或一条溪流，那么显然，国王也应该对他王国周围的水域
拥有管辖权。

对《海洋自由论》的激进立场最有力的挑战来自 1618 年的英
国，当时英国最著名的律师之一约翰·塞尔登（John Selden）撰
写了《海洋封闭论》（*Mare Clausum*）一书，对格劳秀斯进行了
经典的反驳（尽管该书直到 1635 年才大量出版）。塞尔登陈述了
他的观点，即海洋就像陆地一样，构成国家领土的一部分，国家

可以对水域行使主权，"无论根据自然法则还是国家法则，海洋都不是所有人共有的，而是像陆地一样，可以由私人占有和统治……大不列颠周围的海洋是大英帝国永久不可分割的一部分，大不列颠国王是周围的海洋之主"。塞尔登采取了与格劳秀斯在《海洋自由论》中类似的方式，搜罗了古代哲学家的观点来支持封闭之海的主张——不过他和威尔伍德一样，小心翼翼地确保格劳秀斯反对西班牙和葡萄牙的论证仍然有效。威尔伍德和塞尔登都特别担心荷兰的捕鱼船涌入"英格兰"和"苏格兰"水域。他们拒绝格劳秀斯所有水域都应该开放的主张，原因是荷兰渔民掠夺了属于英格兰和苏格兰的鱼类资源，却没有义务向当地纳税。塞尔登说："荷兰人从我们的海岸捕鱼，获取了惊人的利润。"

英国和荷兰之间的争端日益升级，尤其是两家垄断贸易企业——荷兰东印度公司和英国东印度公司——之间的争端，后来在 17 世纪导致了三场战争。这也体现在《海洋自由论》及其挑战者的辩论中。第一次军事争端始于 17 世纪初，当时，英国东印度公司崛起，为了争夺香料群岛的统治权，与荷兰东印度公司之间的冲突不断加剧。C. R. 博克塞（C. R. Boxer）在《荷兰海洋帝国》（*The Dutch Seaborne Empire*）一书中不无讽刺地写道："从阿尔汉格尔（Archangel）到开普敦，从新阿姆斯特丹到长崎，荷兰商船频繁穿越四大洋，作为一个贸易国家的统治者，荷兰议会自然珍惜理论上的和平。然而在 17 世纪大部分时间里，放眼全球，他们发现自己不是在这里就是在那里卷入战争。"为了进入亚洲市场，荷兰人在印度尼西亚和全世界，与西班牙人、葡萄牙人，以及各个土著王国和苏丹国进行斗争。与此同时，他们在欧洲与英国和法国打了好几场仗，捍卫名义上荷兰对来自同一产地的某些香料的垄断。出于对西班牙和葡萄牙共同的仇恨，荷兰和英法在几代人的时间里一直是盟友，如今，随着它们开始在新开辟的广阔海洋上展开商业竞争，这对曾经的盟友几乎毫不掩饰对彼此的敌意。荷兰东印度公司除了继续在印度群岛与西班牙和葡萄牙对抗之外，还威胁会袭击遇到的任何法国船只，并且开始攻击英国东印度公司的船只、夺取对方的货物、监禁和杀害英国水手与商人。

为了缓解这对昔日盟友之间日益紧张的关系，英国和荷兰举行了两次会议，1613年，格劳秀斯前往英国，参加了这两次会议中的第一次。作为荷兰东印度公司的法律顾问，格劳秀斯本着一个真正的律师的职业道德，为荷兰东印度公司在香料贸易中的垄断行为辩护。他主张，当地生产商已经就交付产品与荷兰东印度公司签订了"合同"，根据如今他对"自然法"的更加精确的理解和阐释，合同必须强制执行，即使它损害了一个民族的主权（格劳秀斯肯定知道，荷兰东印度公司的许多合同都是在胁迫与恐吓下签订的）。在他看来，荷兰东印度公司强制驱逐英国公司的船只是合理的，因为当地人已经就某一年生产的所有香料与荷兰东印度公司签订了合同。

格劳秀斯像鳝鱼一样狡猾，为了荷兰东印度公司和日益壮大的荷兰海上商业帝国的利益，不惜扭曲自己的论点。他当然知道，这样做会为了公司和国家的短期商业利益破坏自己杰作的根基。马丁内·朱利亚·凡·伊特叙在《利润与原则》中写道："事实上，格劳秀斯和荷兰东印度公司董事之间的政治与思想合作揭示

了现代自由主义的阴暗面。格劳秀斯的权利与契约理论不仅与 17
世纪和 18 世纪全球贸易帝国的崛起相联系，而且从一开始为其创
造了可能。"

　　格劳秀斯作为辩护律师，扮演着相互冲突的多重角色。或许
最讽刺的是，在伦敦召开的这次会议上，英国东印度公司的谈判
代表引用《海洋自由论》中的话来证明他们的论点——海洋应该
向所有国家和人民，而不只是荷兰人开放——却不知道格劳秀斯
就是这本著名的小册子的作者。对他来说，自己匿名发表的观点
如此有力，成为别人手中向自己反戈一击的武器，一定是一件令
人恼火的事。不过，或许他也有些暗自得意，又或许他觉得这是
报应。我们不知道格劳秀斯在为与他在《海洋自由论》中表达的
几乎相反的原则进行辩护时是怎么想的，但是这无疑会让人对他
的信念提出质疑。或许可以说，这是一个民族主义和利己主义超
越论证逻辑和"正义"的例子。

　　无论如何，荷兰垄断合法性的论证建立在这些事实的基础之
上：荷兰人花了大量的金钱和时间开发贸易路线，进攻葡萄牙人，
建立自己的商业网络，因此，现在英国人跑来分上一杯羹是不公
平的，特别是因为当地人已经与荷兰人签订了排他性的合同。基
本上就是泽拉菲姆·德·弗赖塔斯在捍卫葡萄牙人的权利时提出
的那些观点，没有什么新东西。有意思的是，1625 年，格劳秀斯
出版了他最著名的法律著作《战争与和平法》，开始接受领海应该
处于国家控制之下的理念。

　　但是，在这些两极分化的立场与派系的交锋中，根本问题仍
然没有得到解答。在远离陆地的海洋中，应该适用谁的规则和法

律？当地社会的还是船只所属国家的？葡萄牙和西班牙的？无休止的战争和海盗活动对任何人都没有好处，也是行不通的。随着各国政府和理论家意识到，在一个日益全球化的世界中，两个极端都不是可行的解决方案，这两种对立的诉求最终要趋于缓和。1702年，荷兰法学家和作家科尔内留斯·宾刻舒克（Cornelius Bynkershoek）出版了一本题为《海洋主权论》（*De Domino Maris*）的小册子，提出格劳秀斯主张的海洋自由应该限制在公海，国家至少应该控制本国沿海的部分水域，这种控制应该从主权领土延伸至大炮的射程之内——这是一个国家可以合理地保卫其领海的距离（这就是所谓的大炮射程规则，是3英里限制的概念雏形）。超过这个限制，就如格劳秀斯在《海洋自由论》中主张的那样，世界航道应该向所有船只开放。

　　在这些基础上，经过几代人的完善，最终产生了诸如无害通过、在"专属经济区"内捕鱼和采矿权等其他概念。现在，专属经济区的划定基于大陆架、12海里限制或200海里限制，视地区而定。格劳秀斯等思想家在17世纪初构建的哲学原则，为向《托德西利亚斯条约》背后的专制主义发起挑战提供了思想基础，也成为《联合国海洋法公约》的基石。

{ 尾声 }

幻影的消逝

　　宗教改革动摇了《托德西利亚斯条约》的道德和精神基础，17 世纪深刻的法律和哲学讨论又对其思想基础提出了挑战。不久，就连西班牙人和葡萄牙人也承认失败了。在这期间的几十年中，西班牙和葡萄牙垄断全球旅行和贸易的能力严重衰退。不过，衰亡的过程是缓慢的，最后只剩下了军事力量。但是，当公然谋取私利成为唯一动机时，如果没有信念或公义来证明使用武力是正当的，就很难在道德上找到立足之地。

　　17 世纪和 18 世纪的一系列条约缓慢侵蚀了西班牙和葡萄牙瓜分世界的支柱。1648 年，西班牙与荷兰签订了《明斯特条约》(Munster Treaties)，1667 年，又与英国签订了这一条约，条约规定，这些国家同意"不在西印度群岛西班牙国王拥有的任何港口、

场所、要塞、营地或城堡从事航行和贸易"。该条约还明确了，
"未经授权，任何一方数量可疑的战舰和士兵在属于对方的港口、
海湾和海岸登陆或停留均属非法，除非是因为暴风雨天气、海上
避险或其他生存需要"。在 1670 年英国与西班牙签订的《美洲条
约》（American Treaty）中，西班牙同意承认英国在北美殖民地
的合法性，同时重申西班牙领土的排他性，禁止所有英国船只在
其上旅行和贸易。西班牙政府根本没有足够的船只来打击源源不
断的外国闯入者，也没有足够的船只来保卫每年的财宝船队。
1750 年的《马德里条约》（Treaty of Madrid）承认葡萄牙对分界
线以西巴西的大片土地拥有主权，并基本上取代了《托德西利亚
斯条约》，成为两国之间最重要的国际协议。这两个国家已经没有
必要再去争夺世界另一头的领土了，因为英国人和荷兰人已经将
它们从这些地方赶了出去。1777 年的《圣伊尔德丰索条约》
（Treaty of San Ildefonso）重申并完善了《马德里条约》对西班牙
和葡萄牙全球领土的划分，在这一条约中，这两个国家不再那么
厚颜无耻地试图控制其他国家的行为或限制其他国家的权利。

　　虽然西班牙放弃了对北美的主权要求，但是欧洲的条约几乎
没有对加勒比地区愈演愈烈的混乱局面和政治动荡产生任何影响。
到 17 世纪中叶，西班牙失去了对该地区的控制。在那个以亨利·
摩根（Henry Morgan）为代表的加勒比海盗名扬天下的时代，尽
管有政府和教皇的法令，但西班牙殖民当局无法保证其公民的安
全。西班牙的军舰几乎完全用于保护运输金银的驳船，而西班牙
的海上贸易几乎被摧毁——西班牙商人不可能与走私者竞争。西
班牙殖民地既得不到从欧洲运来的商品，也无法为自己的皮革、

靛蓝、糖、可可、烟草和原木找到市场。许多殖民者破产，不得
不放弃了殖民的城镇，另谋出路。尽管伊斯帕尼奥拉岛的圣多明
各和波多黎各的圣胡安（San Juan）等大型港口仍然繁荣，但岛
屿的大部分内陆和漫长的海岸线已经完全没有西班牙居民。

与此同时，英国、荷兰和法国殖民地在小安的列斯群岛的所
有岛屿和加勒比海的其他岛屿上繁荣发展。1655 年，英国军队占
领了牙买加，这里后来成为数以千计的英国、荷兰和法国海盗的
非官方基地；战争爆发时，这些海盗的船有时候会成为持有执照的
私掠船。虽然有许多条约和文件用高级语言证明西班牙在加勒比地
区的专属权，但是这个岛屿从未回到西班牙手上。欧洲的语言是一
回事，大洋彼岸的行动则完全是另一回事。这时候，荷兰西印度
公司（Dutch West India Company）也在加紧活动，将曼哈顿
（Manhattan）打造成向加勒比地区的西班牙航运发起进攻的基地。

随着西班牙海上势力的衰落，其他欧洲殖民地日益繁荣。支
撑西班牙在欧洲显赫地位的巨大金矿，只有在船只顺利穿越大西
洋、将黄金运回欧洲的前提下才能发挥作用，在数千英里的航程
中，这些船不仅要经过暗礁环绕、海盗和私掠船出没的危险水域，
而且随时可能遇到难以预测的风暴，遭遇灭顶之灾。整个 17 世
纪，当人们意识到这个欧洲最强大的国家实际上外强中干时，对
西班牙船只的劫掠和西印度群岛的非法贸易变得更加普遍。即使
在欧洲的和平时期，海盗们也很少遵守公约和各项条约，肆意掠
夺西班牙航运。只要他们掠夺的对象仅限于西班牙，欧洲政府就
对他们的活动不闻不问。

18 世纪同 17 世纪一样血腥，战争几乎连绵不绝。欧洲的内

讧蔓延到世界各地，围绕政治、王朝继承、贸易、宗教和帝国建设中的权力斗争，战争此起彼伏。《托德西利亚斯条约》虽然为这些持续不断的冲突奠定了文化和政治基础，却不再是定义其正当性的理由，因此，作为历史行动的直接诱因和动机，它从历史中消失了。世界前进了。两个世纪以前，基督教欧洲众多派系之一的领袖将世界在两个受到偏袒的国家之间一分为二，现在这种划分已经没有意义了。就像现代的专利权一样，教皇宣言只有在受益者有意愿并且有能力捍卫它的情况下才有力量。随着西班牙和葡萄牙帝国的衰落，条约失去了支持者，同时招来了许多的敌人。

不过，有一个值得注意的例外，18世纪90年代，在争取太平洋美洲及其航道的专属控制权时，西班牙又将教皇赠予列为其主张的基础之一。1789年，一位西班牙官员正式对温哥华岛（Vancouver Island）西部提出主权要求，他大声朗读了他的政治领袖提供的官方文件，宣称西班牙对从加利福尼亚到阿拉斯加海岸拥有主权，"根据我们最神圣的罗马教皇亚历山大六世的诏书《其他组织者》（*Expedio Notu Proprio*），1493年5月4日在罗马颁布的契约将世界的一半分配给至高无上的天主教君主斐迪南五世和他的妻子伊莎贝拉，因此，现在这些土地属于卡斯蒂利亚和莱昂王室"。毫不奇怪，在当时与西班牙争夺太平洋美洲主权的国家——英国、俄国和刚刚诞生的美国——看来，这种理由简直不可理喻。

或许更神奇的是，后来，又有西班牙和葡萄牙以外的国家援引《托德西利亚斯条约》赋予的权力，提出荒谬的领土要求。20世纪，智利又把这个条约挖了出来，宣称从该国东部和西部边界向南划线，南极洲这片不适宜人类居住的遥远大陆正好落在三角区内，因此该国对南极洲拥有主权。阿根廷也援引《托德西利亚斯条约》，宣称其对马尔维纳斯群岛（英国称福克兰群岛）拥有主权，因为该岛位于属于西班牙的半球。这两个国家都声称自己在通过战争获得独立后，从西班牙那里继承了相应的权利。

虽然《托德西利亚斯条约》已经从公共话语中消失，很少有人听说过它，但它对今天的世界仍然有着挥之不去的影响。除了在 16 世纪为葡萄牙和西班牙帝国奠定基础之外，瓜分世界与宗教改革同步发生，作为一种关键的政治力量，与宗教力量相结合，促使英国、荷兰等北欧国家拒绝梵蒂冈在决定世俗事务中的权威。它阻止了欧洲宗教派系之间可能达成的和解，因为接受教皇的世俗和精神权威意味着剥夺其他国家在国际探险、旅行和商业方面的权利。《托德西利亚斯条约》引发的学术争论（其中最著名的就是雨果·格劳秀斯的《海洋自由论》），开启了通向现代海洋自由和国际关系概念的哲学进程，并最终促成了《联合国海洋法公约》的诞生。更加现实的是，几个世纪以来，该条约指导了各国的殖民行动，造就了我们今天所知的世界政治地理格局。

1494 年的条约对世界的殖民、文化和政治格局产生了重大影响，不仅决定了欧洲在中美洲和南美洲的殖民格局，也决定了其在北美和东南亚的殖民格局。西班牙和葡萄牙在教皇亚历山大六世分配给它们的领土上进行探险和殖民，并选择主要留在赤道地区及其海域内；与此同时，英国、法国和荷兰被迫将贸易和旅行扩展到远离西班牙和葡萄牙利益的地区。当这些国家准备反抗教会、挑战对世界的划分时，西班牙和葡萄牙已经在各自半球征服的领土上巩固了自己的地位，在它们的文化、宗教和语言上留下了烙印。于是，法国去了加拿大的圣劳伦斯山谷（St. Lawrence valley），英国去了新英格兰和弗吉尼亚，荷兰占领了北美洲中东部，并最终占领了印度尼西亚，从那里夺取了大部分的葡萄牙海外帝国。

巴西是美洲唯一讲葡萄牙语的国家，因为它的东部凸起超出了分界线。从技术上讲，菲律宾属于葡萄牙的半球，但是在葡萄牙被西班牙统治的时代，在水手们还没有准确计算出经度之前，它就被西班牙征服和殖民了，这赋予了这个岛国独特的文化和宗教传统。如果非欧洲世界的港口和城市没有在1494年被选择性地分配，而是向所有欧洲国家的船只保持开放，那么无论好坏，世界殖民和商业的历史都会大不相同。很难想象还有哪一个政治决定，能够像教皇亚历山大六世的诏书和《托德西利亚斯条约》一样，对当今世界产生如此巨大的影响。

历史上最引人入胜、最非同寻常和最重要的故事可以从很多角度来解释，不一定会准确地落入某一个时期或地点的边界之内。《托德西利亚斯条约》的故事能够帮助我们更好地理解人类思想和政治，至今仍然能够带给我们很多启示。历史上最重大的事件往往起源于最平凡的家务事。例如，特洛伊战争就是为了争夺斯巴达国王墨涅拉俄斯（Menalaus）美貌的妻子海伦展开的。帕里斯（Paris）绑架了她，带着她渡过爱琴海，回到强大的城邦特洛伊。为了捍卫国王的荣誉、夺回海伦，成千上万的希腊战士与特洛伊军队展开厮杀，毁灭性的战火吞没了古老的爱琴海世界，这场战争持续了十年，从中诞生了许多著名的神话和人物。

发人深省的是，15世纪瓜分世界背后的动力似乎只是几位权贵之间的琐碎争端，一个无赖冒险家的意外成功激化了矛盾——更不用说，一位年轻的公主在其中扮演了重要角色，她反抗身为国王的同父异母的哥哥，拒绝嫁给年迈的葡萄牙国王，选择与心上人、16岁的阿拉贡王子私奔。伊莎贝拉和斐迪南以及他们的支持者，与她同父异母的妹妹和葡萄牙国王，围绕卡斯蒂利亚的继承权展开了激烈的斗争，西班牙和葡萄牙由此结下仇恨，这是导致1493年教皇亚历山大六世瓜分世界的关键因素之一，为随后延续几代人的战争埋下了祸根。从如此渺小而平凡的种子开始，对世界的划分直接影响了一代又一代的国王和皇帝、探险家和教皇、海盗和政治家的行为。时至今日，仍然间接地影响着世界的政治、宗教和文化地理，塑造着数百万人的生活。

《托德西利亚斯条约》始于傲慢、无知和买卖圣职的罪行，但是从思想到实践，针对这种专横、不公、专制主义和无理要求的斗争，成为争取公平正义的开端：对世界航道的垄断解除了，各国人民之间的交流往来增加，国际舞台上各国关系的普遍指导原则开始形成。在这些指导原则和国际协定的基础上，国与国之间将进一步发展负责任的协定、习俗和法规，消除潜在的国际争端，减少一小撮人之间的私人恩怨导致世界战争的可能性。

如果给我们选择的机会，我们不希望回到一个贸易和旅行只是一两个国家的特权，海盗活动、走私和战争无疑都将接踵而至的世界。相反，我们必须致力于维护和完善国际共同空间管理的全球框架，这个框架代表着我们从1494年瓜分世界的史诗传奇中继承的真正智慧。

{ 相关说明 }

　　和我之前的作品一样，这本书是我出于兴趣，从一个有历史学背景的通才的角度创作的，也是为其他感兴趣的通才而写的。本书的重点在于著名历史人物之间的冲突和互动，以及随着时间的推移，整个社会观念如何发生下意识的转变。在这本书中，我的目标不是挑战对这些人或他们的行为普遍公认的解释，而是将他们放在尚未探讨过的不同语境下，以公海自由这一国际法基本原则为切入点，讨论他们在这一重要的现代概念的发展中扮演的角色。

　　《1494》讲述了一个延宕几个世纪的故事，跨越了传统的分期历史研究的边界。我不是西班牙、葡萄牙或荷兰历史的专家，也没有读过这些国家的原始语言文献。像许多跨越不同时代和地点的关于"大概念"的书一样，这本书没有发现某些被忽视的事实，以推进关于某一特定时期的学术研究，而是提供了一种新的解释，将看似互不相关的事件联系起来，围绕更加宏大的主题和概念，展示一桩看似微不足道的家庭事务引起的余波，如何在几个世纪中不断发酵，从根本上改变了世界秩序，并对全球政治和哲学产生影响。

这本书将通常不会放在一起呈现的几个不同时期的历史事件联系起来。我相信这些事件是相互交织的，这本书用一个共同的主题将它们联系起来，提供了一个未曾探索过的新窗口，让我们从中一窥世界历史如何随着时间和地点演变，并以意想不到的方式影响社会的发展。我的目标是将这些重大历史事件介绍给那些可能对其知之甚少，或者那些只对故事某一个方面的细节有所了解的读者，展现这些事件是如何联系在一起的，并引发新的思考。

《1494》是对整片森林的"全景式描绘"，而不是对每一棵树的具体考察，大量的人物传记和技术细节都被浓缩了。这是一本单卷书，讲述了关于《托德西利亚斯条约》的长达几个世纪的故事，我希望读者发现故事中吸引他们的方面，并去进行更深入的探究。以下是关于特定主题的阅读建议。

{ 延伸阅读 }

关于克里斯托弗·哥伦布，Felipe Fernández-Armesto 的 *1492: The Year the World Began* 是对 1492 年的世界优秀的总体概述；另外推荐 Silvio Bedini 的 *The Christopher Columbus Encyclopedia* 和 Samuel Eliot Morison 的 *Admiral of the Ocean Sea*。

关于中世纪伊比利亚、卡斯蒂利亚和葡萄牙王室，可参考 Henry Kamen 综述性的 *Spain's Road to Empire: The Making of a World Power, 1492 -1763* 和 Nancy Rubin 可读性极强的 *Isabella of Castile: The First Renaissance Queen*。

关于教皇亚历山大六世，可参考 Christopher Hibbert 极富娱乐性和震撼性的 *The Borgias and Their Emmies, 1431 - 1519*。要更广泛地了解教皇的历史，可参考 Eamon Duffy 的 *Saints and Sinners: A History of the Popes*。

像其他著名探险家一样，关于费迪南德·麦哲伦的著作汗牛充栋。简单的背景介绍推荐 Tim Joyner 的 *Magellan*，流行读物推荐 Laurence Bergreen 的 *Over the Edge of the World : Magellan's Terrifying Circumnavigation of the Globe*。

关于全球贸易历史的背景介绍，可参考 William J. Bernstein 的 *A Splendid Exchange : How Trade Shaped the World*。

关于赫尔南·科尔特斯和西班牙征服美洲的更多信息，可参考 Buddy's Levy 的 *Conquistador : Hernán Cortés , King Montezuma , and the Last Stand of the Aztecs*。

加勒比海盗是一个广泛而流行的话题，时间跨度长达一个半世纪。Harry Kelsey 的 *Sir Francis Drake : The Queen's Pirate* 是一本可靠性、可读性都很强的著作，聚焦于 16 世纪早期，当时围绕《托德西利亚斯条约》的斗争正如火如荼。

关于殖民主义和欧洲列强殖民扩张的话题也有数百种专著。其中有许多优秀著作，Jonathan Hart 的 *Empires and Colonies* 就是一本内容翔实的综述。关于葡萄牙的海上扩张，可参考 Malyn Newitt 的 *A History of Portuguese Overseas Expansion，1400 - 1668* 和 A. R. Disney 的 *A History of Portugal and the Portuguese Empire*。

John Noble Wilford 的 *The Mapmakers* 是一本关于地图学的趣味历史读物。

关于雨果·格劳秀斯的生平和国际法的起源，很遗憾，很少有适合一般读者阅读的作品。Martine Julia van Ittersum 的 *Profit and Principle : Hugo Grotius , Natural Rights Theories and the Rise of Dutch Power in the East Indies，1595 - 1615* 无疑是一本全面、翔实的著作，但是因为种种原因，需要一定的阅读门槛。

{ 书目精选 }

Anand, R.P. *Origins and Development of the Law of the Sea: History of International Law Revisited.* The Hague: Nijhoff, 1983.

Andrews, Kenneth R. *English Privateering Voyages to the West Indies.* Cambridge: Cambridge University Press, 1959.

Andrews, Kenneth R. *Ships, Money and Politics: Seafaring and Naval Enterprise in the Reign of Charles 1.* Cambridge: Cambridge University Press, 1991.

Arciniegas, Germán. *Caribbean: Sea of the New World.* Translated by Harriet de Onis. New York: Knopf, 1946.

Bedini, Silvio, ed. *The Christopher Columbus Encyclopedia.* 2 vols. New York: Simon & Schuster, 1992. Reprinted in one volume as *Christopher Columbus and the Age of Exploration: An Encyclopedia.* New York: Da Capo Press, 1998.

Bergreen, Laurence. *Over the Edge of the World: Magellan's Terrifying Circumnavigation of the Globe.* New York: HarperCollins, 2004.

Bernstein, William J. *A Splendid Exchange: How Trade Shaped the World.* New York: Grove Press, 2008.

Blake, John W. *Europeans in West Africa, 1450–1560: Documents to Illustrate the Nature and Scope of Portuguese Enterprise in West Africa.* London: Hakluyt Society, 1942.

Blake, John W. *West Africa: Quest for God and Gold, 1454–1578.* London: Curzon Press, 1977.

Boorstin, Daniel. *The Discoverers.* New York: Random House, 1983.

Bown, Stephen R. *Scurvy: How a Surgeon, a Mariner and a Gentleman Solved the Greatest Medical Mystery of the Age of Sail.* New York: Thomas Dunne Books, 2004.

Bradley, Peter T. *The Lure of Peru: Maritime Intrusion into the South Sea, 1598–1701.* Basingstoke, UK: Macmillan, 1989.

Brito Vieira, Mónica. "Mare liberum vs. Mare clausum: Grotius, Freitas, and Selden's Debate on Dominion over the Seas," in *Journal of the History of Ideas,* Volume 64, 2003.

Boxer, C.R. *The Dutch Seaborne Empire, 1600–1800.* New York: Knopf, 1965.

Boxer, C.R. *The Portuguese Seaborne Empire, 1415–1825.* New York: Random House, 1969.

Burchard, Johann. *Liber Notarum.* Translated by Geoffrey Parker as *At the Court of the Borgia.* London: Folio Society, 1963.

Burchard, Johann. *Pope Alexander VI and his Court. Extracts from the Latin Diary of the Papal Master of Ceremonies, 1484–1506.* Edited by F.L. Glaser. New York: N.L. Brown, 1921.

Catz, Rebecca. *Christopher Columbus and the Portuguese, 1476–1498.* Westport, CT: Greenwood Press, 1993.

Colón, Fernando. *The Life of the Admiral Christopher Columbus.* Translated by Benjamin Keen. New Brunswick, NJ: Rutgers University Press, 1992.

Columbus, Christopher. *The Four Voyages of Christopher Columbus:*

Being His Own Log-Book, Letters and Dispatches with Connecting Narrative Drawn from the Life of the Admiral by His Son Hernando Colon and Others. Translated and edited by J.M. Cohen. London: Penguin, 1969.

Cook, Noble David. *Born to Die: Disease and New World Conquest, 1492–1650.* Cambridge: Cambridge University Press, 1998.

Crane, Nicholas. *Mercator: The Man Who Mapped the Planet.* London: Weidenfield & Nicolson, 2002.

Crow, John A. *The Epic of Latin America,* 4th ed. Berkeley: University of California Press, 1992.

Curtin, Philip D. *Cross-Cultural Trade in World History.* Cambridge: Cambridge University Press, 1984.

Davenport, Frances Gardiner, ed. *European Treaties Bearing on the History of the United States and its Dependencies.* Gloucester, MA: Peter Smith, 1967.

Davidson, Miles. *Columbus Then and Now: A Life Reexamined.* Norman, OK: University of Oklahoma Press, 1997.

Dawson, Samuel Edward. *The Line of Demarcation of Pope Alexander VI, in A.D. 1493 and That of the Treaty of Tordesillas in A.D. 1494: with an Inquiry Concerning the Metrology of Ancient and Mediaeval Times.* Toronto: Copp Clark, 1980 microform of 1899 original.

Disney, A.R. *A History of Portugal and the Portuguese Empire.* Cambridge: Cambridge University Press, 2009.

Drake, Francis. *Sir Francis Drake's West Indian Voyage, 1585–1586.* London: Hakluyt Society, 1981.

Duffy, Eamon. *Saints and Sinners: A History of the Popes.* New Haven, CT: Yale University Press, 2002.

Earle, Peter. *The Sack of Panamá: Sir Henry Morgan's Adventures on the Spanish Main.* New York: Viking Press, 1981.

Edwards, John. *The Spain of the Catholic Monarchs, 1474–1520.*
New York: Blackwell, 2000.

Ferrara, Orestes. *The Borgia Pope: Alexander the Sixth.* Translated by
F.J. Sheed. London: Sheed & Ward, 1942.

Fernández-Armesto, Felipe. *Ferdinand and Isabella.* New York:
Taplinger, 1975.

Fernández-Armesto, Felipe. *1492: The Year the World Began.*
New York: HarperOne, 2009.

Fernández-Armesto, Felipe. *Columbus on Himself.* Indianapolis:
Hackett, 2010.

Gellinek, Christian. *Hugo Grotius.* Boston: Twayne, 1983.

Granzotto, Gianni. *Christopher Columbus: The Dream and the Obsession.*
Garden City, NY: Doubleday, 1985.

Grotius, Hugo. *The Free Sea, Translated by Richard Hakluyt,
with William Welwood's Critique and Grotius's Reply.* Edited and
with an introduction by David Armitage. Indianapolis: Liberty Fund,
2004.

Hakluyt, Richard. *The Principal Navigations, Voyages, Traffiques &
Discoveries of the English Nation—Made by Sea or Overland to the
Remote and Farthest Distant Quarters of the Earth at Any Time
Within the Compasse of These 1600 Years.* London: J.M. Dent & Sons,
1926 reprint.

Hakluyt, Richard. *Voyages of Drake and Gilbert: Select Narratives from
the Principal Navigations of Hakluyt.* Oxford: Clarendon Press, 1909.

Hanke, Lewis. *The Spanish Struggle for Justice in the Conquest of America.*
Philadelphia: University of Pennsylvania Press, 1949.

Hart, Jonathan. *Comparing Empires: European Colonialism from
Portuguese Expansion to the Spanish-American War.* New York:
Palgrave Macmillan, 2003.

Hart, Jonathan. *Empires and Colonies*. Cambridge: Polity, 2008.

Hawthorne, Daniel. *Ferdinand Magellan*. Garden City, NY: Doubleday, 1964.

Hibbert, Christopher. *The Borgias and Their Enemies, 1431–1519*. New York: Harcourt, 2008.

Johnson, Marion. *The Borgias*. London: Macdonald Futura, 1981.

Joyner, Tim. *Magellan*. Camden, NJ: International Marine, 1992.

Kamen, Henry. *Inquisition and Society in Spain in the Sixteenth and Seventeenth Centuries*. London: Weidenfeld & Nicolson, 1985.

Kamen, Henry. *Spain's Road to Empire: The Making of a World Power, 1492–1763*. New York: Penguin Books, 2003.

Kamen, Henry. *Golden Age Spain*. New York: Palgrave Macmillan, 2005.

Kamen, Henry. *Spain, 1469–1714: A Society of Conflict*. New York: Pearson Longman, 2005.

Kelsey, Harry. *Sir Francis Drake: The Queen's Pirate*. New Haven, CT: Yale University Press, 1998.

Kelsey, Harry. *Sir John Hawkins: Queen Elizabeth's Slave Trader*. New Haven, CT: Yale University Press, 2003.

Las Casas, Bartolomé de. *History of the Indies*. Translated and edited by Andrée Collard. New York: Harper & Row, 1971 reprint.

Levy, Buddy. *Conquistador: Hernán Cortés, King Montezuma, and the Last Stand of the Aztecs*. New York: Bantam, 2008.

Ley, Charles David, ed. *Portuguese Voyages 1498–1663*. New York: E.P. Dutton, 1947.

Linden, H. Vander. "Alexander VI and the Demarcation of the Maritime and Colonial Domains of Spain and Portugal, 1493–1494" in *The American Historical Review*, October 1916.

Machiavelli, Niccolò. *The Prince*. Translated by George Bull. Harmondsworth, UK: Penguin, 1961.

Markham, Clements, ed. and trans. *The Letters of Amerigo Vespucci*. London: Hakluyt Society, 1894.

Markham, Clements, ed. and trans. *Early Spanish Voyages to the Strait of Magellan*. London: Hakluyt Society, 1911.

Martyr, Peter. *Selections from Peter Martyr*. Translated and edited by Geoffrey Eatough. Brussels: Brepols, 1998.

McAlister, Lyle N. *Spain and Portugal in the New World, 1492–1700*. Minneapolis: University of Minnesota, 1984.

Miller, Townsend. *The Castles and the Crown: Spain 1451–1555*. New York: Coward McCann, 1963.

Miller, Townsend. *Henry IV of Castile, 1425–1474*. New York: J.B. Lippincott, 1972.

Morison, Samuel Eliot. *Journals and Other Documents on the Life and Voyages of Christopher Columbus*. New York: Heritage Press, 1963.

Morison, Samuel Eliot. *Admiral of the Ocean Sea: A Life of Christopher Columbus*. Boston: Little, Brown, 1970.

Morison, Samuel Eliot. *The European Discovery of America: The Southern Voyages, A.D. 1492–1616*. New York: Oxford University Press, 1974.

Newitt, Malyn. *A History of Portuguese Overseas Expansion, 1400–1668*. London: Routledge, 2005.

Nowell, Charles E., ed. *Magellan's Voyage Around the World: Three Contemporary Accounts*. Evanston, IL: Northwestern University Press, 1962.

Parry, J.H., ed. *The European Reconnaissance: Selected Documents*. New York: HarperTorch, 1969.

Parry, J.H. *The Spanish Seaborne Empire*. New York: Knopf, 1970.

Pigafetta, Antonio. *Magellan's Voyage Around the World*. London: Arthur A. Clark, 1906.

Phillips, William D. *Enrique IV and the Crisis of Fifteenth-Century Castile, 1425–1480*. Cambridge, MA: Medieval Academy of America, 1978.

Pohl, Frederick. *Amerigo Vespucci, Pilot Major*. New York: Octagon, 1966.

Randles, W.G.L. "Spanish and Portuguese Attempts to Measure Longitude in the 16th Century." *The Mariner's Mirror*, November 1995.

Reston, James. *Dogs of God: Columbus, the Inquisition, and the Defeat of the Moors*. New York: Doubleday, 2005.

Rogozinski, Jan. *A Brief History of the Caribbean: From the Arawak and the Carib to the Present*. New York: Facts on File, 1992.

Rubin, Nancy. *Isabella of Castile: The First Renaissance Queen*. New York: St. Martin's Press, 1991.

Russell, P.E. *Portugal, Spain and the African Atlantic, 1343–1490*. Brookfield, VT: Ashgate, 1995.

Spate, O.H.K. *The Spanish Lake*. London: Croom Helm, 1979.

Thomas, Hugh. *Conquest: Montezuma, Cortés, and the Fall of Old Mexico*. New York: Simon & Schuster, 1993.

Thomas, Hugh. *Rivers of Gold: The Rise of the Spanish Empire, from Columbus to Magellan*. New York: Random House, 2003.

Turner, Jack. *Spice: The History of a Temptation*. New York: Random House, 2004.

Van Ittersum, Martine Julia. *Profit and Principle: Hugo Grotius, Natural Rights Theories and the Rise of Dutch Power in the East Indies, 1595–1615*. Leiden, the Netherlands: Brill, 2006.

Vicens Vives, Jaime. *Approaches to the History of Spain*. Translated and edited by Joan Connelly Ullman. Berkeley: University of California Press, 1967.

Vlekke, Bernard. *Nusantara: A History of Indonesia*. Chicago: Quadrangle Books, 1960.

Wilford, John Noble. *The Mapmakers*. New York: Knopf, 2000.

Williams, Eric. *From Columbus to Castro: The History of the Caribbean, 1492–1969*. New York: Harper & Row, 1969.

Winston, Alexander. *No Man Knows My Grave: Sir Henry Morgan, Captain William Kidd, Captain Woodes Rogers in the Great Age of Privateers and Pirates, 1665–1715*. Boston: Houghton Mifflin, 1969.

Wright, Irene A., ed. *Further Voyages to Spanish America, 1583–1594*. London: Hakluyt Society, 1951.

Zurara, Gomes Eanes de. *The Chronicle of the Discovery and Conquest of Guinea*. Translated by Charles Raymond Beazley and Edgar Prestage. New York: Burt Franklin, 1963 reprint.

{ 大事年表 }

1418—1420　葡萄牙水手发现大西洋上的马德拉群岛并建立定居点

1425　卡斯蒂利亚的恩里克出生

1434　吉尔·埃阿尼什沿着非洲海岸向南航行，经过博哈多尔角，在航海家亨利的治下，开始了葡萄牙海军对非洲海岸的探索和奴隶贸易

1439　葡萄牙水手发现亚速尔群岛并建立定居点

1440　古腾堡发明第一台印刷机的可能日期

1451　卡斯蒂利亚的伊莎贝拉出生

克里斯托弗·哥伦布出生

1452　教皇尼古拉五世签署诏书《不同之处》，为奴隶贸易提供了道德权威

1453　征服者穆罕默德攻陷君士坦丁堡

1454　恩里克成为卡斯蒂利亚国王

1455　教皇尼古拉五世颁布诏书《罗马祭司》，建立了葡萄牙对非洲海岸的垄断

恩里克国王与葡萄牙的胡安娜结婚

1462　胡安娜·拉贝尔特兰妮亚出生

1464—1468　卡斯蒂利亚的王位继承之战

1469　伊莎贝拉和斐迪南秘密结婚

1474　恩里克四世死于马德里，伊莎贝拉宣布成为卡斯蒂利亚女王

　　　西班牙与葡萄牙爆发战争

1476　托罗战役

　　　克里斯托弗·哥伦布的船只失事，被冲到葡萄牙海岸

1477　托勒密的《地理学》新译本在博洛尼亚出版

1478　教皇塞克图斯四世颁布诏书，在卡斯蒂利亚建立宗教裁判所

1479　《阿尔卡苏瓦什条约》结束了卡斯蒂利亚与葡萄牙之间的战争

1480　费迪南德·麦哲伦出生

1481　葡萄牙国王阿方索五世去世，他的儿子若奥继位

　　　教皇塞克图斯四世颁布诏书《永恒国王》，批准了《阿尔卡苏瓦什条约》，

　　　确认了葡萄牙对大西洋南部和东部的领土主张

1484　哥伦布第一次向若奥二世陈述他的"印度计划"

1486　哥伦布在葡萄牙遭到拒绝，前往卡斯蒂利亚说服伊莎贝拉和斐迪南

1488　巴尔托洛梅乌·迪亚斯在为葡萄牙效力的航行中绕过非洲南端

1492　罗德里戈·波吉亚成为教皇

　　　格拉纳达王国陷落

　　　克里斯托弗·哥伦布在为伊莎贝拉和斐迪南效力的航行中横渡大西洋

　　　卡斯蒂利亚开始驱逐犹太人

1493　教皇亚历山大六世颁布一系列诏书，将世界在西班牙和葡萄牙之间一分

　　　为二

1494　葡萄牙和西班牙签署《托德西利亚斯条约》

1497　英国国王亨利七世资助约翰·卡博托的航行

1504　伊莎贝拉女王去世

1506　哥伦布去世

1513　瓦斯科·努涅斯·德·巴尔沃亚穿过巴拿马地峡，眺望太平洋

1517　马丁·路德将他的《九十五条论纲》钉在维滕贝格教堂的大门上

1519　费迪南德·麦哲伦为西班牙的查理一世效力，开始环球航行

　　　赫尔南·科尔特斯开始征服墨西哥

1521　马丁·路德被逐出教会

1523　佩德罗·德·阿尔瓦拉多征服尤卡坦的玛雅人

1524　巴达霍斯会议确定了太平洋上的托德西利亚斯分界线

1529　《萨拉戈萨条约》签订，西班牙将香料群岛让给葡萄牙

1533　弗朗西斯科·皮萨罗征服印加帝国

1537　教皇约翰二世废除教会对奴隶制的支持

1558　伊丽莎白成为英国女王

1562　约翰·霍金斯爵士和英国私掠船队第一次航行到加勒比海

1565　安德烈亚斯·德·乌达内塔开辟从马尼拉到阿卡普尔科的太平洋航线

1568　宗教裁判所宣布尼德兰联省共和国强烈拥护加尔文主义的 300 万人为异教
　　　徒，将所有人全部判处死刑

1571　勒班陀战役，奥斯曼帝国在地中海的海军力量被摧毁

16 世纪 70—80 年代　弗朗西斯·德雷克爵士的著名航行激励了英国海盗

1581　西班牙的腓力二世成为葡萄牙国王，将这两个国家联合起来，几乎垄断了
　　　欧洲的远洋贸易

1583　"国际法之父"雨果·格劳秀斯出生于代尔夫特

1588　西班牙无敌舰队远征英国失败

1600　英国东印度公司成立

1602　荷兰东印度公司成立
　　　阿姆斯特丹证券交易所成立，以处理公司的股票和债券交易
　　　荷兰私掠船夺获葡萄牙商船圣卡塔琳娜号

1609　亨利·哈德逊（Henry Hudson）在为荷兰东印度公司效力的航行中沿哈德
　　　逊河（Hudson River）逆流而上
　　　雨果·格劳秀斯匿名出版《海洋自由论》

1610　梵蒂冈将《海洋自由论》列入禁书目录

1613　苏格兰人威廉·威尔伍德出版《海洋法概览》，向《海洋自由论》发起挑战

1618　约翰·塞尔登撰写了《海洋封闭论》

1618—1648　欧洲中部陷入"三十年战争"

1620　五月花号（*Mayflower*）的乘客抵达科德角（Cape Cod）和普利茅斯岩（Plymouth Rock）

1623　荷兰东印度公司雇员在安博亚号惨案（Massacre of Amboyna）中杀害英国东印度公司雇员

1625　泽拉菲姆·德·弗赖塔斯出版《论葡萄牙帝国对亚洲的正义统治权》，向格劳秀斯发起挑战

1655　英国军队占领牙买加，使其成为海盗的天堂

1670　西班牙在《美洲条约》中承认英国在北美殖民地的合法性

1702　科尔内留斯·宾刻舒克出版《海洋主权论》，建立了领海概念和大炮射程规则

1750　西班牙和葡萄牙签订《马德里条约》，承认葡萄牙对巴西的主权，实际上废除了《托德西利亚斯条约》

1757　普拉西战役（Battle of Plassey）
　　　英国东印度公司开始在印度的统治

1768—1771　詹姆斯·库克（James Cook）中尉第一次率领考察队探索太平洋

1775—1783　美国独立战争

1776　亚当·斯密（Adam Smith）出版《国富论》（*The Wealth of Nations*）

1994　《联合国海洋法公约》生效

{ 致谢 }

将原稿变成一本优美的著作，靠的不是一个人的努力。这需要创意和天赋，以及多才多艺的团队成员。道格拉斯 & 麦金泰尔出版公司（Douglas & McIntyre）热情、专业的团队再一次给予我巨大的帮助。特别感谢斯科特·麦金泰尔（Scott McIntyre），对我那些不太寻常的想法始终保持兴趣。

这是我第三次有幸与约翰·厄尔科斯-梅德拉诺（John Eerkes-Medrano）合作，他深刻的见解和高超的编辑技巧令我获益匪浅。彼得·诺曼（Peter Norman）对文字进行了精心校对，确保从各种语言翻译过来的古代人名、地名保持一致。娜奥米·麦克杜格尔（Naomi MacDougall）创作了精美的封面。

对于这本书和我之前的作品，我要感谢森田惠美子（Emiko Morita）和科里纳·埃伯利（Corina Eberle）的营销和宣传工作。还要感谢加拿大艺术理事会（Canada Council for the Arts）和艾伯塔艺术基金会（Alberta Foundation for the Arts）对这个旷日持久的项目的支持，以及坎莫尔公共图书馆（Canmore Public Library）的工作人员处理了这么多馆际互借请求。

在作者写出原稿之前，一切只是一个创意。在将创意变成一个可行概念的过程中，我的妻子尼基·布林克（Nicky Brink）做出了很多贡献。我要特别感谢她，因为她参与了许多关于"新想法"的讨论，这些想法最后大多被扔进了垃圾桶。在我交稿之前，她还阅读了我所有的原稿，并提出了许多有价值的改进建议。多年以来，她如此深入地参与了若干历史图书的创作，而谁能想到，她曾说自己对历史没什么兴趣？

图书在版编目（CIP）数据

　　1494：瓜分世界的条约与大航海时代的来临／（加）
斯蒂芬·R. 鲍恩（Stephen R. Bown）著；唐奇译. --
北京：中国人民大学出版社，2023.6
　　ISBN 978-7-300-31565-2

　　Ⅰ. ①1… Ⅱ. ①斯…②唐… Ⅲ. ①托尔德西拉斯条
约（1494）②航海－交通运输史－世界 Ⅳ. ①D855.16
②D855.26③F551.9

中国国家版本馆 CIP 数据核字（2023）第 051980 号

1494：瓜分世界的条约与大航海时代的来临
［加］斯蒂芬·R. 鲍恩（Stephen R. Bown）著
唐　奇　译
1494：GUAFEN SHIJIE DE TIAOYUE YU DAHANGHAI SHIDAI DE LAILIN

出版发行	中国人民大学出版社		
社　　址	北京中关村大街 31 号	**邮政编码**	100080
电　　话	010 - 62511242（总编室）	010 - 62511770（质管部）	
	010 - 82501766（邮购部）	010 - 62514148（门市部）	
	010 - 62515195（发行公司）	010 - 62515275（盗版举报）	
网　　址	http://www.crup.com.cn		
经　　销	新华书店		
印　　刷	涿州市星河印刷有限公司		
开　　本	890 mm×1240 mm　1/32	**版　　次**	2023 年 6 月第 1 版
印　　张	9 插页 10	**印　　次**	2023 年 6 月第 1 次印刷
字　　数	192 000	**定　　价**	89.90 元

版权所有　侵权必究　　印装差错　负责调换